LANGENSCHEIDTS

Grundwortschatz Französisch

Ein nach Sachgebieten geordnetes
Lernwörterbuch mit Satzbeispielen

Erarbeitet von der

LANGENSCHEIDT-REDAKTION

LANGENSCHEIDT
BERLIN · MÜNCHEN · WIEN · ZÜRICH · NEW YORK

Bearbeitung der französischen Satzbeispiele:
Micheline Funke-Genevier

Auflage:	15.	14.	13.	12.	Letzte Zahlen
Jahr:	2001	2000	1999	98	maßgeblich

Druck: C. H. Beck'sche Buchdruckerei, Nördlingen
Printed in Germany · ISBN 3-468-20150-8

INHALT

Warum Grundwortschatz?

Jede Stufe der Sprachbeherrschung setzt die Kenntnis eines gewissen Wortschatzes voraus. Der gesamte Wortbestand der französischen Sprache geht – wenn man nur die wichtigsten Fachsprachen mit einbezieht – schon in die Hunderttausende. Es ist daher verständlich, daß viele Französisch-Lernende in Schule und Erwachsenenbildung danach fragen, wie viele Wörter man eigentlich benötigt, um eine normale Alltagsunterhaltung zu führen oder um einen allgemeinsprachlichen Text zu verstehen.

Überraschenderweise lehrt uns die Sprachstatistik, daß folgende 10 Wörter bereits 25–30 % jeder französischen Sprachäußerung ausmachen: le (bzw. la, les), un (bzw. une), de, à, et, que, il, ne – pas sowie être und avoir mit ihren verschiedenen Formen. Mit 100 Wörtern deckt man über 50 % eines Normaltextes ab.

Dies darf allerdings nicht zu der Annahme verleiten, daß man mit einigen hundert Wörtern die Sprache im Griff hat. Tatsächlich hängt das Verstehen eines Textes von den restlichen 50 % der Vokabeln ab, die aus Inhaltswörtern, also den sinngebenden Elementen einer Konversation oder eines Lesetextes, bestehen. Mit Strukturwörtern, wie den oben zitierten, allein ist keine Kommunikation möglich.

Ein Grundwortschatz hat deshalb den Zweck, mit einer überschaubaren Zahl von sorgfältig ausgewählten Wörtern das Verständnis eines allgemeinsprachlichen Textes zu ermöglichen. Außerdem sollte ein Grundwortschatz für eine Alltagsunterhaltung genügen. Die schulischen Lehrpläne versuchen, dieses Ziel mit 2000 bis 3000 Wörtern zu erreichen.

Der vorliegende Grundwortschatz enthält etwa 3000 Wörter. Die 4000 Wortgleichungen kommen dadurch zustande, daß ein Wort mit mehreren Bedeutungen verschiedenen Sachgebieten zugeordnet wird. Das Wort „glace" ergibt beispielsweise folgende drei Wortgleichungen:

glace = Spiegel im Sachgebiet „Einrichtung"
glace = Eis im Sachgebiet „Lebensmittel, Speisen"
glace = Eis im Sachgebiet „Wetter und Klima"

Wer diesen Grundwortschatz beherrscht, kann über 80 % eines allgemeinsprachlichen Textes wortschatzmäßig verstehen, und natürlich reicht dieser Wortschatz auch für eine normale Alltagsunterhaltung.

„Langenscheidts Grundwortschatz Französisch" ist somit ein minimaler Wortschatz, dessen Kenntnis ein wichtiger erster Schritt zur Sprachbeherrschung und eine hervorragende Grundlage für jedes weitergehende Lernen ist.

Warum ein „zweisprachiger" Grundwortschatz?

Die weitgehende Verwendung der französischen Sprache im Französischunterricht ist heute üblich. Die Vokabeleinführung erfolgt daher durch den Lehrer in Französisch (das neue Wort wird mit einfachen französischen Wörtern definiert) und durch Demonstration.

Die unterrichtspraktische Realität erzwingt jedoch häufig den flexiblen Einsatz der deutschen Sprache – vor allem, wenn Unklarheiten zu beseitigen sind. Auch die meisten Lehrbücher, ansonsten streng nach dem Prinzip der Einsprachigkeit gestaltet, weisen zweisprachige Wörterverzeichnisse auf.

Ein Lernwörterbuch, das ein systematisches Wörterlernen, Wiederholen oder Nachholen außerhalb des Unterrichts ermöglichen soll, muß gleichfalls zweisprachig Französisch-Deutsch angeordnet sein, denn es soll ja unabhängig vom Lehrer benutzt werden.

Welche Wörter?

Ein Grundwortschatz trennt Wichtiges vom Unwichtigen. Die richtige Auswahl der zu lernenden Wörter ist die Voraussetzung für eine rationelle und sinnvolle Wortschatzarbeit mit einem Lernwörterbuch. Dem vorliegenden Grundwortschatz für Schule und Erwachsenenbildung liegt eine große Anzahl von Quellen zugrunde. Die im In- und Ausland erstellten Grundwortschätze und Worthäufigkeitsuntersuchungen der französischen Sprache wurden ausgewertet. Wichtige Französisch-Lehrwerke in Schule und Erwachsenenbildung wurden herangezogen.

Ein genaues Verzeichnis aller Quellen würde den Rahmen dieser einleitenden Bemerkungen sprengen. Exemplarisch erwähnt seien lediglich das ,,Français Fondamental'', das ,,Frequency dictionary of French words'' von Juilland, die Wortlisten zum Zertifikat und Grundbaustein des ,,Deutschen Volkshochschul-Verbandes'' und die Materialien des Europarates zum ,,Niveau-seuil'', die alle den französischen Grundwortschatz unter jeweils neuen Aspekten zu erfassen suchen.

Die absolute Häufigkeit eines Wortes war auch bei der Auswahl dieses Grundwortschatzes selbstverständlich nicht allein entscheidend; Vertrautheitsgrad und Nützlichkeit mußten gleichfalls berücksichtigt werden. Dabei half uns auch unsere langjährige Erfahrung im Wörterbuchmachen, denn die Auswahl des Wortmaterials aus den Quellen wurde von Mitgliedern der Langenscheidt-Redaktion Romanistik vorgenommen. Die Satzbeispiele wurden von einem französischen Muttersprachler verfaßt, dessen Arbeit von weiteren frankophonen Mitarbeitern innerhalb und außerhalb der Redaktion kritisch begleitet wurde.

Anordnung nach Sachgebieten und Wichtigkeitsstufen! Stichwort mit Satzbeispiel!

,,Langenscheidts Grundwortschatz Französisch'' ist nicht alphabetisch aufgebaut, da ein Lernen von Wörtern nach dem Alphabet – wie die Kritik aufgezeigt hat – wenig sinnvoll ist. Die Ähnlichkeit in der Schreibung bei der alphabetischen Reihenfolge führt zu Verwechslungen, das Wort bleibt mangels Assoziationen nur schwer im Gedächtnis; ein alphabetischer Aufbau steht der später in einer bestimmten Situation *thematisch* richtigen Anwendung entgegen. Das Lernen von Grundwörtern in Sachgebieten ist leichter und didaktisch effektiver. Die inhaltliche Nähe und Verwandtschaft der Grundwörter stiftet Assoziationen. Es entspricht auch einer alten Lehrerfahrung, daß die Einbettung des Einzelwortes in den sinnvollen Zusammenhang eines Sachgebiets besser im Gedächtnis haftet.

Wir geben deshalb dem Lernen nach Sachgebieten den Vorzug. „Langenscheidts Grundwortschatz Französisch" ist nach Sachkategorien und Themenkreisen eingeteilt. Die Systematik und Gliederung dieser Sachgebiete wird im Inhaltsverzeichnis dargestellt (vgl. S. III ff.).

Der Aufbau des vorliegenden Grundwortschatzes ist auch noch durch seine Unterteilung in Wichtigkeitsstufen bemerkenswert. Jedes Sachgebiet ist in zwei Wichtigkeitsstufen unterteilt (1–2000; 2001–4000). Der Lernende kann sich auf diese Weise zuerst den 2000 wichtigsten Wortgleichungen widmen und danach die nächsten 2000 in Angriff nehmen.

Auch in anderer Hinsicht ist das Material dieses Grundwortschatzes gut aufbereitet. Es bietet nicht nur die „nackte" Gleichung von französischem Grundwort und deutscher Übersetzung. Nach dem französischen Grundwort – immer mit Lautschrift – folgen vielmehr Satzbeispiele mit deutscher Übersetzung.

Diese Darbietung eines Grundworts im Satzzusammenhang ist wichtig, denn der Lernende sieht so die Anwendung „seines" Grundworts in der „Praxis". Die Gefahr der späteren Anwendung des Grundworts im falschen Zusammenhang wird damit minimalisiert. Die Beispielsätze eignen sich in der Regel sogar zur wortwörtlichen Einprägung, da sie der geläufigen Alltagssprache entnommen sind. Die deutsche Übersetzung der Satzbeispiele dient der Konzentration auf das Stichwort und trägt dadurch zu dessen leichterer Erlernung bei.

Nach Möglichkeit bewegen sich die Satzbeispiele im Rahmen des Grundwortschatzes, enthalten jedoch gelegentlich auch zusätzliches Anschlußvokabular. Sie aktivieren somit jederzeit den übrigen Grundwortschatz und weisen die Richtung zum weiteren Wortschatzerwerb.

Für wen?

Es gibt in Schule und Erwachsenenbildung eine starke Tendenz, bei der Erarbeitung von Sprachinventaren für den modernen Fremdsprachenunterricht Grundwortschätze zu fixieren und deren Aneignung zu fordern. Im allgemeinen sind Grundwortschätze auch beim Lernenden beliebt, weil in ihnen der Lernaufwand überschaubar ist und weil sie ein individuelles häusliches Arbeiten ermöglichen.

,,Langenscheidts Grundwortschatz Französisch'' ist geeignet:

1. Für Lernende mit nicht gesichertem Kenntnisstand. Ohne einen gewissen Grundwortschatz ist keine Stufe der Sprachbeherrschung zu erreichen.
2. Zur Prüfungsvorbereitung. Er gibt dem Prüfling Sicherheit. Für das Nachschlagen in einsprachigen Wörterbüchern bei der Prüfung benötigt er beispielsweise einen Grundwortschatz, um die Definition zu verstehen.
3. Zur Wissenskontrolle für Schüler und Erwachsene, also zum Testen, Wiederholen und Festigen eines Grundwortschatzes.
4. Zur Vorbereitung auf einen Auslandsaufenthalt. Mit einem inhaltlich verstandenen und richtig angewandten Grundwortschatz wird man sich im Ausland in allen Situationen des Alltags behaupten können.
5. Zum erstmaligen Erwerb eines Grundwortschatzes.

Wie arbeitet man mit diesem Grundwortschatz?

Eine angemessene Lerntechnik ist die Voraussetzung für den Lernerfolg. Wir möchten Ihnen dazu einige Anregungen geben:

1. Nutzen Sie den Vorteil der Gliederung nach Sachgebieten! Arbeiten Sie nicht Seiten, sondern Sachgebiete durch (z. B. 1.2.6.2 ,,Geschäfte, Einkauf'')! Zwischen den Wörtern eines Sachgebiets bestehen Assoziationen. Die Sachgebiete spiegeln inhaltliche Zusammenhänge wider. Auch die Sachgebietsbezeichnungen sind bereits Merkhilfen. Es ist experimentell erwiesen, daß die Behaltensleistung dadurch erhöht wird.

2. Sie können sich in jedem Sachgebiet zuerst die Wörter der Wichtigkeitsstufe 1–2000 aneignen. Zu einem späteren Zeitpunkt nehmen Sie dann die der Wichtigkeitsstufe 2001–4000 durch.

3. Arbeiten Sie *einzelne* Sachgebiete durch. Vielleicht zuerst die Ihnen ,,sympathischen'', dann die anderen. Vergessen Sie aber nicht, sich nach und nach *alle* Sachgebiete anzueignen.

4. Systematisieren Sie den Ablauf des Lernvorgangs! Lernen Sie portionsweise!

Lesen Sie ein Kästchen (fettgedrucktes Stichwort und Anwendungsbeispiel) und prägen Sie sich die Wortgleichung ein. Gehen Sie acht bis zehn Kästchen in dieser Art durch und decken Sie dann von diesem ,,Block" die linke Spalte ab. Sprechen Sie sich nun das verdeckte Stichwort laut vor – wenn Sie wollen, auch das Anwendungsbeispiel. Kontrollieren Sie sich durch Aufdecken der linken Spalte. Arbeiten Sie so den ,,Block" durch. Nicht beherrschte Wörter werden am Rand gekennzeichnet – vielleicht durch ein Kreuzchen – und nochmals gesondert gelernt. Abschließend nochmalige Kontrolle (Sprechen und Schreiben) des ganzen ,,Blocks".

5. Lernvarianten: Rechte (statt linke) Spalte abdecken und analog wie unter 4 beschrieben arbeiten. Nur Anwendungsbeispiele lernen, um vom Zusammenhang her die Bedeutung eines Wortes im Gedächtnis zu fixieren oder den Grundwortschatz ,,umzuwälzen".

6. Sie können auch über ein einzelnes Wort, das Sie im alphabetischen Register nachschlagen, zum Sachgebiet kommen und so in einem sinnvollen Zusammenhang lernen.

7. Lernen Sie täglich (mit Pausen!) ein bestimmtes Pensum. In einigen Wochen beherrschen Sie dann einen systematisch aufgebauten Grundwortschatz – den Wortschatz, auf den es ankommt. Vergessen Sie nicht, diesen in gewissen zeitlichen Abständen zu wiederholen und zu überprüfen.

8. ,,Langenscheidts Grundwortschatz Französisch" ist lehrbuchunabhängig. Trotzdem eignet er sich auch zur Aktivierung, Wiederholung und Systematisierung des Wortschatzes im Unterricht, z. B.

zur Bereitstellung des entsprechenden Wortschatzes vor kommunikativen Übungen oder der Durchnahme bestimmter Texte;

zur Wortfeldarbeit nach der Durcharbeitung eines bestimmten Textes, der wesentliche Teile dieses Wortfeldes enthielt;

zur Erschließung und zum Aufbau eines Sachgebiets vom Einzelwort aus (über das Register).

1 THEMENBEZOGENE BEGRIFFE

1.1 Der Mensch

1.1.1 KÖRPER UND WESEN

1.1.1.1 KÖRPER

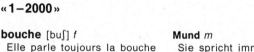

«1–2000»

bouche [buʃ] *f* Elle parle toujours la bouche pleine.	**Mund** *m* Sie spricht immer mit vollem Mund.
bras [bra] *m* Ils sont partis bras dessus bras dessous.	**Arm** *m* Sie sind Arm in Arm weggegangen.
cheveu [ʃəvø] *m* (*pl.* -x) Tu t'es fait couper les cheveux?	**Haar** *n* Hast du dir die Haare schneiden lassen?
cœur [kœr] *m* Il est malade du cœur. C'est une femme sans cœur.	**Herz** *n* Er ist herzkrank. Sie ist eine herzlose Frau.
corps [kɔr] *m* Il tremblait de tout son corps.	**Körper** *m*, **Leib** *m* Er zitterte am ganzen Körper.
dent [dɑ̃] *f* (!) Elle se lave les dents deux fois par jour.	**Zahn** *m* Sie putzt sich zweimal täglich die Zähne.
doigt [dwa] *m* Arrête de montrer les gens du doigt!	**Finger** *m* Hör auf, mit dem Finger auf die Leute zu zeigen!
dos [do] *m* Tiens-toi droit! Tu as déjà le dos voûté.	**Rücken** *m* Halt dich gerade! Du hast schon einen krummen Rücken.
estomac [ɛstɔma] *m* Ce gâteau me reste sur l'estomac.	**Magen** *m* Dieser Kuchen liegt mir schwer im Magen.
genou [ʒənu] *m* (*pl.* -x) Elle s'est mise à genoux pour chercher ses clés.	**Knie** *n* Sie kniete sich hin, um ihre Schlüssel zu suchen.
gorge [gɔrʒ] *f* J'ai pris froid: j'ai mal à la gorge.	**Hals** *m*, **Rachen** *m* Ich habe mich erkältet: ich habe Halsweh.

jambe [ʒɑ̃b] *f* — **Bein** *n*
Je vais me coucher: je ne tiens plus sur mes jambes. — Ich gehe schlafen: ich kann mich nicht mehr auf den Beinen halten.

langue [lɑ̃g] *f* — **Zunge** *f*
Cette gamine tire la langue à tout le monde. — Diese Göre streckt allen Leuten die Zunge heraus.

main [mɛ̃] *f* — **Hand** *f*
Ils se sont serré la main amicalement. — Sie gaben sich freundschaftlich die Hand.

nez [ne] *m* — **Nase** *f*
Je suis très enrhumé: j'ai le nez qui coule. — Ich bin stark erkältet: mir läuft die Nase.

œil [œj] *m* (*pl.* **yeux** [jø]) — **Auge** *n*
Elle a les yeux bleus. — Sie hat blaue Augen.
L'accident s'est produit sous mes yeux. — Der Unfall geschah vor meinen Augen.

pied [pje] *m* — **Fuß** *m*
Vous m'avez marché sur les pieds. — Sie sind mir auf die Füße getreten.

poitrine [pwatrin] *f* — **Brust** *f*
La couturière lui a pris son tour de poitrine. — Die Schneiderin hat ihr den Brustumfang gemessen.

tête [tɛt] *f* — **Kopf** *m*
Il est tombé la tête la première dans les escaliers. — Er fiel kopfüber die Treppe hinab.
Elle est à la tête de l'entreprise (*fig.*). — Sie steht an der Spitze des Betriebs.

ventre [vɑ̃trə] *m* — **Bauch** *m*
Si tu bois trop de bière, tu vas prendre du ventre. — Wenn du zuviel Bier trinkst, bekommst du einen Bauch.

visage [vizaʒ] *m* — **Gesicht** *n*
Elle avait un beau visage expressif. — Sie hatte ein schönes ausdrucksvolles Gesicht.

«2001–4000»

cerveau [sɛrvo] *m* (*pl.* -x) — **Gehirn** *n*
Le cerveau commande les fonctions des organes. — Das Gehirn steuert die Funktionen der Organe.

côte [kot] *f* — **Rippe** *f*
Il s'est cassé deux côtes dans un accident de voiture. — Er hat sich bei einem Autounfall zwei Rippen gebrochen.

cou [ku] *m* Elle lui a sauté au cou.	**Hals** *m* Sie fiel ihm um den Hals.
coude [kud] *m* Je lui ai donné un coup de coude pour qu'il se taise.	**Ell(en)bogen** *m* Ich stieß ihn mit dem Ellbogen an, damit er den Mund hält.
derrière [dɛrjɛr] *m* En faisant du patin, elle est tombée sur le derrière.	**Hinterteil** *n*, **Hintern** *m* Sie ist beim Schlittschuhlaufen auf den Hintern gefallen.
doigt de pied [dwadpje] *m* J'ai changé de chaussures: j'avais mal aux doigts de pied.	**Zehe** *f* Ich habe die Schuhe gewechselt: mir taten die Zehen weh.
épaule [epol] *f* «Ça m'est égal», dit-elle en haussant les épaules.	**Schulter** *f* ,,Das ist mir gleich'', sagte sie und zuckte mit den Schultern.
figure [figyr] *f* Il fait une drôle de figure aujourd'hui.	**Gesicht** *n* Er macht heute ein komisches Gesicht.
front [frõ] *m* On dit qu'un front haut est un signe d'intelligence.	**Stirn** *f* Man sagt, daß eine hohe Stirn ein Zeichen von Intelligenz sei.
joue [ʒu] *f* Elle l'a embrassé sur les deux joues.	**Wange** *f*, **Backe** *f* Sie küßte ihn auf beide Wangen.
lèvre [lɛvrə] *f* Elle est arrivée le sourire aux lèvres.	**Lippe** *f* Sie kam mit einem Lächeln auf den Lippen.
membre [mɑ̃brə] *m* Il est paralysé des membres inférieurs.	**Glied** *n* Er ist an den unteren Gliedmaßen gelähmt.
menton [mɑ̃tõ] *m* Elle a un double menton.	**Kinn** *n* Sie hat ein Doppelkinn.
muscle [myskl̥ə] *m* Il fait du sport pour développer ses muscles.	**Muskel** *m* Er treibt Sport, um seine Muskeln zu entwickeln.
ongle [õglə] *m* Ne te ronge pas les ongles: c'est une mauvaise habitude.	**(Finger-, Zehen)Nagel** *m* Kau nicht an den Nägeln: das ist eine schlechte Angewohnheit.
oreille [ɔrɛj] *f* Elle lui a dit quelque chose à l'oreille.	**Ohr** *n* Sie sagte ihm etwas ins Ohr.

os [ɔs] *m* (*pl.* **os** [o])	**Knochen** *m*
Elle est trop maigre: elle n'a que la peau et les os.	Sie ist zu mager: sie ist nur noch Haut und Knochen.
peau [po] *f* (*pl.* -x)	**Haut** *f*
Cet enfant á la peau fragile.	Dieses Kind hat eine empfindliche Haut.
poing [pwɛ̃] *m*	**Faust** *f*
Il a reçu un coup de poing à la figure.	Er erhielt einen Faustschlag ins Gesicht.
sang [sɑ̃] *m*	**Blut** *n*
Il a perdu beaucoup de sang.	Er hat viel Blut verloren.

1.1.1.2 AUSSEHEN

«1–2000»

avoir l'air [avwarlɛr]	**aussehen**
Depuis ce coup de téléphone, tu as l'air très triste.	Seit diesem Anruf blickst du sehr traurig drein.
Avec cette robe, elle a l'air d'une grand-mère.	In diesem Kleid sieht sie wie eine Oma aus.
beau, bel, belle [bo, bɛl] *adj.*	**schön**
Il n'est pas vraiment beau, mais il a beaucoup de charme.	Er ist eigentlich nicht schön, hat aber viel Charme.
grand, grande [grɑ̃, grɑ̃d] *adj.*	**groß**
Elle ressemble à sa mère: elle est grande et mince.	Sie gleicht ihrer Mutter: sie ist groß und schlank.
gros, grosse [gro, gros] *adj.*	**dick**
Elle fait des complexes: elle se trouve trop grosse.	Sie hat Komplexe: sie findet sich zu dick.
joli, -e [ʒɔli] *adj.*	**hübsch**
D'après la photo, c'est une jolie fille, ta cousine.	Dem Foto nach ist deine Cousine ein hübsches Mädchen.
laid, laide [lɛ, lɛd] *adj.*	**häßlich**
Quand elle enlève ses grosses lunettes, elle n'est pas laide.	Wenn sie ihre dicke Brille abnimmt, ist sie nicht häßlich.
maigre [mɛgrə] *adj.*	**mager**
Tu es trop maigre: on te voit les côtes.	Du bist zu mager: man sieht deine Rippen.
petit, petite [pəti, pətit] *adj.*	**klein**
C'est un petit gros qui amuse les gens.	Er ist ein kleiner Dicker, der die Leute zum Lachen bringt.

ressembler [rəsɑ̃ble] *v.* Il ne ressemble pas du tout à son père.	**ähneln, gleichen** Er ähnelt seinem Vater überhaupt nicht.

«2001–4000»

apparence [aparɑ̃s] *f* Ce maquillage lui donne une apparence lugubre.	**Aussehen** *n* Dieses Make-up gibt ihr ein düsteres Aussehen.
barbe [barb] *f* Depuis son retour de vacances, il se laisse pousser la barbe.	**Bart** *m* Seit seiner Rückkehr aus den Ferien läßt er sich einen Bart wachsen.
beauté [bote] *f* Dans sa jeunesse, c'était une beauté.	**Schönheit** *f* In ihrer Jugend war sie eine Schönheit.
coiffure [kwafyr] *f* Je voudrais changer de coiffure.	**Frisur** *f* Ich möchte eine andere Frisur.
grâce [grɑs] *f* Ses gestes manquent de grâce.	**Anmut** *f* Ihren Bewegungen fehlt die Anmut.
gracieux, -euse [grasjø, -øz] *adj.* Ce danseur a un corps gracieux.	**anmutig** Dieser Tänzer hat einen anmutigen Körper.
grossir [grosir] *v.* Ne mange pas tant de chocolat, ça fait grossir.	**dick werden, zunehmen** Iß nicht so viel Schokolade, das macht dick.
maigrir [mɛgrir] *v.* Il a beaucoup maigri pendant son séjour en Afrique.	**mager werden, abnehmen** Er hat während seines Afrikaaufenthaltes stark abgenommen.
mince [mɛ̃s] *adj.* Elle fait beaucoup de sport pour rester mince.	**schlank** Sie treibt viel Sport, um schlank zu bleiben.
mine [min] *f* Ces derniers temps, tu n'as pas bonne mine.	**Aussehen** *n*, **Miene** *f* In letzter Zeit siehst du nicht gut aus.
moche [mɔʃ] *adj.* (F) Qu'est-ce qu'il est moche avec sa barbe!	**häßlich** Ist der häßlich mit seinem Bart!
taille [taj] *f* Son père était de taille moyenne.	**(Körper)Größe** *f* Sein Vater war mittelgroß.

1.1.1.3 GEIST UND VERSTAND

«1–2000»

attention [atɑ̃sjɔ̃] *f* J'attire votre attention sur ce problème.	**Aufmerksamkeit** *f* Ich möchte Ihre Aufmerksamkeit auf dieses Problem lenken.
faire attention (à) [fɛratɑ̃sjɔ̃] Fais attention aux voitures en traversant la rue!	**aufpassen** (auf) Paß auf die Autos auf, wenn du über die Straße gehst!
bête [bɛt] *adj.* C'est bête: je n'arrive pas à me rappeler son nom.	**dumm** Das ist dumm: ich kann mich nicht an seinen Namen erinnern.
comprendre [kɔ̃prɑ̃drə] *v.* (*irr.* 31) Elle comprend tout ce qu'on lui dit.	**verstehen** Sie versteht alles, was man ihr sagt.
erreur [ɛrœr] *f* Cette lettre m'a été adressée par erreur.	**Irrtum** *m* Dieser Brief wurde mir irrtümlich zugeschickt.
esprit [ɛspri] *m* Tu peux répéter ta question? J'avais l'esprit ailleurs.	**Geist** *m* Kannst du deine Frage wiederholen? Ich war geistesabwesend.
fou, fol, folle [fu, fɔl] *adj.* Tu es complètement fou de conduire aussi vite.	**verrückt, wahnsinnig, irr** Du bist wohl völlig verrückt, so schnell zu fahren.
idée [ide] *f* J'ai une idée: on va au cinéma.	**Idee** *f*, **Einfall** *m*, **Gedanke** *m* Ich habe eine Idee: wir gehen ins Kino.
intelligent, -ente [ɛ̃teliʒɑ̃, -ɑ̃t] *adj.* Le choix des questions à l'examen n'était pas très intelligent.	**intelligent, klug** Die Auswahl der Prüfungsfragen war nicht sehr klug.
intéresser [ɛ̃terɛse] *v.* Faire du ski, c'est la seule chose qui l'intéresse.	**interessieren** Skilaufen ist das einzige, was ihn interessiert.
s'intéresser (à) [sɛ̃terɛse] *v.* Depuis quand est-ce que tu t'intéresses à l'art?	**sich interessieren** (für) Seit wann interessierst du dich für Kunst?

oublier [ublije] *v.*
J'ai oublié de noter mon rendez-vous.

vergessen
Ich habe vergessen, meine Verabredung aufzuschreiben.

---

penser (à) [pɑ̃se] *v.*
Pense à prendre les clés quand tu partiras.

denken (an)
Denk daran, die Schlüssel mitzunehmen, wenn du weggehst.

---

raison [rɛzɔ̃] *f*
Elle a perdu la raison à la mort de son mari.

Vernunft *f*, **Verstand** *m*
Sie hat den Verstand verloren, als ihr Mann starb.

---

rappeler (qch., qn) [raple] *v.* (-ll-)
Cela me rappelle mon dernier voyage au Maroc.

erinnern (an etwas, an jdn)
Das erinnert mich an meine letzte Reise nach Marokko.

---

se rappeler (qch., qn) [səraple] *v.* (-ll-)
Je me rappelle très bien mon enfance à Lyon.

sich erinnern (an etwas, an jdn)
Ich erinnere mich sehr gut an meine Kindheit in Lyon.

---

réfléchir (à) [refleʃir] *v.*
Il aurait dû réfléchir avant d'accepter cette proposition.

überlegen; nachdenken (über)
Er hätte überlegen sollen, bevor er auf diesen Vorschlag einging.

---

remarquer [rəmarke] *v.*
À la conférence de presse, on a remarqué l'absence du ministre.

bemerken, wahrnehmen
Auf der Pressekonferenz fiel die Abwesenheit des Ministers auf.

---

se rendre compte (de) [sərɑ̃drəkɔ̃t]
Elle s'est rendu compte trop tard de la gravité de la situation.

sich klarwerden (über)
Sie ist sich zu spät über den Ernst der Lage klargeworden.

«2001–4000»

adresse [adrɛs] *f*
Les jongleurs chinois sont réputés pour leur adresse.

Geschick(lichkeit) *n(f)*, **Gewandtheit** *f*
Die chinesischen Jongleure sind für ihre Gewandtheit berühmt.

---

adroit, adroite [adrwa, adrwat] *adj.*
Mon voisin est très adroit: il répare tout lui-même.

geschickt, gewandt
Mein Nachbar ist sehr geschickt: er repariert alles selbst.

bêtise [betiz] *f* C'est une bêtise de monter à cinq dans cette voiture.	**Dummheit** *f* Es ist eine Dummheit, zu fünft in diesem Auto zu fahren.
se figurer [səfigyre] *v.* Figure-toi que j'ai rencontré notre vieux professeur de musique.	**sich vorstellen** Stell dir vor, ich habe unseren alten Musiklehrer getroffen.
folie [fɔli] *f* Mon oncle s'est ruiné: il avait la folie des grandeurs.	**Wahn(sinn)** *m*, **Verrücktheit** *f* Mein Onkel hat sich ruiniert: er hatte den Größenwahn.
génie [ʒeni] *m* Ce pianiste a du génie.	**Geist** *m*, **Genie** *n* Dieser Pianist besitzt Genie.
imagination [imaʒinasjõ] *f* Cet auteur manque d'imagination.	**Phantasie** *f* Diesem Autor fehlt es an Phantasie.
intelligence [ɛ̃teliʒɑ̃s] *f* Pour son âge, il a une intelligence au-dessus de la moyenne.	**Intelligenz** *f*, **Verstand** *m* Für sein Alter hat er eine überdurchschnittliche Intelligenz.
intérêt [ɛ̃terɛ] *m* J'ai suivi cette émission avec intérêt.	**Interesse** *n* Ich habe diese Sendung mit Interesse verfolgt.
malin, maligne [malɛ̃, maliɲ] *adj.* Tu as su réparer ma moto: tu es plus malin que moi.	**schlau** Du hast mein Motorrad reparieren können: du bist schlauer als ich.
mémoire [memwar] *f* Je n'ai pas la mémoire des chiffres.	**Gedächtnis** *n* Ich habe kein Zahlengedächtnis.
pensée [pɑ̃se] *f* Il était tellement absorbé dans ses pensées qu'il ne m'a pas reconnu.	**Gedanke** *m* Er war so in Gedanken, daß er mich nicht erkannte.
prévoir [prevwar] *v.* (*irr.* 42, *aber* je prévoirai) Cette crise économique était à prévoir depuis longtemps.	**vorhersehen** Diese Wirtschaftskrise war seit langem vorherzusehen.
raisonnable [rɛzɔnablə] *adj.* Depuis qu'il est marié, il est devenu très raisonnable.	**vernünftig** Seit er verheiratet ist, ist er sehr vernünftig geworden.

réflexion [reflɛksjõ] *f* Il m'a accordé un délai de réflexion d'une semaine.	**Überlegung** *f* Er hat mir eine Woche Bedenkzeit gewährt.
sage [saʒ] *adj.* Tu aurais dû suivre les sages conseils de tes parents.	**weise** Du hättest die weisen Ratschläge deiner Eltern befolgen sollen.
songer (à) [sõʒe] *v.* (-ge-) Il faudrait songer au retour: la nuit tombe.	**denken** (an) Wir sollten an die Rückkehr denken: es wird Nacht.
se souvenir (de) [səsuvnir] *v.* (*irr.* 40) Je ne me souviens pas du tout de mon grand-père.	**sich erinnern** (an) Ich erinnere mich überhaupt nicht an meinen Großvater.
se tromper [sətrõpe] *v.* J'ai refait l'addition: le garçon s'est trompé.	**sich irren, sich täuschen** Ich habe nachgerechnet: der Kellner hat sich geirrt.

1.1.1.4 CHARAKTER

«1–2000»

aimable [ɛmablə] *adj.* Merci, vous êtes bien aimable.	**freundlich, liebenswürdig** Danke, Sie sind sehr liebenswürdig.
bon, bonne [bõ, bɔn] *adj.* Il est trop bon: il prête de l'argent à n'importe qui.	**gut(mütig)** Er ist zu gutmütig: er leiht jedem Geld.
caractère [karaktɛr] *m* C'est agréable de travailler avec elle: elle a bon caractère.	**Charakter** *m* Mit ihr ist angenehm zu arbeiten: sie ist ein verträglicher Mensch.
courage [kuraʒ] *m* Le médecin n'a pas eu le courage de lui dire la vérité.	**Mut** *m* Der Arzt hatte nicht den Mut, ihm die Wahrheit zu sagen.
curieux, -euse [kyrjø, -øz] *adj.* Le concierge se montre bien curieux ces derniers temps.	**neugierig** Der Hausmeister zeigt sich in letzter Zeit sehr neugierig.
gai, -e [ge] *adj.* Il est gai de caractère.	**fröhlich, lustig** Er hat ein fröhliches Wesen.

gentil, -ille [ʒɑ̃ti, -ij] *adj.* (*adv.* **gentiment** [ʒɑ̃timɑ̃]) — **nett, freundlich**

C'est très gentil d'être venu me chercher à la gare. — Es ist sehr nett, daß du mich am Bahnhof abgeholt hast.

Ils nous ont accueillis très gentiment. — Sie haben uns sehr freundlich empfangen.

---

méchant, -ante [meʃɑ̃, -ɑ̃t] *adj.* — **böse**

Il est plus bête que méchant. — Er ist eher dumm als böse.

---

négligent, -ente [negliʒɑ̃, -ɑ̃t] *adj.* — **nachlässig**

Tu as encore perdu la clé: tu es vraiment négligent. — Du hast wieder den Schlüssel verloren: du bist wirklich nachlässig.

---

prudent, -ente [prydɑ̃, -ɑ̃t] *adj.* — **vorsichtig**

C'est un plaisir de rouler avec toi: tu es très prudente. — Es macht Spaß, mit dir zu fahren: du bist sehr vorsichtig.

---

qualité [kalite] *f* — (*gute*) **Eigenschaft** *f*, **Fähigkeit** *f*

On l'a choisi pour ses qualités d'organisateur. — Man hat ihn wegen seines Organisationstalents ausgewählt.

---

sérieux, -euse [serjø, -øz] *adj.* — **ernst; zuverlässig**

C'est un homme d'affaires sérieux. — Er ist ein seriöser Geschäftsmann.

---

sincère [sɛ̃sɛr] *adj.* — **aufrichtig, ehrlich**

Je vais être sincère avec toi: tu n'as fait aucun progrès. — Ich werde aufrichtig zu dir sein: du hast keinerlei Fortschritte gemacht.

---

tranquille [trɑ̃kil] *adj.* — **ruhig**

Téléphone-moi à ton arrivée, je serai plus tranquille. — Ruf mich nach deiner Ankunft an, dann bin ich ruhiger.

«2001–4000»

avare [avar] *adj.* — **geizig**

Il est bien trop avare pour nous inviter au restaurant. — Er ist viel zu geizig, um uns ins Restaurant einzuladen.

---

charmant, -ante [ʃarmɑ̃, -ɑ̃t] *adj.* — **reizend**

Sa femme est charmante, mais très bavarde. — Seine Frau ist reizend, aber sehr schwatzhaft.

courageux, -euse [kuraʒø, -øz] *adj.*	**mutig, tapfer**
Elle s'est montrée très courageuse à la mort de son mari.	Sie zeigte sich sehr tapfer beim Tod ihres Mannes.
cruel, -elle [kryɛl] *adj.*	**grausam**
Les enfants sont souvent cruels avec les animaux.	Kinder sind oft grausam zu Tieren.
défaut [defo] *m*	**Fehler** *m*
Son seul défaut est la gourmandise.	Ihr einziger Fehler ist die Naschhaftigkeit.
douceur [dusœr] *f*	**Sanftmut** *f*
La douceur de son caractère le rend sympathique.	Sein sanfter Charakter macht ihn sympathisch.
doux, douce [du, dus] *adj.*	**sanft**
Il n'est pas doux avec ses enfants.	Er geht mit seinen Kindern nicht sehr sanft um.
fidèle [fidɛl] *adj.*	**treu**
Anne est une amie fidèle: elle vient me voir tous les jours.	Anne ist eine treue Freundin: sie besucht mich jeden Tag.
fier, fière [fjɛr] *adj.*	**stolz**
Il est fier de son fils qui est devenu ingénieur.	Er ist stolz auf seinen Sohn, der Ingenieur geworden ist.
généreux, -euse [ʒenerø, -øz] *adj.*	**großzügig**
Il lui a payé le voyage; c'est très généreux de sa part.	Er hat ihm die Reise bezahlt; das ist sehr großzügig von ihm.
honnête [ɔnɛt] *adj.* (*h muet*)	**ehrlich, anständig**
Ton loyer est raisonnable; ton propriétaire est honnête.	Deine Miete ist annehmbar; dein Hauswirt ist anständig.
lâche [lɑʃ] *adj.*	**feige**
Tu lui as encore menti; ce que tu peux être lâche!	Du hast sie wieder angelogen; wie feige du sein kannst!
modeste [mɔdɛst] *adj.*	**bescheiden**
Il a les meilleures notes, mais il est modeste et n'en parle pas.	Er hat die besten Noten, aber er ist bescheiden und spricht nicht darüber.
orgueil [ɔrgœj] *m*	**Stolz** *m*, **Hochmut** *m*
Il est d'un orgueil ridicule.	Er ist von einem lächerlichen Hochmut.

paresseux, -euse [parɛsø, -øz] *adj.*	**faul**
Si tu n'étais pas aussi paresseux, tu m'aurais envoyé au moins une carte postale.	Wenn du nicht so faul wärst, hättest du mir mindestens eine Postkarte geschickt.
patience [pasjɑ̃s] *f*	**Geduld** *f*
Ma patience est à bout!	Meine Geduld ist zu Ende!
sévère [sevɛr] *adj.*	**streng**
Ses parents étaient très sévères.	Seine Eltern waren sehr streng.
soin [swɛ̃] *m*	**Sorgfalt** *f*
Il a mené l'enquête avec soin.	Er hat die Untersuchung sorgfältig durchgeführt.
timide [timid] *adj.*	**schüchtern**
Elle n'a pas osé partir plus tôt; elle est trop timide.	Sie wagte nicht, früher zu gehen; sie ist zu schüchtern.
travailleur, -euse [travajœr, -øz] *adj.*	**fleißig**
Il n'est pas très intelligent mais travailleur.	Er ist nicht sehr intelligent, aber fleißig.
vertu [vɛrty] *f*	**Tugend** *f*
D'après elle, ses enfants ont toutes les vertus.	Ihrer Meinung nach haben ihre Kinder alle Tugenden.
vif, vive [vif, viv] *adj.*	**lebhaft**
C'est un élève très vif.	Er ist ein sehr lebhafter Schüler.
violent, -ente [vjɔlɑ̃, -ɑ̃t] *adj.*	**heftig**
J'ai peur de ses réactions violentes.	Ich habe Angst vor seinen heftigen Reaktionen.
volonté [vɔlɔ̃te] *f*	**Wille** *m*
À force de volonté, il a réussi à s'arrêter de fumer.	Mit viel Willenskraft hat er es geschafft, mit dem Rauchen aufzuhören.

1.1.1.5 POSITIVE UND NEUTRALE GEFÜHLE

«1–2000»

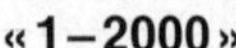

aimer [ɛme] *v.*	**lieben**
Elle veut se marier avec Éric: elle l'aime beaucoup.	Sie will Eric heiraten: sie liebt ihn sehr.

amour [amur] *m* Il a fait un mariage d'amour contre la volonté de ses parents.	**Liebe** *f* Er hat aus Liebe geheiratet gegen den Willen seiner Eltern.
bonheur [bɔnœr] *m* L'argent ne fait pas le bonheur (*Sprichwort*).	**Glück** *n* Geld macht nicht glücklich.
content, -ente (de) [kɔ̃tɑ̃, -ɑ̃t] *adj.* Je suis très content de ma nouvelle voiture.	**zufrieden** (mit), **froh** (über) Ich bin mit meinem neuen Wagen sehr zufrieden.
avoir envie [avwarɑ̃vi] Elle a très envie de faire un voyage en Afrique.	**Lust haben** Sie hat große Lust, eine Reise nach Afrika zu machen.
espérer [ɛspere] *v.* (-è-) J'espère que vous avez reçu mon paquet.	**hoffen** Ich hoffe, daß ihr mein Paket bekommen habt.
étonner [etɔne] *v.* Sa visite nous a beaucoup étonnés.	**erstaunen** Sein Besuch hat uns sehr erstaunt.
s'étonner (de) [setɔne] *v.* Je m'étonne qu'il ne soit pas venu.	**staunen, sich wundern** (über) Ich wundere mich, daß er nicht gekommen ist.
heureux, -euse [øʀø, -øz] *adj.* (*h muet*) Je suis très heureuse d'avoir fait votre connaissance.	**glücklich, froh** Ich freue mich sehr, Ihre Bekanntschaft gemacht zu haben.
joie [ʒwa] *f* Il était fou de joie de retrouver sa famille.	**Freude** *f* Er war außer sich vor Freude, wieder bei seiner Familie zu sein.
plaisir [plezir] *m* Ton cadeau m'a vraiment fait très plaisir.	**Vergnügen** *n*, **Freude** *f* Dein Geschenk hat mir wirklich viel Freude gemacht.
rire [rir] *v.* (*irr.* 33) Ce film était très drôle: on a bien ri.	**lachen** Dieser Film war sehr lustig: wir haben viel gelacht.
sentiment [sɑ̃timɑ̃] *m* Il n'aime pas montrer ses sentiments.	**Gefühl** *n* Er zeigt nicht gern seine Gefühle.

sourire [surir] *v.* (*irr.* 33) Elle a compris mon allusion et m'a souri.	**lächeln** Sie verstand meine Anspielung und lächelte mir zu.
surprise [syrpriz] *f* J'ai une surprise pour toi.	**Überraschung** *f* Ich habe eine Überraschung für dich.

«2001–4000»

admiration [admirasjõ] *f* Elle avait une admiration sans bornes pour son fiancé.	**Bewunderung** *f* Sie hatte eine grenzenlose Bewunderung für ihren Verlobten.
amoureux, -euse [amurø, -øz] *adj.* Elle est tombée amoureuse d'un Anglais.	**verliebt** Sie hat sich in einen Engländer verliebt.
calme [kalm] *adj.* Au milieu de la panique générale, il est resté calme.	**ruhig, still** Inmitten der allgemeinen Panik blieb er ruhig.
enthousiasme [ɑ̃tuzjasmə] *m* L'enthousiasme du public s'est déchaîné.	**Begeisterung** *f* Das Publikum brach in Begeisterung aus.
éprouver [eprouve] *v.* À la vue de l'aveugle, il éprouva une grande pitié.	**empfinden, verspüren** Als er den Blinden sah, empfand er großes Mitleid.
espoir [ɛspwar] *m* J'attends les résultats du bac, mais je n'ai pas beaucoup d'espoir.	**Hoffnung** *f* Ich erwarte die Abiturergebnisse, habe aber nicht viel Hoffnung.
humeur [ymœr] *f* (l'-) Le patron est de bonne humeur aujourd'hui.	**Laune** *f*, **Stimmung** *f* Der Chef ist heute guter Laune.
indifférent, -ente [ɛ̃diferɑ̃, -ɑ̃t] *adj.* Mes voisins me sont complètement indifférents.	**gleichgültig** Meine Nachbarn sind mir völlig gleichgültig.
joyeux, -euse [ʒwajø, -øz] *adj.* Joyeux Noël!	**fröhlich** Fröhliche Weihnachten!
passion [pasjõ] *f* La musique, c'est sa passion.	**Leidenschaft** *f* Seine Leidenschaft ist die Musik.

pitié [pitje] *f* Tu me fais pitié avec toutes tes valises. Il a eu pitié de cette vieille dame et l'a aidée.	**Mitleid** *n* Du tust mir leid mit deinen ganzen Koffern. Er hatte Mitleid mit der alten Dame und half ihr.
plaisanter [plɛzɑ̃te] *v.* Pendant le voyage, on n'a pas arrêté de plaisanter.	**scherzen, Spaß machen** Während der Reise haben wir unaufhörlich Spaß gemacht.
rassurer [rasyre] *v.* Le médecin l'a rassuré: ce n'est qu'une simple grippe.	**beruhigen** Der Arzt hat ihn beruhigt: es ist nur eine einfache Grippe.
se réjouir (de) [səreʒwir] *v.* Je me réjouis de la venue de ma correspondante anglaise.	**sich freuen** (über) Ich freue mich, daß meine englische Brieffreundin kommt.
rire [rir] *m* J'avais le fou rire.	**Lachen** *n*, **Gelächter** *n* Ich konnte nicht mehr vor Lachen.
satisfaction [satisfaksjõ] *f* À la satisfaction générale, son discours n'a duré que dix minutes.	**Zufriedenheit** *f* Zur allgemeinen Zufriedenheit dauerte seine Rede nur zehn Minuten.
se sentir [səsɑ̃tir] *v.* (*irr.* 26) Je vais rentrer: je ne me sens pas très bien.	**sich fühlen** Ich gehe nach Hause: ich fühle mich nicht sehr gut.
surprendre [syrprɑ̃drə] *v.* (*irr.* 31) Il a eu l'air tout surpris de me voir.	**überraschen** Er schaute ganz überrascht drein, als er mich sah.
tendre [tɑ̃drə] *adj.* Ce jeune couple échange de tendres regards.	**zärtlich, zart** Dieses junge Paar wechselt zärtliche Blicke.

1.1.1.6 NEGATIVE EMPFINDUNGEN

«1–2000»

colère [kɔlɛr] *f* Je suis en colère contre toi: tu as cassé mes lunettes.	**Zorn** *m*, **Wut** *f* Ich bin wütend auf dich: du hast meine Brille kaputtgemacht.
embarrassé, -e [ɑ̃barase] *adj.* Il s'est excusé d'un air embarrassé.	**verlegen, verwirrt** Er entschuldigte sich mit verlegener Miene.

s'ennuyer [sɑ̃nɥije] *v.* (-ui-) — **sich langweilen**

Chaque fois qu'elle s'ennuie, elle fait des mots croisés. — Jedesmal wenn sie sich langweilt, macht sie Kreuzworträtsel.

gêner [ʒɛne] *v.* — **stören**

La fumée vous gêne? – Pas du tout! — Stört es Sie, wenn ich rauche? – Überhaupt nicht!

inquiet, -ète [ɛ̃kjɛ, -ɛt] *adj.* — **unruhig, besorgt**

Je lui téléphonerai dès notre arrivée, sinon elle sera inquiète. — Ich rufe sie gleich nach unserer Ankunft an, sonst ist sie unruhig.

malheureux, -euse [malørø, -øz] *adj.* — **unglücklich**

Il a rendu sa femme si malheureuse qu'elle l'a quitté. — Er hat seine Frau so unglücklich gemacht, daß sie ihn verließ.

peine [pɛn] *f* — **Kummer** *m*, **Schmerz** *m*

Ça me fait beaucoup de peine de devoir me séparer de toi. — Es schmerzt mich sehr, daß ich mich von dir trennen muß.

peur [pœr] *f* — **Angst** *f*

Je ne t'ai pas entendu entrer: tu m'as fait peur. — Ich habe dich nicht hereinkommen hören: du hast mich erschreckt.

Elle a peur des chiens. — Sie hat Angst vor Hunden.

pleurer [plœre] *v.* — **weinen**

Elle avait envie de pleurer. — Sie war den Tränen nahe.

regretter [rəgrɛte] *v.* — **bedauern**

Je regrette de vous avoir fait attendre aussi longtemps. — Ich bedaure, daß ich Sie so lange habe warten lassen.

souci [susi] *m* — **Sorge** *f*

Ne te fais pas de souci pour lui. — Mach dir keine Sorgen um ihn.

triste [trist] *adj.* — **traurig**

Il est tout triste d'être seul. — Er ist ganz traurig, weil er allein ist.

«2001–4000»

en avoir assez [ɑ̃navwarase] — **es satt haben**

J'en ai assez de toujours faire la vaisselle; aujourd'hui c'est ton tour! — Ich habe es satt, dauernd abzuwaschen; heute bist du dran!

chagrin [ʃagrɛ̃] *m* Son chat s'est fait écraser; elle en a eu beaucoup de chagrin.	**Kummer** *m* Ihre Katze ist überfahren worden; das hat ihr großen Kummer bereitet.
craindre [krɛ̃drə] *v.* (*irr.* 27) Je crains qu'il soit malade.	**fürchten** Ich fürchte, daß er krank ist.
crainte [krɛ̃t] *f* Vos craintes n'étaient pas fondées.	**Furcht** *f* Ihre Befürchtungen waren unbegründet.
déçu, -e [desy] *adj.* Je n'ai pas de ses nouvelles depuis six mois: je suis bien déçu.	**enttäuscht** Er hat seit einem halben Jahr nichts von sich hören lassen: ich bin sehr enttäuscht.
désespéré, -e [dezɛspere] *adj.* Il ne trouve plus de travail: il est désespéré.	**verzweifelt** Er findet keine Arbeit mehr: er ist verzweifelt.
émotion [emosjɔ̃] *f* L'émotion a été trop forte pour lui.	**Aufregung** *f*; **Rührung** *f* Die Aufregung war zu groß für ihn.
s'énerver [senɛrve] *v.* Ne t'énerve pas comme ça!	**nervös werden, sich aufregen** Reg dich nicht so auf!
furieux, -euse [fyrjø, -øz] *adj.* Le garagiste a oublié de réparer mes freins; j'étais furieuse.	**wütend** Die Werkstatt hat vergessen, meine Bremsen zu reparieren; ich war wütend.
haine [ɛn] *f* (la -) Toute sa vie, elle a poursuivi cet homme de sa haine.	**Haß** *m* Ihr ganzes Leben verfolgte sie diesen Mann mit ihrem Haß.
avoir honte [avwarɔ̃t] (*h aspiré*) Tu devrais avoir honte de te faire encore entretenir par tes parents!	**sich schämen** Du solltest dich schämen, dich noch von deinen Eltern unterhalten zu lassen!
horreur [ɔrœr] *f* (l'-) Fais autre chose à manger: j'ai horreur du poisson.	**Entsetzen** *n*, **Grauen** *n* Mach etwas anderes zum Essen: ich finde Fisch entsetzlich.
s'inquiéter [sɛ̃kjete] *v.* (-è-) Ne vous inquiétez pas; on passera la douane sans problèmes.	**sich beunruhigen, sich Sorgen machen** Machen Sie sich keine Sorgen; wir kommen problemlos durch den Zoll.

jaloux, -ouse [ʒalu, -uz] *adj.*	**eifersüchtig**
Il ne la laisse jamais sortir seule: il est très jaloux.	Er läßt sie nie allein ausgehen: er ist sehr eifersüchtig.
larme [larm] *f*	**Träne** *f*
Il avait les larmes aux yeux.	Er hatte Tränen in den Augen.
mécontent, -ente [mekɔ̃tɑ̃, -ɑ̃t] *adj.*	**unzufrieden**
Il est mécontent de son sort.	Er ist mit seinem Schicksal unzufrieden.
nerveux, -euse [nɛrvø, -øz] *adj.*	**nervös**
Il attend les résultats de son examen; c'est pour cela qu'il est très nerveux.	Er wartet auf die Prüfungsergebnisse; deshalb ist er sehr nervös.
regret [rəgrɛ] *m*	**Bedauern** *n*
À mon grand regret, j'ai été obligé de vendre la maison.	Zu meinem großen Bedauern mußte ich das Haus verkaufen.
en vouloir (à qn) [ɑ̃vulwar] *v.* (*irr.* 43)	(jdm) **böse sein**
Il n'est pas venu me voir: je lui en veux beaucoup.	Er hat mich nicht besucht: ich bin ihm deshalb sehr böse.

1.1.1.7 GESUNDHEIT UND KRANKHEIT
(Siehe auch ARZT UND KRANKENHAUS 1.2.8)

«1–2000»

aller: je vais bien, mal [ale: ʒəvɛbjɛ̃, mal] *v.* (*irr.* 1)	**gehen: es geht mir gut, schlecht**
Depuis ma cure, je vais beaucoup mieux.	Seit meiner Kur geht es mir viel besser.
se blesser [səblɛse] *v.*	**sich verletzen**
Il s'est blessé au genou.	Er hat sich am Knie verletzt.
se casser (qch.) [səkase] *v.*	**sich** (etwas) **brechen**
Il s'est cassé la jambe.	Er hat sich das Bein gebrochen.
faible [fɛblə] *adj.*	**schwach**
Il est encore trop faible pour recommencer à travailler.	Er ist noch zu schwach, um die Arbeit wiederaufzunehmen.

fatigué, -e [fatige] *adj.* Je me sens trop fatigué pour vous accompagner à la gare.	**müde, erschöpft** Ich fühle mich zu müde, um Sie zum Bahnhof zu begleiten.
fièvre [fjɛvrə] *f* Vous pourrez sortir dès que vous n'aurez plus de fièvre.	**Fieber** *n* Sie können ausgehen, sobald Sie kein Fieber mehr haben.
force [fɔrs] *f* Il n'a plus la force de monter les quatre étages à pied.	**Kraft** *f*, **Stärke** *f* Er hat nicht mehr die Kraft, die vier Etagen zu Fuß hochzusteigen.
fort, forte [fɔr, fɔrt] *adj.* Laisse-moi déplacer cette armoire: je suis plus fort que toi.	**stark, kräftig** Laß mich den Schrank wegrücken: ich bin stärker als du.
guérir [gerir] *v.* J'espère qu'il guérira le plus vite possible.	**(wieder) gesund werden; heilen** Ich hoffe, daß er möglichst rasch wieder gesund wird.
mal [mal] *m* (*pl.* **maux** [mo]) Elle a souvent de violents maux de tête.	**Schmerz** *m* Sie hat oft heftige Kopfschmerzen.
avoir mal [avwarmal] Tu as encore mal aux dents?	**Schmerzen haben** Hast du immer noch Zahnschmerzen (*oder* Zahnweh)?
faire mal [fɛrmal] Cette piqûre m'a fait très mal.	**weh tun** Diese Spritze hat mir sehr weh getan.
mal au cœur [malokœr] *m* Elle ne supporte pas la voiture: elle a toujours mal au cœur.	**Übelkeit** *f* Sie verträgt das Autofahren nicht: ihr wird immer übel.
malade [malad] *adj.* Elle a dû être hospitalisée, car elle était gravement malade.	**krank** Sie mußte ins Krankenhaus gebracht werden, denn sie war schwer krank.
tomber malade [tõbemalad] Il est tombé malade et a annulé tous ses rendez-vous.	**krank werden** Er ist krank geworden und hat alle seine Termine abgesagt.
maladie [maladi] *f* La grippe est une maladie très contagieuse.	**Krankheit** *f* Die Grippe ist eine sehr ansteckende Krankheit.
rhume [rym] *m* Le chauffage était en panne: j'ai attrapé un gros rhume.	**Schnupfen** *m*, **Erkältung** *f* Die Heizung war ausgefallen: ich habe einen starken Schnupfen gekriegt.

santé [sɑ̃te] *f*	**Gesundheit** *f*
Grâce au nouveau traitement, son état de santé s'est amélioré.	Durch die neue Behandlung hat sich sein Gesundheitszustand gebessert.
être en bonne santé [ɛtrɑ̃bɔnsɑ̃te]	**gesund sein** (*Person*)
Pour participer à l'entraînement, il faut être en bonne santé.	Um am Training teilzunehmen, muß man gesund sein.

«2001–4000»

appendicite [apɛ̃disit] *f*	**Blinddarmentzündung** *f*
On a dû l'opérer de l'appendicite.	Er mußte am Blinddarm operiert werden.
attraper [atrape] *v.*	(*eine Krankheit*) **bekommen, kriegen** (F), **sich holen** (F)
Elle a attrapé la grippe pendant les vacances de Noël.	Sie hat sich in den Weihnachtsferien die Grippe geholt.
aveugle [avœglə] *adj.*	**blind**
Il est devenu aveugle à la suite d'un accident.	Er ist infolge eines Unfalls blind geworden.
blessure [blesyr] *f*	**Verletzung** *f*
Sa blessure n'a pas été soignée à temps.	Seine Verletzung wurde nicht rechtzeitig versorgt.
cancer [kɑ̃sɛr] *m*	**Krebs** *m*
Elle est morte d'un cancer du poumon.	Sie ist an Lungenkrebs gestorben.
connaissance [kɔnɛsɑ̃s] *f*	**Bewußtsein** *n*
Elle a perdu connaissance en apprenant la mauvaise nouvelle.	Sie verlor das Bewußtsein (*oder* sie wurde ohnmächtig), als sie die schlimme Nachricht erfuhr.
coup de soleil [kudsɔlɛj] *m*	**Sonnenbrand** *m*
Ne restez pas au soleil: vous allez attraper un coup de soleil.	Bleibt nicht in der Sonne: ihr bekommt einen Sonnenbrand.
douleur [dulœr] *f*	**Schmerz** *m*
Ses rhumatismes lui causent de violentes douleurs.	Sein Rheuma verursacht ihm heftige Schmerzen.

épuisé, -e [epɥize] *adj.* Après deux heures de marche, il est épuisé.	**erschöpft** Nach zwei Stunden Fußmarsch ist er erschöpft.
fatigue [fatig] *f* J'irai me coucher tôt: je suis morte de fatigue.	**Müdigkeit** *f*, **Ermüdung** *f* Ich gehe früh ins Bett: ich bin todmüde.
grippe [grip] *f* On peut se faire vacciner contre la grippe.	**Grippe** *f* Man kann sich gegen Grippe impfen lassen.
indigestion [ɛ̃diʒɛstjõ] *f* Il a trop mangé: il a eu une indigestion.	**Magenverstimmung** *f* Er hat zuviel gegessen: er hat sich den Magen verdorben.
muet, muette [mɥɛ, mɥɛt] *adj.* Il est sourd-muet de naissance.	**stumm** Er ist von Geburt an taubstumm.
saigner [sɛɲe] *v.* Pendant le match, le boxeur a saigné du nez.	**bluten** Während des Wettkampfs blutete der Boxer aus der Nase.
sain, saine [sɛ̃, sɛn] *adj.* Le climat méditerranéen est un des plus sains.	**gesund** Das Mittelmeerklima ist sehr gesund.
souffrir (de) [sufrir] *v.* (*irr.* 25) Il souffre d'une bronchite chronique.	**leiden** (an) Er leidet an einer chronischen Bronchitis.
sourd, sourde [sur, surd] *adj.* Elle est sourde de l'oreille droite.	**schwerhörig, taub** Sie ist auf dem rechten Ohr taub.
tousser [tuse] *v.* Il a pris froid et tousse beaucoup.	**husten** Er hat sich erkältet und hustet stark.

1.1.1.8 LEBEN UND TOD

«1–2000»

anniversaire [anivɛrsɛr] *m* Bon anniversaire! Samedi prochain, c'est mon anniversaire.	**Geburtstag** *m* Alles Gute zum Geburtstag! Nächsten Samstag habe ich Geburtstag.

jeune [ʒœn] *adj.* Ton fils est un vrai jeune homme maintenant.	**jung** Dein Sohn ist jetzt ein richtiger junger Mann.
mort, morte [mɔr, mɔrt] *adj.* On l'a trouvée morte dans la baignoire.	**tot** Man fand sie tot in der Badewanne.
mourir [murir] *v.* (*irr.* 23) Il est mort d'un cancer. Je meurs de faim! (*fig.*)	**sterben** Er starb an Krebs. Ich bin am Verhungern!
naissance [nɛsɑ̃s] *f* Veuillez indiquer votre date de naissance.	**Geburt** *f* Würden Sie bitte Ihr Geburtsdatum angeben.
né, née [ne] (*Partizip zu* naître) Charles de Gaulle est né à Lille.	**geboren** Charles de Gaulle ist in Lille geboren.
vie [vi] *f* Ses grands-parents sont encore en vie.	**Leben** *n* Seine Großeltern sind noch am Leben.
vieux, vieil, vieille [vjø, vjɛj] *adj.* C'est une vieille amie à moi.	**alt** Sie ist eine alte Freundin von mir.
vivre [vivrə] *v.* (*irr.* 41) Il a vécu longtemps à l'étranger.	**leben** Er hat lange im Ausland gelebt.

«2001–4000»

adulte [adylt] *adj.* À toi de prendre une décision, tu es adulte maintenant!	**erwachsen** Entscheide dich selber, du bist jetzt erwachsen!
âgé, -e [ɑʒe] *adj.* Il est âgé de trente ans.	**alt** Er ist dreißig Jahre alt.
enfance [ɑ̃fɑ̃s] *f* Il a passé son enfance à Rome.	**Kindheit** *f* Er hat seine Kindheit in Rom verbracht.
enterrer [ɑ̃tɛre] *v.* Mon oncle est enterré dans son village natal.	**begraben** Mein Onkel ist in seinem Heimatdorf begraben.
grandir [grɑ̃dir] *v.* Ta fille a beaucoup grandi depuis la dernière fois que je l'ai vue.	**groß (größer) werden, wachsen** Deine Tochter ist sehr gewachsen, seit ich sie das letzte Mal gesehen habe.

jeunesse [ʒœnɛs] *f* — **Jugend** *f*

Dans sa jeunesse, il faisait partie d'un orchestre de jazz. — In seiner Jugend gehörte er einer Jazzkapelle an.

mort [mɔr] *f* — **Tod** *m*

La peine de mort a été abolie en France. — Die Todesstrafe wurde in Frankreich abgeschafft.

mort [mɔr] *m* — **Toter** *m*

L'accident de chemin de fer a fait dix morts. — Das Eisenbahnunglück hat zehn Todesopfer gefordert.

naître [nɛtrə] *v.* (*irr.* 24) — **geboren werden**

Il naît plus de garçons que de filles. — Es werden mehr Jungen als Mädchen geboren.

retraite [rətrɛt] *f* — **Ruhestand** *m*

Depuis qu'elle est à la retraite, elle voyage beaucoup. — Seit sie im Ruhestand ist, reist sie viel.

tuer [tɥe] *v.* — **töten**

La police a tiré: le bandit a été tué sur le coup. — Die Polizei schoß: der Räuber wurde auf der Stelle getötet.

se tuer [sətɥe] *v.* — **umkommen, ums Leben kommen**

Mon meilleur ami s'est tué dans un accident. — Mein bester Freund kam bei einem Unfall ums Leben.

vieillesse [vjɛjɛs] *f* — (*hohes*) **Alter** *n*

Mon grand-père est mort de vieillesse. — Mein Großvater starb an Altersschwäche.

vivant, -ante [vivɑ̃, -ɑ̃t] *adj.* — **lebend**

Seules deux personnes sont sorties vivantes de cet accident. — Nur zwei Personen kamen bei diesem Unfall mit dem Leben davon.

1.1.2 AKTIVITÄTEN

1.1.2.1 SINNESWAHRNEHMUNGEN UND KÖRPERFUNKTIONEN

«1–2000»

j'ai chaud [ʒeʃo] — **mir ist warm** (*oder* **heiß**)

Ouvre la fenêtre si tu as trop chaud. — Mach das Fenster auf, wenn dir zu warm ist.

j'ai froid [ʒefrwa]	**ich friere, es friert mich, mir ist kalt**
Si vous avez froid, je peux vous faire un grog.	Wenn Sie frieren, kann ich Ihnen einen Grog machen.
dormir [dɔrmir] *v.* (*irr.* 14)	**schlafen**
Il faisait trop chaud: j'ai mal dormi.	Es war zu heiß: ich habe schlecht geschlafen.
écouter [ekute] *v.*	**(zu)hören**
Ce soir, je préfère écouter la radio que regarder la télé.	Heute abend möchte ich lieber Radio hören als fernsehen.
entendre [ɑ̃tɑ̃drə] *v.*	**hören**
Parle plus fort! Je n'entends pas ce que tu dis!	Sprich lauter! Ich höre nicht, was du sagst!
goût [gu] *m*	**Geschmack** *m*
Je n'aime pas le goût de l'ail.	Ich mag den Geschmack des Knoblauchs nicht.
Elle n'a vraiment aucun goût pour s'habiller.	Sie hat wirklich keinen Geschmack für Kleidung.
regarder [rəgarde] *v.*	**(an)sehen, (an)schauen, (an-)gucken**
Tu pourrais quand même me regarder quand je te parle!	Du könntest mich immerhin ansehen, wenn ich mit dir spreche!
sens [sɑ̃s] *m*	**Sinn** *m*
Chez les aveugles, le toucher est un sens particulièrement développé.	Bei den Blinden ist der Tastsinn besonders gut entwickelt.
Ce que j'apprécie chez lui, c'est son sens de l'humour.	Was ich an ihm schätze, ist sein Sinn für Humor.
sentir [sɑ̃tir] *v.* (*irr.* 26)	**fühlen, spüren**
Les cachets font de l'effet: je ne sens plus la douleur.	Die Tabletten wirken: ich spüre keinen Schmerz mehr.
sentir [sɑ̃tir] *v.* (*irr.* 26)	**riechen**
Elle sent toujours les melons avant de les acheter.	Sie riecht immer an den Melonen, bevor sie sie kauft.
sentir (qch.) [sɑ̃tir] *v.* (*irr.* 26)	(nach etwas) **riechen, duften**
Tu sens le jasmin. – Oui, c'est mon nouveau parfum.	Du riechst nach Jasmin. – Ja, das ist mein neues Parfüm.
Ce fromage sent trop fort: je n'en veux pas.	Dieser Käse riecht zu stark: ich will keinen.

voir [vwar] *v.* (*irr.* 42) De la fenêtre de la chambre, on voit le jardin. J'ai déjà vu ce film.	**sehen** Vom Schlafzimmerfenster aus sieht man den Garten. Ich habe diesen Film schon gesehen.

«2001–4000»

apercevoir [apɛrsəvwar] *v.* (*irr.* 32) Je l'ai aperçu ce matin dans le bus, mais il ne m'a pas vu.	**erblicken** Ich habe ihn heute morgen im Bus erblickt, er hat mich aber nicht gesehen.
bas, basse [bɑ, bɑs] *adj.* L'acteur parlait trop bas.	**leise** Der Schauspieler sprach zu leise.
coup d'œil [kudœj] *m* J'ai juste jeté un coup d'œil sur le journal.	**(flüchtiger, kurzer) Blick** *m* Ich habe nur einen flüchtigen Blick in die Zeitung geworfen.
s'endormir [sɑ̃dɔrmir] *v.* (*irr.* 14) Il etait très fatigué: il s'est presque endormi au volant.	**einschlafen** Er war sehr müde: er ist fast am Steuer eingeschlafen.
haut, haute [o, ot] *adj.* (*h aspiré*) Répète à voix haute, s'il te plaît.	**laut** Wiederhole bitte mit lauter Stimme.
odeur [odœr] *f* Dans la vieille maison, il y avait partout une odeur de moisi.	**Geruch** *m* In dem alten Haus war überall Modergeruch.
regard [rəgar] *m* Elle lui lança un regard furieux.	**Blick** *m* Sie warf ihm einen wütenden Blick zu.
respirer [rɛspire] *v.* Il fait de l'asthme et a du mal à respirer.	**atmen** Er hat Asthma und das Atmen fällt ihm schwer.
rêve [rɛv] *m* J'ai fait un rêve bizarre la nuit dernière.	**Traum** *m* Ich habe letzte Nacht einen sonderbaren Traum gehabt.
se réveiller [sərevɛje] *v.* Je me réveille tous les matins à six heures.	**aufwachen** Ich wache jeden Morgen um sechs Uhr auf.

rêver [rɛve] *v.* — **träumen**
J'ai rêvé de mon vieux professeur de musique. — Ich habe von meinem alten Musiklehrer geträumt.

sommeil [sɔmɛj] *m* — **Schlaf** *m*
Elle a le sommeil très léger. — Sie hat einen sehr leichten Schlaf.

avoir sommeil [avwarsɔmɛj] — **schläfrig, müde sein**
Je me suis couché tard hier soir: j'ai sommeil. — Ich bin gestern abend spät schlafen gegangen: ich bin müde.

souffle [suflə] *m* — **Atem** *m*
Cette nouvelle lui a coupé le souffle. — Diese Nachricht hat ihm den Atem verschlagen.

vue [vy] *f* — **Anblick** *m*
La vue du sang le rend malade. — Beim Anblick von Blut wird ihm schlecht.

1.1.2.2 KÖRPERPFLEGE UND SAUBERKEIT

«1–2000»

bain [bɛ̃] *m* — **Bad** *n*
J'aime bien prendre un bain pour me détendre. — Ich nehme gern ein Bad, um mich zu entspannen.

brosse à dents [brɔsadɑ̃] *f* — **Zahnbürste** *f*
Le dentiste m'a recommandé d'utiliser une brosse à dents électrique. — Der Zahnarzt hat mir empfohlen, eine elektrische Zahnbürste zu benützen.

douche [duʃ] *f* — **Dusche** *f*
Après le match de foot, les joueurs prennent une douche. — Nach dem Fußballspiel duschen (sich) die Spieler.

laver [lave] *v.* — **waschen**
Il vaut mieux laver ton pull à la main. — Es ist besser, deinen Pullover mit der Hand zu waschen.
En montagne, on se lavait le matin à l'eau d'une source. — Im Gebirge wuschen wir uns morgens mit Quellwasser.

nettoyer [nɛtwaje] *v.* (-oi-) — **reinigen, saubermachen, putzen**
Je préfère donner ton imperméable à nettoyer. — Ich gebe deinen Regenmantel lieber zum Reinigen.

propre [prɔprə] *adj.* Tu n'as pas les mains propres; laisse-moi couper la viande.	**sauber** Du hast keine sauberen Hände; laß mich das Fleisch schneiden.
sale [sal] *adj.* J'ai une machine à laver; donne-moi ton linge sale.	**schmutzig** Ich habe eine Waschmaschine; gib mir deine schmutzige Wäsche.
savon [savõ] *m* Ce savon n'est pas assez doux pour une peau d'enfant.	**Seife** *f* Diese Seife ist für eine Kinderhaut nicht mild genug.
serviette (de toilette) [sɛrvjɛt(dətwalɛt)] *f* La femme de chambre a oublié de changer les serviettes.	**Handtuch** *n* Das Zimmermädchen hat vergessen, die Handtücher zu wechseln.

«2001–4000»

aspirateur [aspiratœr] *m* J'ai passé l'aspirateur dans la salle à manger.	**Staubsauger** *m* Ich habe im Eßzimmer Staub gesaugt.
balai [balɛ] *m* Il y a de la poussière par terre; donne un coup de balai!	**Besen** *m* Es liegt Staub auf dem Boden; kehr mal schnell!
brosse [brɔs] *f* Je voudrais nettoyer mes bottes; tu as une brosse?	**Bürste** *f* Ich möchte meine Stiefel putzen; hast du eine Bürste?
se faire couper les cheveux [səfɛrkupeleʃvø] Elle s'est fait couper les cheveux.	**sich die Haare schneiden lassen** Sie hat sich die Haare schneiden lassen.
dentifrice [dɑ̃tifris] *m* Où est passé le bouchon du tube de dentifrice?	**Zahnpasta** *f* Wo ist der Verschluß der Zahnpastatube hingekommen?
essuyer [ɛsɥije] *v.* (-ui-) Aide-moi à essuyer la vaisselle!	**abwischen, abtrocknen** Hilf mir beim Geschirrabtrocknen!
gant de toilette [gɑ̃dtwalɛt] *m* Il trouve qu'un gant de toilette n'est pas hygiénique.	**Waschlappen** *m* Er findet, daß ein Waschlappen nicht hygienisch ist.

se maquiller [səmakije] *v.* Suzanne se maquille très peu.	**sich schminken** Suzanne schminkt sich sehr wenig.
peigne [pɛɲ] *m* Un coup de peigne et je suis prête!	**Kamm** *m* Ich kämme mich noch rasch; dann bin ich fertig.
poussière [pusjɛr] *f* As-tu un chiffon pour enlever la poussière?	**Staub** *m* Hast du einen Lappen, um Staub zu wischen?
se raser [sərɑze] *v.* Il s'est rasé la moustache; il est mieux comme ça.	**sich rasieren** Er hat sich den Schnurrbart abrasiert; so sieht er besser aus.
rasoir [rɑzwar] *m* Mon grand-père ne veut pas de rasoir électrique.	**Rasierapparat** *m* Mein Großvater will keinen elektrischen Rasierapparat.
salir [salir] *v.* Tu vas salir mon tapis; enlève tes chaussures, s'il te plaît!	**schmutzig machen** Du machst meinen Teppich schmutzig; zieh bitte deine Schuhe aus!
tache [taʃ] *f* Je n'arrive pas à enlever cette tache de sang.	**Fleck** *m* Ich kriege diesen Blutfleck nicht weg.

1.1.2.3 TUN (ALLGEMEIN)

«1–2000»

arriver (à faire qch.) [arive] *v.* (être) Je ne suis pas arrivé à ouvrir cette bouteille.	**es schaffen, es fertigbringen** (etwas zu tun) Ich habe diese Flasche nicht aufbekommen.
se débrouiller [sədebruje] *v.* Il se débrouille assez bien en français.	**sich zu helfen wissen, zurechtkommen** Er kommt mit dem Französischen ganz gut zurecht.
décider (de) [deside] *v.* Les ouvriers ont décidé de faire grève.	**beschließen** (zu), **entscheiden** Die Arbeiter haben beschlossen zu streiken.
se décider (à) [sədeside] *v.* Elle s'est décidée à se faire opérer.	**sich entschließen** (zu) Sie hat sich entschlossen, sich operieren zu lassen.

difficile [difisil] *adj.*	**schwer, schwierig**
On lui a donné un travail trop difficile.	Man hat ihm eine zu schwere Arbeit gegeben.
effort [efɔr] *m*	**Anstrengung** *f*, **Mühe** *f*
Si tu veux réussir ton bac, tu devrais faire plus d'efforts.	Wenn du das Abitur bestehen willst, solltest du dir mehr Mühe geben.
essayer [eseje] *v.* (-ay- *oder* -ai-)	**versuchen**
Cela fait une heure que j'essaye de lui téléphoner; c'est toujours occupé.	Schon seit einer Stunde versuche ich, ihn anzurufen; es ist immer belegt.
facile [fasil] *adj.*	**leicht**
Il est facile de critiquer.	Es ist leicht zu kritisieren.
faire [fɛr] *v.* (*irr.* 18)	**machen, tun**
Elle fait toutes ses robes elle-même.	Sie macht alle ihre Kleider selbst.
Il n'a fait que son devoir.	Er hat nur seine Pflicht getan.
Faites comme vous voulez!	Machen Sie es, wie Sie wollen!
habitude [abityd] *f* (l'-)	**Gewohnheit** *f*
Il n'a pas l'habitude de parler en public; ça se voit.	Er ist es nicht gewohnt, öffentlich zu reden; das sieht man.
hésiter [ezite] *v.* (*h muet*)	**zögern**
N'hésitez pas à m'interrompre, si vous ne me comprenez pas!	Zögern Sie nicht, mich zu unterbrechen, wenn Sie mich nicht verstehen!
intention [ɛ̃tɑ̃sjɔ̃] *f*	**Absicht** *f*
J'ai l'intention d'aller travailler deux ans au Canada.	Ich habe die Absicht, zwei Jahre in Kanada zu arbeiten.
s'occuper (de) [sɔkype] *v.*	**sich beschäftigen, sich befassen** (mit)
Pendant ses loisirs, il s'occupe de politique.	In seiner Freizeit befaßt er sich mit Politik.
oser [oze] *v.*	**wagen**
Tu oses me faire des reproches!	Du wagst es, mir Vorwürfe zu machen!
pouvoir [puvwar] *v.* (*irr.* 30)	**können**
Tu as fait ce que tu as pu pour les aider.	Du hast getan, was du konntest, um ihnen zu helfen.
préparer [prepare] *v.*	**vorbereiten**
Je prépare un examen pour entrer dans une école d'ingénieurs.	Ich bereite mich auf die Aufnahmeprüfung für eine Ingenieurschule vor.

«2001–4000»

actif, -ive [aktif, -iv] *adj.* Mes parents sont restés très actifs.	**aktiv, rührig** Meine Eltern sind sehr aktiv geblieben.
action [aksjõ] *f* Le nouveau directeur est un homme d'action.	**Handlung** *f*, **Tat** *f* Der neue Direktor ist ein Mann der Tat.
activité [aktivite] *f* Elle a dû réduire ses activités.	**Tätigkeit** *f* Sie hat ihre Tätigkeiten einschränken müssen.
agir [aʒir] *v.* C'est la jalousie qui le fait agir de cette façon.	**handeln** Die Eifersucht bringt ihn dazu, so zu handeln.
décision [desizjõ] *f* Il a pris la décision de s'arrêter de fumer.	**Entschluß** *m*, **Entscheidung** *f* Er hat den Entschluß gefaßt, mit Rauchen aufzuhören.
s'efforcer [sefɔrse] *v.* (-ç-) Je me suis efforcé de rester calme pendant la discussion.	**sich anstrengen, sich bemühen** Ich habe mich bemüht, während der Diskussion ruhig zu bleiben.
essai [esɛ] *m* Au premier essai, il a sauté un mètre soixante.	**Versuch** *m*, **Probe** *f* Beim ersten Versuch sprang er einen Meter sechzig.
exagérer [ɛgzaʒere] *v.* (-è-) Tu exagères! Ça fait une heure que je t'attends!	**übertreiben** Du übertreibst! Seit einer Stunde warte ich auf dich!
s'habituer (à) [sabitɥe] *v.* Je n'arrive pas à m'habituer au bruit.	**sich gewöhnen** (an) Ich kann mich nicht an den Lärm gewöhnen.
mal [mal] *m* Elle se donne du mal pour lui apprendre à nager.	**Mühe** *f* Sie gibt sich Mühe, um ihm das Schwimmen beizubringen.
occupation [ɔkupasjõ] *f* Depuis que ses enfants sont grands, elle cherche une occupation.	**Beschäftigung** *f* Seit ihre Kinder groß sind, sucht sie eine Beschäftigung.
œuvre [œvrə] *f* Pendant les vacances, j'ai lu l'œuvre de Zola.	**Werk** *n* In den Ferien habe ich das Werk Zolas gelesen.

ouvrage [uvraʒ] *m* — (*einzelnes*) **Werk** *n*, **Arbeit** *f*
La censure a interdit la publication de cet ouvrage. — Die Zensur hat die Veröffentlichung dieses Werkes verboten.

pénible [peniblə] *adj.* — **mühsam, beschwerlich**
Ce travail de recherche est très pénible. — Diese Forschungsarbeit ist sehr mühsam.

préparatifs [preparatif] *m/pl.* — **Vorbereitungen** *f/pl.*
J'ai déjà commencé mes préparatifs de voyage. — Ich habe schon mit meinen Reisevorbereitungen begonnen.

préparation [preparasjõ] *f* — **Vorbereitung** *f*
Elle passe beaucoup de temps à la préparation de ses cours. — Sie verbringt viel Zeit mit der Vorbereitung ihrer Stunden.

projet [prɔʒɛ] *m* — **Plan** *m*, **Vorhaben** *n*
Quels sont vos projets pour l'avenir? — Welches sind Ihre Pläne für die Zukunft?

réaliser [realize] *v.* — **verwirklichen**
Il a réalisé le rêve de sa vie. — Er hat den Traum seines Lebens verwirklicht.

1.1.2.4 SICHBEWEGEN UND VERWEILEN

«1–2000»

aller [ale] *v.* (*irr.* 1, être) — **gehen, fahren**
Je vais au cinéma ce soir; tu viens avec moi? — Ich gehe heute abend ins Kino; kommst du mit?
Ils sont allés à la gare en taxi. — Sie sind mit dem Taxi zum Bahnhof gefahren.
Quand le bus est trop plein, je préfère aller à pied. — Wenn der Bus zu voll ist, gehe ich lieber zu Fuß.

s'en aller [sɑ̃nale] *v.* (*irr.* 1) — **weg-, fortgehen**
Je regrette, mais je dois m'en aller. — Ich bedaure, aber ich muß gehen.

arriver [arive] *v.* (être) — **ankommen**
Il arrivera par le train de huit heures. — Er kommt mit dem Zug um acht Uhr.

s'asseoir [saswar] *v.* (*irr.* 2) — **sich setzen**
Asseyez-vous! Je suis à vous dans un instant. — Setzen Sie sich! Ich stehe gleich zu Ihrer Verfügung.

attendre [atɑ̃drə] *v.*	**warten** (auf), **erwarten**
Je t'ai attendu jusqu'à minuit.	Ich habe bis Mitternacht auf dich gewartet.
courir [kurir] *v.* (*irr.* 9)	**laufen, rennen**
J'ai dû courir pour avoir mon bus.	Ich habe rennen müssen, um meinen Bus zu kriegen.
Il a couru partout pour trouver cette pièce de rechange.	Er ist überall herumgelaufen, um dieses Ersatzteil zu finden.
descendre [desɑ̃drə] *v.* (*meist* être)	**hinuntergehen, -steigen, -fahren; aussteigen**
Descends de cet arbre; tu vas tomber!	Komm von dem Baum runter; du fällst noch!
Il a descendu les escaliers en courant pour aller ouvrir.	Er ist die Treppe hinuntergerannt, um aufzumachen.
Pour le Louvre, il vous faut descendre à la prochaine station.	Zum Louvre müssen Sie an der nächsten Station aussteigen.
entrer [ɑ̃tre] *v.* (être)	**hineingehen, hereinkommen, eintreten**
Les cambrioleurs sont entrés par la porte du jardin.	Die Einbrecher sind durch die Gartentür hereingekommen.
se lever [səlәve] *v.* (-è-)	**aufstehen**
Je vais rentrer: demain je dois me lever tôt.	Ich gehe nach Hause: ich muß morgen früh aufstehen.
marcher [marʃe] *v.*	**gehen, laufen**
Depuis son accident, elle marche avec une canne.	Seit ihrem Unfall geht sie am Stock.
monter [mõte] *v.* (*meist* être)	**hinaufgehen, -steigen, -fahren; einsteigen**
J'ai monté les cinq étages à pied.	Ich bin die fünf Etagen zu Fuß hinaufgestiegen.
Je suis montée dans le train à la dernière minute.	Ich bin in letzter Minute in den Zug eingestiegen.
partir [partir] *v.* (*irr.* 26, être)	**weg-, fortgehen**
Je regrette, mademoiselle Besson est déjà partie.	Ich bedaure, Fräulein Besson ist schon weg(gegangen).
À vos marques! Prêts? Partez!	Auf die Plätze, fertig, los!
pas [pɑ] *m*	**Schritt** *m*
C'est ton père: je reconnais son pas.	Das ist dein Vater: ich erkenne seinen Schritt.

passer [pase] *v.* (être) J'étais dans le quartier; alors je suis passé te dire bonjour.	**vorbeigehen, -kommen** Ich war in der Gegend; da bin ich vorbeigekommen, dir guten Tag sagen.
rentrer [rɑ̃tre] *v.* (être) En ce moment, il rentre tard du bureau.	**nach Hause gehen; heim-, zurückkehren** Zur Zeit kommt er spät vom Büro nach Hause.
rester [rɛste] *v.* (être) Restez donc déjeuner avec nous.	**bleiben** Bleiben Sie doch zum Mittagessen bei uns.
retourner [rəturne] *v.* (être) Je dois retourner chez le dentiste cette semaine.	**zurückkehren** Ich muß diese Woche wieder zum Zahnarzt.
revenir [rəvənir] *v.* (*irr.* 40, être) Il a dit qu'il reviendrait demain.	**zurückkommen, wieder kommen** Er sagte, daß er morgen wieder käme.
sortir [sɔrtir] *v.* (*irr.* 26, être) Quand vous sortez de la gare, l'arrêt du bus est à droite.	**hinausgehen, herauskommen** Wenn Sie aus dem Bahnhof kommen, ist die Bushaltestelle rechts.
suivre (qn) [sɥivrə] *v.* (*irr.* 37) Elle avait l'impression qu'on la suivait depuis la gare.	(jdm) **folgen** Sie hatte den Eindruck, daß ihr jemand vom Bahnhof an folgte.
tomber [tõbe] *v.* (être) J'ai glissé et je suis tombé.	**fallen** Ich bin ausgerutscht und hingefallen.
venir [vənir] *v.* (*irr.* 40, être) C'est la première fois que vous venez en France?	**kommen** Kommen Sie zum ersten Mal nach Frankreich?

«2001–4000»

s'approcher [saprɔʃe] *v.* Il s'est approché de moi pour me demander du feu.	**sich nähern, herankommen** Er näherte sich mir, um mich um Feuer zu bitten.
s'arrêter [sarɛte] *v.* Elle s'arrête devant tous les magasins pour comparer les prix.	**stehenbleiben** Sie bleibt vor allen Geschäften stehen, um die Preise zu vergleichen.

avancer [avɑ̃se] *v.* (-ç-)	**vorankommen, vorwärts gehen**
Il y a un bouchon sur l'autoroute: on avance lentement.	Es ist ein Stau auf der Autobahn: man kommt langsam voran.
bouger [buʒe] *v.* (-ge-)	**sich bewegen, sich rühren**
Ne bougez pas pendant que je prends la photo!	Bewegt euch nicht, solange ich das Foto mache!
se coucher [səkuʃe] *v.*	**sich hinlegen**
Je ne veux pas que ton chien se couche sur le tapis.	Ich will nicht, daß sich dein Hund auf den Teppich legt.
aller se coucher [aleskuʃe]	**schlafen gehen, ins Bett gehen**
Ce soir, je vais aller me coucher tôt: je suis fatigué.	Heute abend gehe ich früh schlafen: ich bin müde.
demeurer [dəmœre] *v.* (être)	**bleiben**
Je demeure à votre disposition.	Ich bleibe zu Ihrer Verfügung.
se dépêcher [sədepɛʃe] *v.*	**sich beeilen**
Dépêche-toi, tu vas encore être en retard!	Beeil dich, du kommst wieder zu spät!
se diriger (vers) [sədiriʒe] *v.* (-ge-)	**zugehen** (auf)
Elle s'est levée et s'est dirigée vers la porte.	Sie stand auf und ging auf die Tür zu.
être assis, assise [ɛtrasi, asiz]	**sitzen**
On est très bien assis dans tes nouveaux fauteuils.	Man sitzt sehr gut in deinen neuen Sesseln.
être debout [ɛtrədəbu]	**stehen**
Je n'ai rien vu à cause des gens qui étaient debout devant moi.	Ich habe nichts gesehen wegen der Leute, die vor mir standen.
glisser [glise] *v.*	**(aus)rutschen, (aus)gleiten**
Il a glissé sur une peau de banane.	Er ist auf einer Bananenschale ausgerutscht.
parvenir (à) [parvənir] *v.* (*irr.* 40, être)	**gelangen** (zu)
Après une heure de marche, on est parvenu au refuge.	Nach einer Stunde Fußmarsch gelangten wir zu der Hütte.
se pencher [səpɑ̃ʃe] *v.*	**sich niederbeugen, sich neigen**
Il s'est penché vers elle pour l'embrasser.	Er neigte sich zu ihr hin, um sie zu küssen.

reculer [rəkyle] *v.*	**zurückgehen, -fahren, -weichen**
En reculant, la voiture a heurté le poteau.	Beim Zurückfahren stieß das Auto gegen den Pfosten.
remuer [rəmɥe] *v.*	**sich bewegen**
Arrête de remuer comme ça sur ta chaise!	Hör auf, so auf deinem Stuhl herumzuzappeln!
se rendre [sərɑ̃drə] *v.*	**sich begeben**
Le Premier ministre s'est rendu à Genève.	Der Premierminister hat sich nach Genf begeben.
se sauver [səsove] *v.*	**davonlaufen, sich davonmachen**
En entendant du bruit, les cambrioleurs se sont sauvés.	Als sie ein Geräusch hörten, liefen die Einbrecher davon.
trembler [trɑ̃ble] *v.*	**zittern**
Ses mains tremblent: il n'arrive plus à écrire.	Seine Hände zittern: er kann nicht mehr schreiben.

1.1.2.5 BEWEGEN VON DINGEN UND LEBEWESEN

«1–2000»

amener [amne] *v.* (-è-)	**mitbringen**
Tu peux amener des amis à la fête.	Du kannst zu dem Fest Freunde mitbringen.
N'oubliez pas d'amener vos maillots.	Vergeßt nicht, eure Badeanzüge mitzubringen.
apporter [apɔrte] *v.*	**(mit)bringen**
C'est gentil de m'avoir apporté des fleurs.	Es ist nett, daß ihr mir Blumen mitgebracht habt.
aller chercher [aleʃɛrʃe]	**holen**
Allez vite chercher un médecin!	Holen Sie schnell einen Arzt!
Tu pourrais aller chercher mes lunettes.	Du könntest meine Brille holen.
venir chercher [vənirʃɛrʃe]	**abholen**
Il est venu me chercher à la gare.	Er hat mich am Bahnhof abgeholt.
descendre [desɑ̃drə] *v.*	**hinunterbringen, herunterholen**
Il a descendu la grande table du grenier.	Er hat den großen Tisch vom Speicher herabgeholt.

emmener [ɑ̃mne] *v.* (-è-) — **mitnehmen, wegbringen**

Tu peux emmener les enfants à l'école? — Kannst du die Kinder zur Schule bringen?

Elle a emmené sa machine à écrire en vacances. — Sie hat ihre Schreibmaschine in die Ferien mitgenommen.

---

emporter [ɑ̃pɔrte] *v.* — **mitnehmen, wegbringen**

Cette fois-ci, je n'emporte qu'une petite valise. — Dieses Mal nehme ich nur einen kleinen Koffer mit.

On a emporté les blessés en ambulance. — Die Verletzten wurden im Krankenwagen weggebracht.

---

enlever [ɑ̃lve] *v.* (-è-) — **wegschaffen, entfernen**

Enlève donc cette chaise du couloir; on ne peut plus passer. — Schaff doch diesen Stuhl im Gang weg; man kommt nicht mehr durch.

---

envoyer [ɑ̃vwaje] *v.* (*irr.* 16) — **schicken, senden**

Pour mon anniversaire, il m'a envoyé un disque. — Zu meinem Geburtstag hat er mir eine Schallplatte geschickt.

---

jeter [ʒəte] *v.* (-tt-) — **werfen, wegwerfen**

Tu t'es enfin décidée à jeter ce vieux manteau! — Endlich hast du dich dazu entschlossen, diesen alten Mantel wegzuwerfen!

---

mettre [mɛtrə] *v.* (*irr.* 22) — **legen, setzen, stellen**

Où as-tu mis le journal? — Wo hast du die Zeitung hingelegt?

Je vais mettre la voiture au garage. — Ich stelle den Wagen in die Garage.

---

monter [mõte] *v.* — **hinaufbringen**

Je peux vous aider à monter vos valises. — Ich kann Ihnen helfen, Ihre Koffer hinaufzubringen.

---

porter [pɔrte] *v.* — **tragen**

Les Africaines portent leurs paniers sur la tête. — Die Afrikanerinnen tragen ihre Körbe auf dem Kopf.

---

poser [poze] *v.* — **legen, setzen, stellen**

Où est-ce que je mets ce plateau? – Pose-le par terre. — Wo soll ich dieses Tablett hinstellen? – Stell es auf den Boden.

---

pousser [puse] *v.* — **schieben, stoßen**

Ne poussez pas! Il y aura de la place pour tout le monde. — Nicht drängeln! Es ist Platz für alle da.

ramasser [ramase] *v.*
Mon porte-monnaie est tombé par terre: j'ai dû ramasser toutes les pièces.

aufheben, auflesen
Mein Geldbeutel ist auf den Boden gefallen: ich mußte die ganzen Geldstücke auflesen.

---

ranger [rɑ̃ʒe] *v.* (-ge-)
En rangeant mes affaires, j'ai retrouvé mon carnet d'adresses.

aufräumen
Als ich meine Sachen aufräumte, habe ich mein Adressenbüchlein wiedergefunden.

---

tirer [tire] *v.*
Ma voiture n'arrive pas à tirer une caravane.

ziehen
Mein Wagen kann keinen Caravan ziehen.

«2001–4000»

accrocher [akrɔʃe] *v.*
J'ai accroché le tableau au-dessus du canapé.

aufhängen
Ich habe das Bild über der Couch aufgehängt.

---

agiter [aʒite] *v.*
Agitez la bouteille avant de l'ouvrir.

schütteln, bewegen
Schütteln Sie die Flasche, bevor Sie sie öffnen.

---

approcher [aprɔʃe] *v.*
Approche la lampe: je n'y vois pas assez.

heranrücken, näher rücken
Rück die Lampe heran: ich sehe nicht genügend.

---

arracher [araʃe] *v.*
Le dentiste m'a arraché une dent de sagesse.

ausreißen
Der Zahnarzt hat mir einen Weisheitszahn gezogen.

---

attirer [atire] *v.*
La lampe attire les moustiques: éteins-la!

anziehen
Die Lampe zieht die Mücken an: mach sie aus!

---

baisser [bɛse] *v.*
Tu pourrais baisser le store: il fait trop chaud.

herunterlassen, senken
Du könntest die Jalousie herunterlassen: es ist zu heiß.

éloigner [elwaɲe] *v.*
Éloigne le bidon d'essence du feu: c'est trop dangereux.

entfernen
Stell den Benzinkanister vom Feuer weg: das ist zu gefährlich.

---

lâcher [lɑʃe] *v.*
Tiens bon! Ne lâche pas la corde!

loslassen
Halt fest! Laß das Seil nicht los!

---

lancer [lɑ̃se] *v.* (-ç-)
Les manifestants ont lancé des pierres contre la police.

werfen, schleudern
Die Demonstranten bewarfen die Polizei mit Steinen.

mener [məne] *v.* (-è-) La fermière mène les vaches au pré.	**führen** Die Bäuerin führt die Kühe auf die Wiese.
ôter [ote] *v.* Ôtez votre manteau: il fait très chaud.	**wegnehmen, entfernen** Ziehen Sie Ihren Mantel aus: es ist sehr heiß.
placer [plase] *v.* (-ç-) Elle a placé son lit sous la fenêtre.	**legen, setzen, stellen** Sie hat ihr Bett unter das Fenster gestellt.
ramener [ramner] *v.* (-è-) C'est un plaisir pour moi de vous ramener en voiture.	**zurückbringen** Es ist ein Vergnügen für mich, Sie im Auto zurückzubringen.
remuer [rəmɥe] *v.* Mon chien m'accueille toujours en remuant la queue.	**bewegen** Mein Hund empfängt mich immer schwanzwedelnd.
rentrer [rɑ̃tre] *v.* Tu as pensé à rentrer ta bicyclette dans la cour?	**hineinbringen** Hast du daran gedacht, dein Fahrrad in den Hof zu bringen?
renverser [rɑ̃vɛrse] *v.* Excuse-moi, j'ai renversé mon verre.	**umwerfen, umstoßen** Entschuldige, ich habe mein Glas umgestoßen.
retirer [rətire] *v.* Il a retiré un billet de cent francs de son portefeuille.	**herausziehen** Er zog einen Hundertfrancschein aus seiner Brieftasche.
secouer [səkwe] *v.* On a secoué l'arbre pour faire tomber les noix.	**schütteln** Wir haben die Nüsse vom Baum geschüttelt.
sortir [sɔrtir] *v.* (*irr.* 26) Il faut d'abord que je sorte ma voiture du garage.	**herausholen** Ich muß erst meinen Wagen aus der Garage holen.
(sou)lever [(su)ləve] *v.* (-è-) Ils se sont mis à quatre pour soulever le piano.	**(hoch)heben** Zu viert machten sie sich daran, das Klavier hochzuheben.
tourner [turne] *v.* Il était vexé et m'a tourné le dos.	**drehen, wenden** Er war beleidigt und wandte mir den Rücken zu.
transporter [trɑ̃spɔrte] *v.* Ils ont loué un minibus pour transporter leurs meubles.	**befördern** Sie haben einen Kleinbus gemietet, um ihre Möbel zu transportieren.

1.1.2.6 GEBEN UND NEHMEN

«1–2000»

accepter [aksɛpte] *v.* C'est avec plaisir que nous acceptons votre invitation.	**annehmen** Wir nehmen Ihre Einladung mit Vergnügen an.
cadeau [kado] *m* (*pl.* -x) Elle m'a fait cadeau de sa machine à coudre.	**Geschenk** *n* Sie hat mir ihre Nähmaschine geschenkt.
donner [dɔne] *v.* Tu ne donnes pas de pourboire au garçon?	**geben** Gibst du dem Kellner kein Trinkgeld?
garder [garde] *v.* Tu as gardé mon dictionnaire; j'en ai besoin.	**behalten** Du hast mein Wörterbuch behalten; ich brauche es.
offrir [ɔfrir] *v.* (*irr.* 25) On lui a offert un poste de directeur.	**anbieten** Man hat ihm einen Posten als Direktor angeboten.
offrir [ɔfrir] *v.* (*irr.* 25) Qu'est-ce que je pourrais lui offrir pour son anniversaire?	**schenken** Was könnte ich ihm zum Geburtstag schenken?
passer [pase] *v.* Tu peux me passer le sel, s'il te plaît?	**reichen** Kannst du mir bitte das Salz rüberreichen?
prendre [prɑ̃drə] *v.* (*irr.* 31) Comme dessert, il a pris un yaourt. Les voleurs ont pris la fuite. La place était déjà prise.	**nehmen** Zum Nachtisch hat er ein Joghurt genommen. Die Diebe ergriffen die Flucht. Der Platz war schon besetzt.
prêter [prɛte] *v.* Il a refusé de me prêter sa voiture.	**leihen** (*jdm*) Er hat es abgelehnt, mir seinen Wagen zu leihen.
recevoir [rəsəvwar] *v.* (*irr.* 32) En 1957, Albert Camus a reçu le prix Nobel de littérature.	**erhalten, bekommen** Albert Camus hat 1957 den Nobelpreis für Literatur erhalten.
remettre [rəmɛtrə] *v.* (*irr.* 22) J'ai remis les clés à la voisine.	**übergeben, aushändigen** Ich habe die Schlüssel der Nachbarin übergeben.
rendre [rɑ̃drə] *v.* Elle ne m'a toujours pas rendu l'argent que je lui avais prêté.	**zurückgeben** Sie hat mir das Geld, das ich ihr geliehen hatte, immer noch nicht zurückgegeben.

«2001–4000»

abandonner [abɑ̃dɔne] *v.* À la première étape, il a dû abandonner la course.	**aufgeben** Er mußte das Rennen bei der ersten Etappe aufgeben.
accorder [akɔrde] *v.* L'État a accordé des crédits aux jeunes agriculteurs.	**gewähren** Der Staat hat den jungen Landwirten Kredite gewährt.
avoir [avwar] *v.* (*irr.* 3) Il a eu son train à la dernière minute.	**bekommen, kriegen** (F) Er hat seinen Zug in letzter Minute gekriegt.
se débarrasser (de) [sədebarase] *v.* J'ai eu du mal à me débarrasser de ce représentant.	**loswerden** Ich hatte Mühe, diesen Vertreter loszuwerden.
distribuer [distribɥe] *v.* Il distribuait des tracts dans la rue.	**verteilen** Er verteilte Flugblätter auf der Straße.
échange [eʃɑ̃ʒ] *m* Les deux pays ont procédé à un échange de prisonniers.	**Austausch** *m* Die beiden Länder haben einen Gefangenenaustausch vorgenommen.
échanger [eʃɑ̃ʒe] *v.* (-ge-) Échangerai trois pièces contre maison avec jardin.	**(aus-, um)tauschen** Tausche Dreizimmerwohnung gegen Haus mit Garten.
emprunter [ɑ̃prɛ̃te] *v.* J'ai emprunté une camionnette pour faire mon déménagement.	**sich** (*etwas*) **leihen, borgen** Ich habe mir einen kleinen Lastwagen geliehen, um meinen Umzug zu machen.
laisser [lɛse] *v.* L'antiquaire m'a laissé la table pour mille francs.	**überlassen, zurücklassen** Der Antiquitätenhändler hat mir den Tisch für tausend Franc überlassen.
obtenir [ɔptənir] *v.* (*irr.* 40) Il n'a pas obtenu l'augmentation qu'il avait demandée.	**erhalten, erlangen** Er hat die Gehaltserhöhung, um die er gebeten hatte, nicht erhalten.
part [par] *f* Elle réclame depuis trois ans sa part d'héritage à sa sœur.	**Anteil** *m* Sie verlangt seit drei Jahren ihr Erbteil von ihrer Schwester.

partager [partaʒe] *v.* (-ge-) La fortune a été partagée entre les enfants.	**(auf)teilen** Das Vermögen wurde unter die Kinder aufgeteilt.
reprendre [rəprɑ̃drə] *v.* (*irr.* 31) Tu peux reprendre ton dictionnaire: je n'en ai plus besoin.	**wieder nehmen, zurücknehmen** Du kannst dein Wörterbuch wieder nehmen: ich brauche es nicht mehr.

1.1.2.7 UMGANG MIT DINGEN

«1–2000»

allumer [alyme] *v.* Allume tes phares: il commence à faire nuit.	**anmachen, anzünden** Mach deine Scheinwerfer an: es wird schon dunkel.
arranger [arɑ̃ʒe] *v.* (-ge-) Il va essayer d'arranger cette affaire.	**in Ordnung bringen** Er wird versuchen, diese Sache in Ordnung zu bringen.
brûler [bryle] *v.* Ils avaient brûlé les documents compromettants.	**verbrennen** Sie hatten die kompromittierenden Unterlagen verbrannt.
casser [kase] *v.* J'ai cassé deux verres en faisant la vaisselle. Ma montre est cassée; tu as l'heure?	**kaputtmachen** (F), **zerbrechen** Ich habe beim Geschirrspülen zwei Gläser kaputtgemacht. Meine Uhr ist kaputt; weißt du, wie spät es ist?
charger (de) [ʃarʒe] *v.* (-ge-) Elle est rentrée chargée de paquets.	**beladen** (mit) Sie kam mit Paketen beladen nach Hause.
couper [kupe] *v.* Coupez-moi deux tranches de ce jambon, s'il vous plaît.	**(ab)schneiden** Schneiden Sie mir bitte zwei Scheiben von diesem Schinken ab.
déchirer [deʃire] *v.* J'ai déchiré ma jupe en sautant par-dessus la barrière.	**zerreißen** Ich habe meinen Rock zerrissen, als ich über die Absperrung sprang.
démolir [demɔlir] *v.* La vieille maison a été démolie.	**ab-, niederreißen** Das alte Haus wurde abgerissen.

employer [ɑ̃plwaje] *v.* (-oi-) — **gebrauchen, verwenden**

Qu'est-ce que tu emploies comme produit pour enlever les taches d'encre? — Was für ein Mittel verwendest du, um Tintenflecke zu entfernen?

envelopper [ɑ̃vlɔpe] *v.* — **einwickeln**

Pour le déménagement, on avait enveloppé les verres dans du papier journal. — Für den Umzug hatten wir die Gläser in Zeitungspapier gewickelt.

éteindre [etɛ̃drə] *v.* (*irr.* 27) — **ausmachen, löschen**

Pense à éteindre la lumière en partant. — Denk daran, das Licht auszumachen, wenn du gehst.

fermer [fɛrme] *v.* — **zumachen, schließen**

Ferme la porte, s'il te plaît! — Mach bitte die Tür zu!

J'ai oublié de fermer la radio. — Ich habe vergessen, das Radio auszumachen.

frapper [frape] *v.* — **klopfen, schlagen**

Ta sonnette ne marchait pas; alors j'ai frappé à la porte. — Deine Klingel ging nicht; da habe ich an die Tür geklopft.

ouvrir [uvrir] *v.* (*irr.* 25) — **aufmachen, öffnen**

Je n'arrive pas à ouvrir la bouteille. — Ich kriege die Flasche nicht auf.

En vacances, il n'a jamais ouvert la télévision. — In den Ferien hat er nie das Fernsehen angemacht.

se servir (de) [səsɛrvir] *v.* (*irr.* 35) — **benutzen, gebrauchen**

J'ai fait ma traduction sans me servir du dictionnaire. — Ich habe meine Übersetzung gemacht, ohne das Wörterbuch zu benutzen.

«2001–4000»

abîmer [abime] *v.* — **beschädigen, kaputtmachen** (F)

J'ai abîmé la peinture en appuyant l'échelle contre le mur. — Ich habe den Anstrich beschädigt, als ich die Leiter gegen die Wand lehnte.

appuyer [apɥije] *v.* (-ui-) — **drücken; lehnen**

Pour allumer la télévision, appuie sur le bouton en haut. — Um das Fernsehen anzumachen, drück auf den oberen Knopf.

boucher [buʃe] *v.* — **verstopfen**

Le lavabo est encore bouché! — Das Waschbecken ist schon wieder verstopft!

coller [kɔle] *v.* Il ne reste plus qu'à coller le timbre sur l'enveloppe.	**kleben** Man braucht nur noch die Briefmarke auf den Umschlag zu kleben.
conserver [kõsɛrve] *v.* Ce n'est pas la peine de conserver la moutarde au frigo.	**aufbewahren** Es ist nicht nötig, den Senf im Kühlschrank aufzubewahren.
décharger [deʃarʒe] *v.* (-ge-) Les dockers sont en grève et ne déchargent plus les cargos.	**entladen, ausladen** Die Hafenarbeiter streiken und entladen keine Schiffe mehr.
décorer (de) [dekɔre] *v.* La salle était décorée de guirlandes.	**schmücken** (mit) Der Saal war mit Girlanden geschmückt.
détacher [detaʃe] *v.* Détachez le coupon pour le renvoyer avec la facture.	**losmachen** Trennen Sie den Abschnitt ab und senden Sie ihn mit der Rechnung ein.
effacer [efase] *v.* (-ç-) Le professeur m'a demandé d'effacer le tableau.	**auslöschen, auswischen** Der Lehrer bat mich, die Tafel auszuwischen.
emploi [ɑ̃plwa] *m* Lisez d'abord le mode d'emploi!	**Gebrauch** *m*, **Verwendung** *f* Lesen Sie zuerst die Gebrauchsanweisung!
enfoncer [ɑ̃fõse] *v.* (-ç-) Les pompiers ont enfoncé la porte.	**einschlagen** Die Feuerwehr hat die Tür eingeschlagen.
fixer [fikse] *v.* Il me faut un crochet pour fixer la glace.	**festmachen, befestigen** Ich brauche einen Haken, um den Spiegel zu befestigen.
plier [plije] *v.* Ne plie pas la pochette du disque, s'il te plaît!	**falten, biegen** Bitte knick die Schutzhülle der Schallplatte nicht!
sécher [seʃe] *v.* (-è-) Ne fais pas sécher ton pull trop près du radiateur.	**trocknen** Laß deinen Pulli nicht zu nahe am Heizkörper trocknen.
transformer [trɑ̃sfɔrme] *v.* L'ancien champ de courses a été transformé en stade de foot.	**umwandeln** Die ehemalige Rennbahn wurde in ein Fußballstadion umgewandelt.

user [yze] *v.* — **abnutzen**
J'ai mis un pantalon usé pour peindre. — Zum Anstreichen habe ich eine abgetragene Hose angezogen.

utiliser [ytilize] *v.* — **verwenden, benutzen**
Au camping, on utilisait un réchaud à gaz pour la cuisine. — Beim Camping benutzten wir zum Kochen einen Gaskocher.

1.1.2.8 UMGANG MIT DINGEN UND LEBEWESEN

«1–2000»

arrêter [arɛte] *v.* — **anhalten**
Il ne pouvait plus arrêter la voiture. — Er konnte den Wagen nicht mehr zum Stehen bringen.

attacher [ataʃe] *v.* — **fest-, anbinden**
Les bandits avaient attaché le caissier sur sa chaise. — Die Räuber hatten den Kassierer an seinen Stuhl gefesselt.

cacher [kaʃe] *v.* — **verstecken**
Il avait caché son argent dans l'armoire. — Er hatte sein Geld im Schrank versteckt.

chercher [ʃɛrʃe] *v.* — **suchen**
Ça fait une demi-heure que je cherche mes clés. — Schon seit einer halben Stunde suche ich meine Schlüssel.

coup [ku] *m* — **Schlag** *m*, **Stoß** *m*
Il s'est défendu à coups de pied. — Er setzte sich mit Fußtritten zur Wehr.

empêcher [ɑ̃pɛʃe] *v.* — **(ver)hindern**
Ses parents l'ont empêché de se marier avec une étrangère. — Seine Eltern haben ihn daran gehindert, eine Ausländerin zu heiraten.

profiter (de) [prɔfite] *v.* — **ausnützen**
Elle a profité de ses vacances pour apprendre l'italien. — Sie hat ihre Ferien benutzt, um Italienisch zu lernen.

quitter [kite] *v.* — **verlassen**
Après dix ans de mariage, il a quitté sa femme. — Nach zehn Ehejahren hat er seine Frau verlassen.

retenir [rətənir] *v.* (*irr.* 40) — **zurückhalten**
Elle n'a pas pu retenir son chien. — Sie hat ihren Hund nicht zurückhalten können.

serrer [sɛre] *v.*	**(zusammen)drücken**
Il aurait pu au moins me serrer la main.	Er hätte mir wenigstens die Hand geben können.
tenir [tənir] *v.* (*irr.* 40)	**halten**
Tiens les enfants par la main pour traverser la rue!	Halt die Kinder an der Hand, wenn ihr über die Straße geht!
toucher [tuʃe] *v.*	**berühren, anfassen**
Elle touche les pêches pour voir si elles sont mûres.	Sie faßt die Pfirsiche an, um zu sehen, ob sie reif sind.
trouver [truve] *v.*	**finden**
J'ai enfin trouvé un appartement bon marché.	Ich habe endlich eine billige Wohnung gefunden.

«2001–4000»

attraper [atrape] *v.*	**fangen**
Je cours plus vite que toi: tu ne pourras pas m'attraper.	Ich laufe schneller als du: du kannst mich nicht fangen.
changer [ʃɑ̃ʒe] *v.* (-ge-)	**(ver)ändern**
Cette nouvelle coiffure la change complètement.	Diese neue Frisur verändert sie völlig.
changer (de) [ʃɑ̃ʒe] *v.* (-ge-)	**wechseln, ändern**
J'ai changé d'avis: je n'irai pas en France.	Ich habe meine Meinung geändert: ich gehe nicht nach Frankreich.
combattre [kõbatrə] *v.* (*irr.* 4)	**bekämpfen**
Le gouvernement a pris des mesures pour combattre l'inflation.	Die Regierung hat Maßnahmen zur Bekämpfung der Inflation ergriffen.
tenir compte (de) [tənirkõt]	**berücksichtigen**
Elle n'a pas tenu compte de la différence d'âge de ses élèves.	Sie hat bei ihren Schülern den Altersunterschied nicht berücksichtigt.
couvrir (de) [kuvrir] *v.* (*irr.* 25)	**bedecken, zudecken** (mit)
Les affiches étaient couvertes d'inscriptions.	Die Plakate waren mit Kritzeleien übersät.
diriger [diriʒe] *v.* (-ge-)	**leiten**
Depuis la mort de son père, il dirige l'entreprise.	Seit dem Tod seines Vaters leitet er das Unternehmen.

enfermer [ɑ̃fɛrme] *v.* Il a enfermé les papiers dans son bureau.	**einschließen** Er hat die Papiere in seinen Schreibtisch eingeschlossen.
éviter [evite] *v.* Vous auriez pu éviter cet accident.	**vermeiden** Sie hätten diesen Unfall vermeiden können.
examiner [ɛgzamine] *v.* Le chef du personnel a examiné les candidatures.	**prüfen, untersuchen** Der Personalchef hat die Bewerbungen geprüft.
imiter [imite] *v.* Cette chanteuse a fait carrière en imitant Édith Piaf.	**nachahmen** Diese Sängerin hat dadurch Karriere gemacht, daß sie Edith Piaf nachahmte.
lutte [lyt] *f* Cette équipe de médecins a fait des découvertes dans la lutte contre le cancer.	**Kampf** *m*, **Ringen** *n* Dieses Ärzteteam hat Entdeckungen im Kampf gegen den Krebs gemacht.
poursuivre [pursɥivrə] *v.* (*irr.* 37) La police a poursuivi les voleurs.	**verfolgen** Die Polizei verfolgte die Diebe.
précaution [prekosjõ] *f* Prenez des précautions pour lui annoncer cette mauvaise nouvelle!	**Vorsicht(smaßnahme)** *f* Gehen Sie behutsam vor, um ihm diese schlimme Nachricht mitzuteilen!
protéger [prɔteʒe] *v.* (-è-, -ge-) Deux gardes du corps protégeaient le ministre.	**(be)schützen** Zwei Leibwächter schützten den Minister.
remplacer [rɑ̃plase] *v.* (-ç-) Le tapis est usé: il faudra bientôt le remplacer.	**ersetzen** Der Teppich ist abgenutzt: man wird ihn bald ersetzen müssen.
retrouver [rətruve] *v.* Elle était heureuse de retrouver ses amis d'enfance.	**wieder finden, wieder treffen** Sie war glücklich, ihre Jugendfreunde wieder zu treffen.
séparer [separe] *v.* Le professeur est intervenu pour séparer les deux élèves.	**trennen** Der Lehrer schritt ein, um die beiden Schüler zu trennen.
soutenir [sutənir] *v.* (*irr.* 40) Il faut le soutenir pour marcher.	**stützen** Man muß ihn beim Gehen stützen.

supporter [sypɔrte] *v.*
Les enfants ont mal supporté la séparation.

ertragen
Die Kinder haben die Trennung schlecht ertragen.

---

supprimer [syprime] *v.*
Ce médicament supprime la douleur.

beseitigen
Dieses Medikament beseitigt den Schmerz.

---

traiter [trɛte] *v.*
Ma mère me traite encore comme un enfant.

behandeln
Meine Mutter behandelt mich noch wie ein Kind.

1.1.2.9 LERNEN UND WISSEN
(Siehe auch SCHULE UND AUSBILDUNG 1.2.4)

«1–2000»

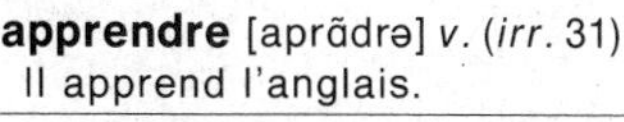

apprendre [aprɑ̃drə] *v.* (*irr.* 31)
Il apprend l'anglais.

lernen
Er lernt Englisch.

---

apprendre [aprɑ̃drə] *v.* (*irr.* 31)
J'ai appris par hasard le mariage d'un camarade d'école.

erfahren
Ich habe durch Zufall von der Heirat eines Schulkameraden erfahren.

---

apprendre (qch. à qn) [aprɑ̃drə] *v.* (*irr.* 31)
C'est mon père qui m'a appris à nager.

(jdm etwas) **beibringen,** (jdn etwas) **lehren**
Mein Vater hat mir das Schwimmen beigebracht.

---

capable (de) [kapablə] *adj.*
Il n'est plus capable de conduire de nuit.

fähig (zu)
Er ist nicht mehr fähig, bei Nacht Auto zu fahren.

---

par cœur [parkœr] *adv.*
Il connaît par cœur les paroles des chansons de Brassens.

auswendig
Er kennt den Text der Lieder von Brassens auswendig.

---

compter [kõte] *v.*
J'ai compté les spectateurs : on était dix!

zählen
Ich habe die Zuschauer gezählt: wir waren zehn!

---

connaissance [kɔnɛsɑ̃s] *f*
Ses connaissances de français lui ont permis d'obtenir un bon poste.

Kenntnis *f*
Ihre Französischkenntnisse haben es ihr ermöglicht, eine gute Stelle zu bekommen.

---

connu, -e [kɔny] *adj.*
Il est connu pour ses idées originales.

bekannt
Er ist für seine originellen Einfälle bekannt.

par exemple [parɛgzɑ̃plə] *adv.* Qu'est-ce que tu aimes comme musique? – Le jazz par exemple.	**zum Beispiel** Was für Musik magst du? – Jazz zum Beispiel.
expérience [ɛksperjɑ̃s] *f* Je sais par expérience qu'il est dangereux de voyager seul.	**Erfahrung** *f* Ich weiß aus Erfahrung, daß es gefährlich ist, allein zu reisen.
expérience [ɛksperjɑ̃s] *f* Beaucoup de laboratoires font des expériences sur les animaux.	**Experiment** *n*, **Versuch** *m* Viele Labors machen Tierversuche.
savoir [savwar] *v.* (*irr.* 34) Je ne sais pas où elle habite.	**wissen** Ich weiß nicht, wo sie wohnt.
savoir [savwar] *v.* (*irr.* 34) Elle sait très bien faire du ski.	**können** (= *gelernt haben*) Sie kann sehr gut Ski fahren.
simple [sɛ̃plə] *adj.* C'est simple: appuie sur le bouton en bas à gauche!	**einfach** Das ist einfach: drück auf den Knopf unten links!

«2001–4000»

bibliothèque [biblijɔtɛk] *f* Vous trouverez ce livre à la bibliothèque municipale.	**Bücherei** *f*, **Bibliothek** *f* Sie finden dieses Buch in der Stadtbücherei.
calculer [kalkyle] *v.* Les machines à calculer se vendent très bien.	**(be)rechnen** Die Rechenmaschinen verkaufen sich sehr gut.
compliqué, -e [kõplike] *adj.* Il m'a expliqué le fonctionnement compliqué d'un ordinateur.	**kompliziert** Er erklärte mir das komplizierte Funktionieren eines Computers.
confondre [kõfõdrə] *v.* Excuse-moi, je t'ai encore confondu avec ta sœur.	**verwechseln** Entschuldige, ich habe dich wieder mit deiner Schwester verwechselt.
cultivé, -e [kyltive] *adj.* Il n'est pas très cultivé, mais c'est quelqu'un de très ouvert.	**gebildet** Er ist nicht sehr gebildet, aber ein sehr aufgeschlossener Mensch.
découverte [dekuvɛrt] *f* La découverte de la pénicilline date de 1928.	**Entdeckung** *f* Die Entdeckung des Penizillins datiert aus dem Jahre 1928.

découvrir [dekuvrir] *v.* (*irr.* 25)	**entdecken**
Elle a découvert que tu lui avais menti.	Sie hat herausgefunden, daß du sie angelogen hattest.
doué, -e [dwe] *adj.*	**begabt**
Elle est douée pour les langues et veut devenir interprète.	Sie ist sprachbegabt und möchte Dolmetscherin werden.
ignorer [iɲɔre] *v.*	**nicht wissen**
J'ignorais qu'il était aveugle de naissance.	Ich wußte nicht, daß er von Geburt an blind ist.
incapable [ɛ̃kapablə] *adj.*	**unfähig**
Je suis incapable de lire ce livre jusqu'au bout.	Ich bin nicht imstande, dieses Buch zu Ende zu lesen.
inconnu, -e [ɛ̃kɔny] *adj.*	**unbekannt**
C'est un acteur encore inconnu.	Das ist ein noch unbekannter Schauspieler.
observer [ɔpsɛrve] *v.*	**beobachten**
En mars, on pourra observer une éclipse de soleil.	Im März kann man eine Sonnenfinsternis beobachten.
recherche [rəʃɛrʃ] *f*	**Forschung** *f*
Il ne veut pas faire d'enseignement, mais de la recherche.	Er will nicht in den Schuldienst, sondern in die Forschung.
science [sjɑ̃s] *f*	**Wissenschaft** *f*
Le droit n'est pas une science exacte.	Jura ist keine exakte Wissenschaft.
sciences [sjɑ̃s] *f/pl.*	**Naturwissenschaften** *f/pl.*
Il veut faire de la chimie: il a toujours été bon en sciences.	Er will Chemie studieren: er war schon immer gut in Naturwissenschaften.
solution [sɔlysjõ] *f*	**Lösung** *f*
Il faut trouver une solution à ce problème.	Man muß für dieses Problem eine Lösung finden.
sujet [syʒɛ] *m*	**Thema** *n*
Dès que je lui parle de lycée, il change de sujet.	Sobald ich mit ihm über das Gymnasium spreche, wechselt er das Thema.

1.1.3 SPRACHE UND SPRECHABSICHTEN

1.1.3.1 ALLGEMEINES

«1–2000»

vouloir dire [vulwardir] Le mot allemand «danke» veut dire «merci» en français.	**bedeuten, heißen** Das deutsche Wort „danke" heißt auf französisch „merci".
expression [ɛkspʀɛsjõ] *f* Je n'aime pas t'entendre employer des expressions grossières.	**Ausdruck** *m* Ich höre es nicht gern, daß du derbe Ausdrücke gebrauchst.
langue [lɑ̃g] *f* Elle a suivi un cours de langue intensif.	**Sprache** *f* Sie hat an einem Intensivsprachkurs teilgenommen.
mot [mo] *m* Ce mot a aussi un sens figuré.	**Wort** *n* Dieses Wort hat auch eine übertragene Bedeutung.
sens [sɑ̃s] *m* Le mot «fraise» a encore un autre sens: c'est une couleur.	**Sinn** *m*, **Bedeutung** *f* Das Wort „fraise" hat noch eine andere Bedeutung: es bezeichnet eine Farbe.

«2001–4000»

adjectif [adʒɛktif] *m* En français, l'adjectif s'accorde en genre et en nombre avec le nom.	**Adjektiv** *n* Im Französischen stimmt das Adjektiv in Geschlecht und Zahl mit dem Substantiv überein.
adverbe [advɛʀb] *m* «Trop» est un adverbe de quantité.	**Adverb** *n* „Trop" ist ein Mengenadverb.
féminin, -ine [feminɛ̃, -in] *adj.* «-trice» est une terminaison féminine.	**weiblich** „-trice" ist eine weibliche Endung.
grammaire [gʀamɛʀ] *f* Il ne s'intéresse pas à la grammaire.	**Grammatik** *f* Er interessiert sich nicht für die Grammatik.
masculin, -ine [maskylɛ̃, -in] *adj.* Le mot «garage» est masculin en français.	**männlich** Das Wort „garage" ist im Französischen männlich.

nom [nõ] *m* Les noms prennent une majuscule en allemand.	**Substantiv** *n* Die Substantive werden im Deutschen groß geschrieben.
participe [partisip] *m* Le participe passé de «voir» est «vu».	**Partizip** *n* Das Partizip der Vergangenheit von ,,voir'' heißt ,,vu''.
phrase [frɑz] *f* L'ordre des mots n'est pas correct dans ta phrase.	**Satz** *m* In deinem Satz stimmt die Wortfolge nicht.
pluriel [plyrjɛl] *m* Le mot «bijou» prend un x au pluriel.	**Plural** *m* Das Wort ,,bijou'' bildet den Plural auf x.
signifier [siɲifje] *v.* Que signifie l'expression «se casser la tête»?	**bedeuten** Was bedeutet der Ausdruck ,,se casser la tête''?
singulier [sɛ̃gylje] *m* Le mot «ciel» est courant au singulier.	**Singular** *m* Das Wort ,,ciel'' ist im Singular üblich.
terme [tɛrm] *m* Le mot «ampère» est un terme de physique.	**Fachausdruck** *m* Das Wort ,,Ampere'' ist ein physikalischer Fachausdruck.
verbe [vɛrb] *m* «Se laver» est un verbe pronominal.	**Verb** *n* ,,Se laver'' ist ein reflexives Verb.
vocabulaire [vɔkabylɛr] *m* Il a un vocabulaire de base de 2000 mots en anglais.	**Wortschatz** *m* Er hat im Englischen einen Grundwortschatz von 2000 Wörtern.

1.1.3.2 SPRECHEN

«1–2000»

appeler [aple] *v.* (-ll-) Appelle les enfants: on va manger.	**rufen** Ruf die Kinder: wir essen.
conversation [kõvɛrsasjõ] *f* J'ai eu une conversation intéressante avec ton professeur.	**Gespräch** *n*, **Unterhaltung** *f* Ich hatte ein interessantes Gespräch mit deinem Lehrer.

crier [krije] *v.* Ne crie pas comme ça dans le téléphone! Je t'entends.	**schreien** Schrei nicht so ins Telefon! Ich kann dich hören.
déclarer [deklare] *v.* Il a déclaré qu'il allait arrêter de fumer.	**erklären** Er erklärte, er wolle mit Rauchen aufhören.
dire [dir] *v.* (*irr.* 13) Dis à ta sœur que sa leçon de piano est à trois heures.	**sagen** Sag deiner Schwester, daß sie um drei Klavierstunde hat.
discussion [diskysjõ] *f* La discussion s'est terminée par une dispute.	**Diskussion** *f* Die Diskussion endete mit einem Streit.
discuter [diskyte] *v.* On a discuté de football pendant deux heures.	**diskutieren** Wir haben zwei Stunden über Fußball diskutiert.
parler [parle] *v.* Il parle français avec un accent allemand.	**sprechen** Er spricht Französisch mit deutschem Akzent.
raconter [rakõte] *v.* Il raconte toujours les mêmes histoires.	**erzählen** Er erzählt immer dieselben Geschichten.
répéter [repete] *v.* (-è-) Pourriez-vous répéter ce que vous venez de dire?	**wiederholen** Könnten Sie wiederholen, was Sie eben gesagt haben?
silence [silɑ̃s] *m* Un peu de silence, s'il vous plaît!	**Stille** *f*, **Schweigen** *n* Etwas Ruhe bitte!
se taire [sətɛr] *v.* (*irr.* 28, *aber* il se tait) Catherine, tais-toi, laisse parler ton frère!	**schweigen** Catherine, sei still, laß deinen Bruder sprechen!

«2001–4000»

causer [koze] *v.* On a causé de la pluie et du beau temps.	**plaudern, schwatzen** Wir haben uns über belanglose Dinge unterhalten.
chuchoter [ʃyʃɔte] *v.* Elle m'a chuchoté son nom à l'oreille.	**flüstern** Sie flüsterte mir seinen Namen ins Ohr.

cri [kri] *m* Toute la classe a poussé des cris de joie.	**Schrei** *m* Die ganze Klasse stieß ein Freudengeschrei aus.
déclaration [deklarasjõ] *f* Le ministre a refusé de faire une déclaration.	**Erklärung** *f* Der Minister lehnte es ab, eine Erklärung abzugeben.
discours [diskur] *m* Le directeur a prononcé un discours.	**Rede** *f* Der Direktor hielt eine Rede.
s'écrier [sekrije] *v.* En me voyant, elle s'est écriée: «Ah, te voilà, enfin!»	**ausrufen** Als sie mich sah, rief sie: ,,Da bist du ja endlich!"
entretien [ɑ̃trətjɛ̃] *m* Il a eu un entretien avec le ministre.	**Gespräch** *n*, **Unterredung** *f* Er hatte eine Unterredung mit dem Minister.
exprimer [ɛksprime] *v.* Je tiens à vous exprimer toute ma reconnaissance.	**ausdrücken** Ich möchte Ihnen meinen besten Dank aussprechen.
parole [parɔl] *f* La parole est à notre invité d'honneur, monsieur Yakamo.	**Wort** *n* Das Wort hat unser Ehrengast, Herr Yakamo.
prononcer [prɔnõse] *v.* (-ç-) Elle a des difficultés à prononcer le mot «chewing-gum».	**aussprechen** Sie hat Schwierigkeiten, das Wort ,,chewing-gum" auszusprechen.
récit [resi] *m* Elle a fait un récit de son séjour à New York.	**Erzählung** *f* Sie hat von ihrem Aufenthalt in New York erzählt.
voix [vwa] *f* Elle avait une voix très agréable au téléphone.	**Stimme** *f* Sie hatte eine sehr angenehme Stimme am Telefon.

1.1.3.3 SCHREIBEN UND LESEN

«1–2000»

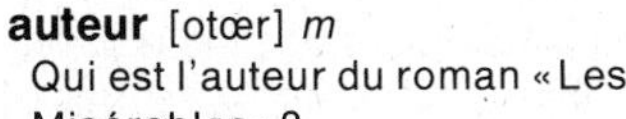

auteur [otœr] *m* Qui est l'auteur du roman «Les Misérables»?	**Verfasser** *m* Wer ist der Verfasser des Romans ,,Les Misérables"?

crayon [krɛjõ] *m* Tu peux me passer ton crayon?	**Bleistift** *m* Kannst du mir deinen Bleistift geben?
écrire [ekrir] *v.* (*irr.* 15) Pense à écrire à ta mère pour son anniversaire.	**schreiben** Denk daran, deiner Mutter zum Geburtstag zu schreiben.
écrivain [ekrivɛ̃] *m* Quel est ton écrivain préféré?	**Schriftsteller** *m* Welches ist dein Lieblingsschriftsteller?
lire [lir] *v.* (*irr.* 21) Il a appris à lire à l'âge de cinq ans.	**lesen** Er hat mit fünf Jahren lesen gelernt.
livre [livrə] *m* J'ai oublié mon livre d'histoire.	**Buch** *n* Ich habe mein Geschichtsbuch vergessen.
note [nɔt] *f* J'ai pris quelques notes pendant la conférence.	**Notiz** *f* Ich habe während des Vortrags einige Notizen gemacht.
noter [nɔte] *v.* Tu as noté son numéro de téléphone?	**notieren, aufschreiben** Hast du seine Telefonnummer notiert?
page [paʒ] *f* Ouvrez vos livres à la page 36.	**Seite** *f* Schlagt eure Bücher auf Seite 36 auf.
point [pwɛ̃] *m* Après un point, on met toujours une majuscule.	**Punkt** *m* Nach einem Punkt schreibt man immer groß.
stylo [stilo] *m* Il faut que j'achète des cartouches pour mon stylo.	**Füller** *m* Ich muß Patronen für meinen Füller kaufen.
stylo (à) bille [stilo(a)bij] *m* Je n'aime pas écrire avec un stylo à bille.	**Kugelschreiber** *m* Ich schreibe nicht gern mit einem Kugelschreiber.

«2001–4000»

accent [aksɑ̃] *m* Tu a oublié l'accent sur le e.	**Akzent** *m* Du hast auf dem e den Akzent vergessen.

carnet [karnɛ] *m*	**Notizbuch** *n*
J'ai perdu mon carnet d'adresses.	Ich habe mein Adressenbüchlein verloren.
copie [kɔpi] *f*	**Abschrift** *f*, **Kopie** *f*
Une copie ne suffit pas; j'ai besoin de l'original.	Eine Kopie genügt nicht; ich brauche das Original.
correspondance [kɔrɛspõdɑ̃s] *f*	**Briefwechsel** *m*
Le début de notre correspondance remonte à 1980.	Der Beginn unseres Briefwechsels geht auf das Jahr 1980 zurück.
correspondant, -ante [kɔrɛspõdɑ̃, -ɑ̃t] *m, f*	**Briefpartner(in)** *m(f)*
Ma correspondante française m'a invitée pour Pâques.	Meine französische Briefpartnerin hat mich für Ostern eingeladen.
description [dɛskripsjõ] *f*	**Beschreibung** *f*
Essayez de me donner une description du voleur.	Versuchen Sie, mir eine Beschreibung des Diebs zu geben.
écriture [ekrityr] *f*	**Schrift** *f*
Je n'arrive pas à lire son écriture.	Ich kann seine Schrift nicht lesen.
encre [ɑ̃krə] *f*	**Tinte** *f*
Elle fait les corrections à l'encre rouge.	Sie macht die Korrekturen mit roter Tinte.
épeler [eple] *v.* (-ll-)	**buchstabieren**
Vous pouvez épeler votre nom, s'il vous plaît?	Können Sie bitte Ihren Namen buchstabieren?
feuille [fœj] *f*	**Blatt** *n*
Elle m'a écrit son adresse sur une feuille de papier.	Sie hat mir ihre Adresse auf ein Blatt Papier geschrieben.
inscrire [ɛ̃skrir] *v.* (*irr.* 15)	**eintragen**
Inscrivez vos noms et prénoms sur le formulaire.	Tragen Sie Namen und Vornamen in das Formular ein.
lecteur, -trice [lɛktœr, -tris] *m, f*	**Leser(in)** *m(f)*
Le nombre de lecteurs de ce journal a diminué.	Die Leserzahl dieser Zeitung ist zurückgegangen.
lettre [lɛtrə] *f*	**Buchstabe** *m*
L'alphabet comprend 26 lettres.	Das Alphabet umfaßt 26 Buchstaben.

ligne [liɲ] *f* — **Zeile** *f*, **Linie** *f*

Il faut lire ce texte entre les lignes. — Diesen Text muß man zwischen den Zeilen lesen.

littérature [literatyr] *f* — **Literatur** *f*

Je connais très mal la littérature du XIXe siècle. — Ich kenne die Literatur des 19. Jahrhunderts sehr schlecht.

passage [pasaʒ] *m* — **Stelle** *f* (*im Text*)

Dans ce livre, il y a des passages qui me choquent. — In diesem Buch sind Stellen, die mich schockieren.

poésie [pɔezi] *f* — **Dichtung** *f*; **Gedicht** *n*

Récite-nous une poésie de Verlaine. — Sag uns ein Gedicht von Verlaine auf.

roman [rɔmɑ̃] *m* — **Roman** *m*

J'ai lu beaucoup de romans policiers. — Ich habe viele Kriminalromane gelesen.

texte [tɛkst] *m* — **Text** *m*

J'ai choisi un texte sur la situation sociale en France. — Ich habe einen Text über die soziale Situation in Frankreich ausgewählt.

titre [titrə] *m* — **Titel** *m*, **Überschrift** *f*

Le titre n'est pas écrit assez gros. — Die Überschrift ist nicht groß genug geschrieben.

trait [trɛ] *m* — **Strich** *m*

Il a marqué d'un trait le passage essentiel. — Er hat die wesentliche Stelle angestrichen.

virgule [virgyl] *f* — **Komma** *n*

Il manque des virgules dans votre énumération. — Es fehlen Kommas in Ihrer Aufzählung.

1.1.3.4 SPRECHABSICHTEN

1.1.3.4.1 Auskunft

«1–2000»

ajouter [aʒute] *v.* — **hinzufügen**

J'ajoute qu'à l'époque je le connaissais très peu. — Ich füge hinzu, daß ich ihn damals sehr wenig kannte.

c'est-à-dire [sɛtadir] Adressez-vous aux renseignements, c'est-à-dire à mademoiselle Duculot.	**das heißt** Wenden Sie sich an die Auskunft, das heißt an Fräulein Duculot.
conseil [kõsɛj] *m* Je lui ai demandé conseil.	**Rat** *m* Ich fragte ihn um Rat.
conseiller [kõsɛje] *v.* Elle m'a bien conseillé en me recommandant cet expert.	**(be)raten** Sie hat mich gut beraten, als sie mir diesen Fachmann empfahl.
demander (qch. à qn) [dəmɑ̃de] *v.* J'ai demandé mon chemin à un agent de police.	(jdn nach etwas) **fragen** Ich habe einen Polizisten nach dem Weg gefragt.
explication [ɛksplikasjõ] *f* Je ne trouve pas d'explication à sa disparition.	**Erklärung** *f* Ich finde keine Erklärung für sein Verschwinden.
expliquer [ɛksplike] *v.* Il m'a expliqué la différence.	**erklären** Er hat mir den Unterschied erklärt.
information [ɛ̃fɔrmasjõ] *f* Tu as écouté les informations à la radio?	**Information** *f*, **Nachricht** *f* Hast du die Nachrichten im Radio gehört?
informer [ɛ̃fɔrme] *v.* Il faut informer ses parents de son accident.	**informieren, benachrichtigen** Man muß seine Eltern von seinem Unfall benachrichtigen.
s'informer [sɛ̃fɔrme] *v.* Informe-toi avant d'accepter ce poste.	**sich informieren, sich erkundigen** Informier dich, bevor du diese Stelle annimmst.
montrer [mõtre] *v.* Vous pouvez me montrer la gare sur le plan de la ville?	**zeigen** Können Sie mir auf dem Stadtplan den Bahnhof zeigen?
nouvelle [nuvɛl] *f* Il n'a pas donné de ses nouvelles depuis trois mois.	**Nachricht** *f*, **Neuigkeit** *f* Er hat seit drei Monaten nichts von sich hören lassen.
prévenir (de) [prevənir] *v.* (*irr.* 40) Préviens-moi de ton arrivée! Je t'avais prévenu: il a mauvais caractère!	**(vorher) benachrichtigen** (von); **warnen** (vor) Benachrichtige mich vorher von deiner Ankunft. Ich hatte dich gewarnt: mit ihm ist schwer auskommen!

question [kɛstjõ] *f* Il est trop timide: il n'ose pas poser de questions.	**Frage** *f* Er ist zu schüchtern: er wagt nicht, Fragen zu stellen.
renseignement [rɑ̃sɛɲmɑ̃] *m* Vous pouvez me donner des renseignements sur les trains pour Paris?	**Auskunft** *f* Können Sie mir Auskunft über die Züge nach Paris geben?
renseigner (qn) [rɑ̃sɛɲe] *v.* Il m'a renseigné sur cette chaîne stéréo.	(jdm) **Auskunft geben** Er hat mir über diese Stereoanlage Auskunft gegeben.
se renseigner [sərɑ̃sɛɲe] *v.* Renseigne-toi directement à la banque.	**sich erkundigen** Erkundige dich direkt bei der Bank.
répondre (à) [repõdrə] *v.* Tu n'as pas encore répondu à ma lettre. Réponds par oui ou par non!	**antworten** (auf), **beantworten** Du hast meinen Brief noch nicht beantwortet. Antworte mit Ja oder Nein!
réponse [repõs] *f* Je viens de recevoir une réponse positive.	**Antwort** *f* Ich habe eben eine positive Antwort bekommen.

«2001–4000»

il s'agit de [ilsaʒidə] Il s'agit d'un ami qu'il faut dépanner.	**es handelt sich um** Es handelt sich um einen Freund, dem man weiterhelfen muß.
annoncer [anõse] *v.* (-ç-) On vient d'annoncer la démission du ministre.	**ankündigen, bekanntgeben** Soeben wurde der Rücktritt des Ministers bekanntgegeben.
être au courant [ɛtrokurɑ̃] Elle est toujours au courant de tout.	**auf dem laufenden sein** Sie ist immer über alles auf dem laufenden.
geste [ʒɛst] *m* (!) J'ai été obligé de me faire comprendre par gestes.	**Geste** *f*, **Gebärde** *f* Ich mußte mich durch Gesten verständlich machen.
indication [ɛ̃dikasjõ] *f* Ces indications ne sont pas claires.	**Hinweis** *m* Diese Hinweise sind nicht klar.

indiquer [ɛ̃dike] *v.*	**angeben, hinweisen** (auf)
Tu avais oublié d'indiquer le code postal.	Du hattest vergessen, die Postleitzahl anzugeben.
interroger [ɛ̃tɛrɔʒe] *v.* (-ge-)	**befragen**
Si on t'interroge, tu diras que tu n'en sais rien.	Wenn man dich fragt, sagst du, daß du nichts darüber weißt.
préciser [presize] *v.*	**genau(er) angeben**
Est-ce que tu peux préciser l'heure et l'endroit?	Kannst du Ort und Zeit genau angeben?
rapport [rapɔr] *m*	**Bericht** *m*
La commission d'experts a fait un rapport.	Die Expertenkommission hat einen Bericht verfaßt.
recommander [rəkɔmɑ̃de] *v.*	**empfehlen**
Je peux vous recommander mon dentiste.	Ich kann Ihnen meinen Zahnarzt empfehlen.
faire savoir [fɛrsavwar]	**mitteilen**
Il m'a fait savoir qu'il ne viendrait pas.	Er hat mir mitgeteilt, daß er nicht käme.
secret, -ète [səkrɛ, -ɛt] *adj.*	**geheim**
On a longtemps gardé secrète la nouvelle de sa mort.	Die Nachricht von seinem Tod wurde lange geheimgehalten.
secret [səkrɛ] *m*	**Geheimnis** *n*
Vous êtes tenu au secret professionnel dans ce cas.	Sie sind in diesem Fall an das Berufsgeheimnis gebunden.
signaler [siɲale] *v.*	**anzeigen, hinweisen** (auf)
Fais attention, ce panneau signale un danger!	Paß auf, dieses Schild weist auf eine Gefahr hin!
signe [siɲ] *m*	**Zeichen** *n*
Il m'a fait (un) signe de la main.	Er winkte mir zu.
faire voir [fɛrvwar]	**(her)zeigen**
Elle m'a fait voir ses photos de Turquie.	Sie hat mir ihre Fotos von der Türkei gezeigt.

1.1.3.4.2 Meinungsäußerung

«1–2000»

avis [avi] *m*	**Meinung** *f*, **Ansicht** *f*
Je ne suis pas de votre avis.	Ich bin nicht Ihrer Meinung.
À mon avis, tu devrais repasser cet examen.	Meiner Ansicht nach solltest du diese Prüfung nochmal machen.

considérer (comme) [kõsidere] *v.* (-è-) — **betrachten** (als)
Je le considère comme un vieil ami de la famille. — Ich betrachte ihn als einen alten Freund der Familie.

croire [krwar] *v.* (*irr.* 10) — **glauben; halten** (für)
Je ne crois pas qu'on puisse trouver une solution. — Ich glaube nicht, daß man eine Lösung finden kann.
Elle me croit capable de diriger l'expédition. — Sie hält mich für fähig, die Expedition zu leiten.

impression [ɛ̃prɛsjõ] *f* — **Eindruck** *m*
J'ai l'impression que tu me caches quelque chose. — Ich habe den Eindruck, daß du mir etwas verbirgst.

opinion [ɔpinjõ] *f* — **Meinung** *f*, **Ansicht** *f*
Nous avons des opinions politiques très différentes. — Wir haben sehr verschiedene politische Anschauungen.

penser [pɑ̃se] *v.* — **denken, meinen**
Je pense qu'il viendra nous voir seul. — Ich denke, daß er uns allein besuchen wird.
Qu'en pensez-vous? — Was meinen Sie dazu? (*oder* Wie denken Sie darüber?)

sembler [sɑ̃ble] *v.* — **scheinen**
Il me semble ridicule de s'énerver pour si peu. — Es scheint mir lächerlich, sich wegen einer solchen Kleinigkeit aufzuregen.

trouver [truve] *v.* — **finden**
Je trouve que vous avez raison. — Ich finde, Sie haben recht.
Elle le trouve très sympathique. — Sie findet ihn sehr sympathisch.

«2001–4000»

s'abstenir [sapstənir] *v.* (*irr.* 40) — **sich enthalten**
Elle s'est abstenue de tout commentaire. — Sie enthielt sich jeglichen Kommentars.

conclusion [kõklyzjõ] *f* — **Schluß(folgerung)** *m(f)*
Quelle conclusion faut-il tirer de cet incident? — Welchen Schluß muß man aus diesem Zwischenfall ziehen?

constater [kõstate] *v.* — **feststellen**
Je dois constater que tu n'as rien fait en mon absence. — Ich muß feststellen, daß du in meiner Abwesenheit nichts getan hast.

critique [kritik] *f*	**Kritik** *f*
N'aie pas peur, ma critique reste très amicale.	Hab keine Angst, meine Kritik ist gut gemeint.
critiquer [kritike] *v.*	**kritisieren**
Les journalistes ont critiqué l'attitude du gouvernement.	Die Journalisten kritisierten die Haltung der Regierung.
devoir [dəvwar] *v.* (*irr.* 12)	**müssen**
C'est drôle qu'il ne soit pas venu; il doit être malade.	Komisch, daß er nicht gekommen ist; er wird wohl (*oder* muß) krank sein.
estimer [ɛstime] *v.*	**der Ansicht sein, meinen**
J'estime que c'était de son devoir de le faire.	Ich bin der Ansicht, es war seine Pflicht, das zu tun.
franchement [frɑ̃ʃmɑ̃] *adv.*	**offen (gesagt)**
Je vous dirai franchement qu'il en est incapable.	Ich sage Ihnen offen, daß er dazu nicht fähig ist.
juger [ʒyʒe] *v.* (-ge-)	**(be)urteilen**
Je ne le connais pas assez pour le juger.	Ich kenne ihn nicht genug, um ihn beurteilen zu können.
il paraît que ... [ilparɛkə]	**man sagt, daß ...**
Il paraît qu'il a abandonné ses études.	Er soll sein Studium aufgegeben haben.
point de vue [pwɛ̃dvy] *m*	**Standpunkt** *m*
Je ne partage pas votre point de vue sur le divorce.	Ich teile Ihren Standpunkt über die Scheidung nicht.
prendre (pour) [prɑ̃drə] *v.* (*irr.* 31)	(*fälschlich*) **halten** (für)
Tout le monde l'avait pris pour son mari.	Alle hatten ihn für ihren Mann gehalten.
supposer [sypoze] *v.*	**annehmen, vermuten**
Qui a téléphoné? – Je suppose que c'était ton patron.	Wer hat angerufen? – Ich vermute, es war dein Chef.

1.1.3.4.3 Zustimmung und Ablehnung

«1–2000»

d'accord [dakɔr] *adv.*	**einverstanden**
Tu peux venir me chercher à la gare? – D'accord!	Kannst du mich am Bahnhof abholen? – Einverstanden!

avoir raison [avwarrɛzõ] Après ma bronchite, j'ai arrêté de fumer. – Vous avez eu raison.	**recht haben** Nach meiner Bronchitis habe ich mit Rauchen aufgehört. – Da haben Sie recht gehabt.
avoir tort [avwartɔr] Tu as tort de lui faire ses devoirs.	**unrecht haben** Es ist nicht richtig von dir, ihm seine Hausaufgaben zu machen.
bien sûr [bjɛ̃syr] *adv.* Tu pourrais me prêter ta voiture? – Bien sûr!	**sicher, natürlich** Könntest du mir deinen Wagen leihen? – Natürlich!
défendre [defɑ̃drə] *v.* Je te défends de faire du vélo dans la rue.	**verbieten** Ich verbiete dir, auf der Straße radzufahren.
égal, -e [egal] *adj.* (*m/pl.* -aux) Tu préfères du thé ou du café? – Ça m'est égal.	**gleich(gültig)** Willst du lieber Tee oder Kaffee? – Das ist mir gleich.
être contre [ɛtrəkõtrə] Sa femme voulait retravailler, mais lui était contre.	**dagegen sein** Seine Frau wollte wieder arbeiten, aber er war dagegen.
être pour [ɛtrəpur] Mon père est pour la retraite à 60 ans.	**dafür sein** Mein Vater ist für die Pensionierung mit 60 Jahren.
évidemment [evidamɑ̃] *adv.* Tu as accepté? – Évidemment, je ne pouvais pas faire autrement.	**selbstverständlich** Hast du akzeptiert? – Selbstverständlich, ich konnte nicht anders.
laisser [lɛse] *v.* Ne laissez entrer personne dans mon bureau!	**lassen** Lassen Sie niemand in mein Büro hinein!
naturellement [natyrɛlmɑ̃] *adv.* Naturellement, tu as encore oublié de m'appeler!	**natürlich** Natürlich hast du wieder vergessen, mich anzurufen!
non [nõ] *adv.* Tu aimes les westerns? – Non, pas du tout.	**nein** Magst du Wildwestfilme? – Nein, überhaupt nicht.
oui [wi] *adv.* Tu as déjà lu ce livre? – Oui, ça m'a bien plu.	**ja** Hast du schon dieses Buch gelesen? – Ja, es hat mir gut gefallen.

permettre [pɛrmɛtrə] *v.* (*irr.* 22) Permettez-moi de vous présenter un vieil ami.	**erlauben, gestatten** Gestatten Sie, daß ich Ihnen einen alten Freund vorstelle.
refuser [rəfyze] *v.* Ses parents refusent de la laisser partir seule.	**sich weigern, ablehnen** Ihre Eltern weigern sich, sie allein weggehen zu lassen.
si [si] *adv.* Personne n'a téléphoné? – Si, un de tes élèves.	**doch** Hat niemand angerufen? – Doch, einer deiner Schüler.

«2001–4000»

accord [akɔr] *m* Sans l'accord de votre chef, vous ne pourrez pas partir.	**Zustimmung** *f* Ohne die Zustimmung Ihres Chefs können Sie nicht gehen.
admettre [admɛtrə] *v.* (*irr.* 22) Il a fini par admettre qu'il s'était trompé.	**zugeben** Er gab schließlich zu, daß er sich geirrt hatte.
approuver [apruve] *v.* J'approuve votre décision.	**billigen** Ich billige Ihre Entscheidung.
c'est ça [sɛsa] L'argent ne rend pas les gens heureux. – C'est ça.	**das stimmt, so ist es** Geld macht die Leute nicht glücklich. – Das stimmt.
défense [defɑ̃s] *f* Défense d'afficher!	**Verbot** *n* Plakatankleben verboten!
entendu [ɑ̃tɑ̃dy] *adj.* Alors, rendez-vous samedi 10 heures à l'aéroport? – Entendu!	**abgemacht** Also, wir treffen uns Samstag 10 Uhr auf dem Flughafen? – Abgemacht!
interdire [ɛ̃tɛrdir] *v.* (*irr.* 13, *aber* vous interdisez) Stationnement interdit!	**untersagen, verbieten** Parken verboten!
n'est-ce pas? [nɛspɑ] Le concert était vraiment bien, n'est-ce pas?	**nicht wahr?** Das Konzert war wirklich gut, nicht wahr?
s'opposer [sɔpoze] *v.* Les ouvriers se sont opposés à la fermeture de l'usine.	**sich widersetzen** Die Arbeiter widersetzten sich der Schließung der Fabrik.

permission [pɛrmisjõ] *f* — **Erlaubnis** *f*
Je te donne la permission de prendre la voiture. — Ich gebe dir die Erlaubnis, den Wagen zu nehmen.

pouvoir [puvwar] *v.* (*irr.* 30) — **können, dürfen**
Tu peux en prendre autant que tu veux. — Du kannst davon nehmen, soviel du willst.

volontiers [vɔlõtje] *adv.* — **gern(e)**
Vous prendrez bien un apéritif? – Volontiers. — Sie trinken doch einen Aperitif? – Gerne.

1.1.3.4.4 Gewißheit und Zweifel

«1–2000»

certain, -aine [sɛrtɛ̃, -ɛn] *adj.* — **gewiß, sicher**
Je suis certaine que j'ai laissé mon sac chez toi. — Ich bin sicher, daß ich meine Tasche bei dir gelassen habe.

certainement [sɛrtɛnmɑ̃] *adv.* — **gewiß, bestimmt**
C'est certainement le meilleur moyen d'avoir son accord. — Das ist bestimmt das beste Mittel, um seine Zustimmung zu bekommen.

clair, -e [klɛr] *adj.* — **klar, deutlich**
La situation n'est pas claire. — Die Lage ist nicht klar.

doute [dut] *m* — **Zweifel** *m*
Notre équipe va gagner; ça ne fait aucun doute! — Unsere Mannschaft gewinnt; daran besteht kein Zweifel!

sans doute [sɑ̃dut] — **sicherlich, wohl**
Vous savez déjà sans doute la nouvelle: je vais me marier! — Sie wissen wohl schon das Neueste: ich werde heiraten!

sans aucun doute [sɑ̃zokɛ̃dut] — **zweifellos, ganz bestimmt**
C'est lui qui est sans aucun doute le plus doué de la famille. — Er ist zweifellos am begabtesten in der Familie.

douter (de) [dute] *v.* — **zweifeln** (an)
Ils ont repeint leur appartement, mais je doute du résultat. — Sie haben ihre Wohnung neu gestrichen, ich zweifle aber am Ergebnis.

évident, -ente [evidɑ̃, -ɑ̃t] *adj.* — **offensichtlich, klar**
Il est évident qu'elle a menti. — Es ist ganz klar, daß sie gelogen hat.

exact, -e [ɛgza[kt], ɛgzakt] *adj.* Pardon, vous avez l'heure exacte?	**genau, exakt** Entschuldigung, haben Sie die genaue Zeit?
fait [fɛ(t)] *m* Elle n'est pas douée pour les langues; c'est un fait.	**Tatsache** *f* Sie ist nicht sprachbegabt; das ist eine Tatsache.
faux, fausse [fo, fos] *adj.* Il a essayé de passer la frontière avec de faux papiers.	**falsch** Er versuchte, mit falschen Papieren über die Grenze zu kommen.
impossible [ɛ̃pɔsiblə] *adj.* Il m'est impossible de vous rencontrer cette semaine.	**unmöglich** Es ist mir unmöglich, Sie diese Woche zu treffen.
juste [ʒyst] *adj.* Tu as deviné juste: on part en Italie.	**richtig** Du hast richtig geraten: wir fahren nach Italien.
peut-être [pøtɛtrə] *adv.* Tu viens dimanche? – Peut-être, ça dépend des enfants.	**vielleicht** Kommst du Sonntag? – Vielleicht, das hängt von den Kindern ab.
possible [pɔsiblə] *adj.* Préviens-nous, si possible, à l'avance.	**möglich** Gib uns, wenn möglich, vorher Nachricht.
probable [prɔbablə] *adj.* Il est probable qu'il ne reste plus de billets.	**wahrscheinlich** Es sind wahrscheinlich keine Karten mehr da.
sûr, -e [syr] *adj.* Je ne suis pas sûr de pouvoir venir.	**sicher, gewiß** Ich bin nicht sicher, ob ich kommen kann.
sûrement [syrmɑ̃] *adv.* Tu pars en vacances? – Sûrement pas, j'ai trop de travail.	**sicher, bestimmt** Fährst du in Urlaub? – Sicher nicht, ich habe zuviel Arbeit.
vérité [verite] *f* Il a demandé à son médecin de lui dire la vérité.	**Wahrheit** *f* Er hat seinen Arzt gebeten, ihm die Wahrheit zu sagen.
vrai, -e [vrɛ] *adj.* On ignore les vrais motifs de son suicide.	**wahr** Man kennt die wahren Motive ihres Selbstmordes nicht.
vraiment [vrɛmɑ̃] *adv.* Il joue vraiment trop mal au tennis.	**wirklich** Er spielt wirklich zu schlecht Tennis.

«2001–4000»

affirmer [afirme] *v.* Il affirme n'être pour rien dans ce scandale.	**behaupten, versichern** Er behauptet, mit diesem Skandal nichts zu tun zu haben.
assurer [asyre] *v.* Je vous assure que j'ignorais tout.	**versichern** Ich versichere Ihnen, daß ich von nichts wußte.
bon, bonne [bõ, bɔn] *adj.* Ce n'est pas la bonne clé.	**richtig** Das ist nicht der richtige Schlüssel.
confirmer [kõfirme] *v.* L'exception confirme la règle (*Sprichwort*).	**bestätigen** Die Ausnahme bestätigt die Regel.
convaincre [kõvɛ̃krə] *v.* (*irr.* 38) Tout le monde est convaincu de son innocence.	**überzeugen** Alle sind von seiner Unschuld überzeugt.
correct, -e [kɔrɛkt] *adj.* Votre phrase en français n'est pas correcte.	**richtig, korrekt** Ihr französischer Satz ist nicht korrekt.
se demander [sədəmɑ̃de] *v.* Je me demande comment il a réussi son permis de conduire.	**sich fragen** Ich frage mich, wie er seinen Führerschein geschafft hat.
deviner [dəvine] *v.* Devine qui j'ai rencontré dans le métro?	**(er)raten** Rate mal, wen ich in der U-Bahn getroffen habe?
se douter (de) [sədute] *v.* Il ne se doutait de rien.	**ahnen** Er ahnte nichts.
mauvais, -aise [mɔvɛ, -ɛz] *adj.* On avait pris la mauvaise route.	**falsch** Wir waren die falsche Straße gefahren.
mystère [mistɛr] *m* Sa disparition reste un mystère.	**Geheimnis** *n* Sein Verschwinden bleibt ein Rätsel.
net, nette [nɛt] *adj.* J'aimerais bien que tu me donnes une réponse nette.	**deutlich, klar** Ich möchte gern, daß du mir eine klare Antwort gibst.
obscur, -e [ɔpskyr] *adj.* Ses explications étaient bien obscures.	**dunkel, unklar** Seine Erklärungen waren recht unklar.

pouvoir [puvwar] *v.* (*irr.* 30) — **können**

Notre équipe peut encore gagner. — Unsere Mannschaft kann noch gewinnen.

Il se peut qu'il ne veuille plus travailler avec moi. — Es kann sein, daß er nicht mehr mit mir arbeiten will.

précis, -ise [presi, -iz] *adj.* — **genau, präzis**

Il m'a donné des renseignements précis sur les formalités à remplir. — Er gab mir genaue Auskunft über die zu erledigenden Formalitäten.

précisément [presizemɑ̃] *adv.* — **genau, gerade**

C'est précisément ce que je voulais. — Das ist gerade, was ich wollte.

prétendre [pretɑ̃drə] *v.* — **behaupten, vorgeben**

Il prétend être le meilleur de sa classe. — Er behauptet, der Beste seiner Klasse zu sein.

preuve [prœv] *f* — **Beweis** *m*

Il t'a menti; j'en ai la preuve! — Er hat dich belogen; ich habe den Beweis hierfür!

prouver [pruve] *v.* — **beweisen**

Il a pu prouver son innocence. — Er konnte seine Unschuld beweisen.

réel, réelle [reɛl] *adj.* — **wirklich, tatsächlich**

Les personnages de ce roman sont réels. — Die Gestalten dieses Romans sind der Wirklichkeit entnommen.

vérifier [verifje] *v.* — **überprüfen, nachprüfen**

J'aimerais bien vérifier s'il n'a rien oublié. — Ich möchte gern nachprüfen, ob er nichts vergessen hat.

véritable [veritablə] *adj.* — **wahr, echt**

On n'a jamais découvert sa véritable identité. — Seine wahre Identität wurde nie entdeckt.

1.1.3.4.5 Positive Wertung

«1–2000»

agréable [agreablə] *adj.* — **angenehm**

Ils ont gardé un souvenir agréable de leurs vacances. — Sie haben ihre Ferien in angenehmer Erinnerung behalten.

aimer [ɛme] *v.* — **mögen, lieben, gern haben**

Il n'aime pas la bière brune. — Er mag kein dunkles Bier.

Elle aime faire la cuisine. — Sie kocht gern.

aimer mieux [ɛmemjø] J'aime mieux partir en vacances au mois de septembre.	**lieber mögen, lieber haben** Ich fahre lieber im September in Urlaub.
bien [bjɛ̃] *adv.* Tu as bien fait de venir plus tôt.	**gut** Du hast gut daran getan, früher zu kommen.
bon, bonne [bõ, bɔn] *adj.* C'est une bonne idée! Ces fleurs sentent bon.	**gut** Das ist eine gute Idee! Diese Blumen riechen gut.
excellent, -ente [ɛksɛlɑ̃, -ɑ̃t] *adj.* Ton repas était vraiment excellent.	**ausgezeichnet** Dein Essen war wirklich ausgezeichnet.
extraordinaire [ɛkstraɔrdinɛr] *adj.* Elle a eu un succès extraordinaire.	**außergewöhnlich** Sie hatte einen außergewöhnlichen Erfolg.
formidable [fɔrmidablə] *adj.* (F) Belmondo est formidable dans ce film.	**toll** (F), **prima** (F) Belmondo ist einfach Klasse in diesem Film.
intéressant, -ante [ɛ̃terɛsɑ̃, -ɑ̃t] *adj.* Qu'est-ce qu'il y a d'intéressant au cinéma?	**interessant** Was gibt es Interessantes im Kino?
magnifique [maɲifik] *adj.* J'ai trouvé le paysage magnifique.	**herrlich** Ich fand die Landschaft herrlich.
meilleur, -e [mɛjœr] *adj.* Aujourd'hui, le programme à la télé était meilleur qu'hier.	**besser** Heute war das Fernsehprogramm besser als gestern.
(le, la) meilleur, -e [mɛjœr] *adj.* Elle est la meilleure élève de sa classe.	**beste** Sie ist die beste Schülerin ihrer Klasse.
mieux [mjø] *adv.* Cette année, il travaille beaucoup mieux en classe.	**besser** Dieses Jahr ist er viel besser in der Schule.
le mieux [ləmjø] *adv.* C'est lui qui fait ça le mieux.	**am besten** Er macht das am besten.
parfait, -faite [parfɛ, -fɛt] *adj.* Personne n'est parfait.	**vollendet, perfekt** Kein Mensch ist vollkommen.

plaire [plɛr] *v.* (*irr.* 28) Ça te plairait d'aller travailler à l'étranger?	**gefallen** Würde es dir gefallen, im Ausland zu arbeiten?
pratique [pratik] *adj.* Il m'a fait un cadeau pratique.	**praktisch** Er hat mir ein praktisches Geschenk gemacht.
préférer [prefere] *v.* (-è-) Je préfère boire de l'eau minérale.	**vorziehen, lieber haben** Ich trinke lieber Mineralwasser.
utile [ytil] *adj.* Je préfère les cadeaux utiles.	**nützlich** Mir sind nützliche Geschenke lieber.

«2001–4000»

admirable [admirablə] *adj.* Tu as fait preuve d'un courage admirable.	**bewundernswert** Du hast einen bewundernswerten Mut bewiesen.
admirer [admire] *v.* J'admire le style de cet auteur.	**bewundern** Ich bewundere den Stil dieses Autors.
apprécier [apresje] *v.* Il n'a pas du tout apprécié tes critiques.	**(hoch)schätzen** Er schätzte deine Kritik überhaupt nicht.
commode [kɔmɔd] *adj.* Le métro est plus commode que le bus.	**bequem** Die U-Bahn ist bequemer als der Bus.
étonnant, -ante [etɔnɑ̃, -ɑ̃t] *adj.* Je trouve étonnant que tu n'aies pas abandonné.	**erstaunlich** Ich finde es erstaunlich, daß du nicht aufgegeben hast.
fameux, -euse [famø, -øz] *adj.* Vos crêpes sont fameuses.	**berühmt, hervorragend** Ihre Pfannkuchen sind hervorragend.
merveilleux, -euse [mɛrvɛjø, -øz] *adj.* Jeanne Moreau est merveilleuse dans ce rôle.	**wunderbar** Jeanne Moreau ist in dieser Rolle wunderbar.
mignon, -onne [miɲõ, -ɔn] *adj.* Leur petit garçon est très mignon.	**süß, lieb** Ihr kleiner Junge ist wirklich süß.

remarquable [rəmarkablə] *adj.* Il a réussi un exploit remarquable.	**bemerkenswert** Er hat eine bemerkenswerte Leistung vollbracht.
sensationnel, -elle [sɑ̃sasjɔnɛl] *adj.* (F) J'ai vu un documentaire sensationnel.	**phantastisch** (F), **toll** (F) Ich habe einen phantastischen Kulturfilm gesehen.
sympathique [sɛ̃patik] *adj.* Comment trouves-tu le nouveau prof de maths? – Très sympathique.	**sympathisch** Wie findest du den neuen Mathelehrer? – Sehr sympathisch.
valable [valablə] *adj.* C'est une excuse valable.	**annehmbar, brauchbar** Das ist eine annehmbare Entschuldigung.
valoir mieux [valwarmjø] *v.* (*irr.* 39) Il vaut mieux leur téléphoner avant de passer chez eux.	**besser sein** Es ist besser, sie anzurufen, bevor wir sie besuchen.
valoir la peine [valwarlapɛn] Ça vaudrait la peine d'essayer.	**sich lohnen** Ein Versuch würde sich lohnen.

1.1.3.4.6 Negative Wertung

«1–2000»

bizarre [bizar] *adj.* C'est bizarre: il ne m'écrit plus.	**seltsam, sonderbar** Es ist seltsam: er schreibt mir nicht mehr.
drôle (de) [drol] *adj.* Quelle drôle d'idée!	**komisch, merkwürdig** Was für ein komischer Einfall!
ennuyeux, -euse [ɑ̃nɥijø, -øz] *adj.* Je me suis endormi, tellement le film était ennuyeux.	**langweilig** Ich bin eingeschlafen, so langweilig war der Film.
inutile [inytil] *adj.* Inutile d'insister; il ne cédera pas.	**unnötig, nutzlos** Es ist zwecklos, darauf zu bestehen; er gibt nicht nach.

mal [mal] *adv.*	**schlecht**
La journée a mal commencé.	Der Tag hat schlecht begonnen.
Depuis qu'il est parti, tout marche plus mal.	Seit er weg ist, läuft alles schlechter.
mauvais, -aise [mɔvɛ, -ɛz] *adj.*	**schlecht, schlimm**
Pendant toutes les vacances, on a eu du mauvais temps.	Während der ganzen Ferien hatten wir schlechtes Wetter.
Ta méthode est plus mauvaise que la mienne.	Deine Methode ist schlechter als meine.
C'est une mauvaise nouvelle.	Das ist eine schlimme Nachricht.
se plaindre (de) [səplɛ̃drə] *v.* (*irr.* 27)	**sich beklagen** (über)
Les voisins se plaignent du bruit.	Die Nachbarn beklagen sich über den Lärm.
ridicule [ridikyl] *adj.*	**lächerlich**
Tu es ridicule avec ce chapeau.	Du machst dich lächerlich mit diesem Hut.
terrible [tɛriblə] *adj.*	**schrecklich, furchtbar**
Ses parents sont morts dans un terrible accident.	Seine Eltern sind bei einem schrecklichen Unfall umgekommen.

«2001–4000»

affreux, -euse [afrø, -øz] *adj.*	**scheußlich**
Je trouve sa nouvelle coiffure affreuse.	Ich finde ihre neue Frisur scheußlich.
dégoûtant, -ante [degutɑ̃, -ɑ̃t] *adj.*	**ekelhaft, widerlich**
Ils ont laissé l'appartement dans un état dégoûtant.	Sie haben die Wohnung in einem abscheulichen Zustand hinterlassen.
désagréable [dezagreablə] *adj.*	**unangenehm**
Elle a une voix désagréable au téléphone.	Sie hat eine unangenehme Stimme am Telefon.
détester [detɛste] *v.*	**verabscheuen**
Je déteste les huîtres.	Ich kann Austern nicht ausstehen.

étrange [etrɑ̃ʒ] *adj.* Je n'aime pas son sourire étrange.	**sonderbar, befremdlich** Ich mag sein sonderbares Lächeln nicht.
horrible [ɔriblə] *adj.* (*h muet*) J'ai une peur horrible des chiens.	**entsetzlich, grauenhaft** Ich habe eine entsetzliche Angst vor Hunden.
idiot, -ote [idjo, -ɔt] *adj.* C'est idiot de me faire une scène pour ça.	**blöd, doof** (F) Es ist blöd, mir deswegen eine Szene zu machen.
minable [minablə] *adj.* Les résultats de la nouvelle politique sont minables.	**armselig, kläglich** Die Ergebnisse der neuen Politik sind kümmerlich.
pire [pir] *adj.* Il est pire que toi: il ne m'écrit jamais.	**schlimmer** Er ist schlimmer als du: er schreibt mir nie.
(le, la) pire [pir] *adj.* Son pire défaut est la jalousie.	**schlimmste** Ihr schlimmster Fehler ist die Eifersucht.

1.1.3.4.7 Wunsch und Bitte

«1–2000»

j'aimerais [ʒɛmrɛ] Les enfants aimeraient avoir un chien.	**ich möchte gern, ich würde gern** Die Kinder möchten gern einen Hund haben.
avoir besoin (de) [avwarbəzwɛ̃] J'ai besoin de ton aide.	**brauchen** Ich brauche deine Hilfe.
choisir [ʃwazir] *v.* Vous avez choisi? – Oui, on prend le menu à 85 francs.	**(aus)wählen** Haben Sie gewählt? – Ja, wir nehmen das Menü zu 85 Franc.
demander (qch. à qn) [dəmɑ̃de] *v.* Je lui ai demandé de me prêter sa voiture. Tu devrais lui demander son aide.	(jdn um etwas) **bitten** Ich habe ihn gebeten, mir seinen Wagen zu leihen. Du solltest ihn um seine Hilfe bitten.
désirer [dezire] *v.* Vous désirez? – Un kilo de pommes.	**wünschen** (= *begehren*) Sie wünschen? – Ein Kilo Äpfel.

nécessaire [nesesɛr] *adj.* Ce n'est pas nécessaire de le déranger.	**nötig, notwendig** Es ist nicht nötig, ihn zu stören.
prier [prije] *v.* Elle se fait toujours prier avant de jouer du piano.	**bitten** Sie läßt sich immer erst bitten, bevor sie Klavier spielt.
proposer [prɔpoze] *v.* Ils m'ont proposé de venir passer une semaine chez eux.	**vorschlagen** Sie haben mir vorgeschlagen, eine Woche bei ihnen zu verbringen.
souhaiter [swɛte] *v.* Je te souhaite de réussir ton examen du premier coup.	**wünschen** Ich wünsche dir, daß du deine Prüfung auf Anhieb bestehst.
vouloir [vulwar] *v.* (*irr.* 43) Qu'est-ce que tu veux pour ton anniversaire?	**wollen** Was willst du zu deinem Geburtstag?
je voudrais [ʒɛvudrɛ] Il voudrait que tu viennes le voir.	**ich möchte** Er möchte, daß du ihn besuchst.

«2001–4000»

besoin [bəzwɛ̃] *m* Après un voyage, il éprouve le besoin de se reposer.	**Bedürfnis** *n* Nach einer Reise verspürt er das Bedürfnis, sich auszuruhen.
choix [ʃwa] *m* Après de longues hésitations, elle a fait son choix.	**(Aus)Wahl** *f* Nach langem Zögern hat sie ihre Wahl getroffen.
demande [dəmɑ̃d] *f* Sur demande, nous vous envoyons nos catalogues.	**Bitte** *f*, **Anfrage** *f* Auf Wunsch senden wir Ihnen unsere Kataloge zu.
désir [dezir] *m* Tous ses désirs se sont réalisés.	**Wunsch** *m*, **Verlangen** *n* Alle seine Wünsche haben sich erfüllt.
exiger [ɛgziʒe] *v.* (-ge-) Vous n'avez pas la formation exigée pour ce poste.	**(er)fordern** Sie haben nicht die für diesen Posten erforderliche Ausbildung.

exprès [ɛksprɛ] *adv.* — **absichtlich**
Je m'excuse, je ne l'ai pas fait exprès. — Entschuldigung, ich habe es nicht absichtlich getan.

---

insister [ɛ̃siste] *v.* — **darauf bestehen**
Un certain monsieur Milne insiste pour vous parler. — Ein gewisser Herr Milne möchte Sie unbedingt sprechen.

---

inviter [ɛ̃vite] *v.* — **auffordern**
La police a invité les gens à circuler. — Die Polizei forderte die Leute zum Weitergehen auf.

---

prière [prijɛr] *f* — **Bitte** *f*
Prière de ne pas marcher sur le gazon! — Bitte den Rasen nicht betreten!

---

proposition [prɔpozisjõ] *f* — **Vorschlag** *m*
J'accepte votre proposition. — Ich nehme Ihren Vorschlag an.

---

réclamer [reklame] *v.* — **fordern**
Le personnel réclame une augmentation. — Das Personal verlangt eine Gehaltserhöhung.

---

renoncer (à) [rənõse] *v.* (-ç-) — **verzichten** (auf)
On lui a conseillé de renoncer à son voyage. — Man hat ihm geraten, auf seine Reise zu verzichten.

---

revendication [rəvɑ̃dikasjõ] *f* — **Forderung** *f*
Les syndicats ont présenté leurs revendications. — Die Gewerkschaften haben ihre Forderungen vorgelegt.

---

vœux [vø] *m/pl.* — **(Glück)Wünsche** *m/pl.*
Tous nos meilleurs vœux pour la nouvelle année! — Unsere besten Wünsche zum neuen Jahr!

1.1.3.4.8 Höflichkeitsformeln

«1–2000»

bonjour [bõʒur] — **guten Tag; guten Morgen**
Bonjour, Claude, comment vas-tu? — Guten Tag Claude, wie geht's dir?

---

bonsoir [bõswar] — **guten Abend**
Il est déjà tard, je dois rentrer. Bonsoir! — Es ist schon spät, ich muß nach Hause. Guten Abend!

ça va? [sava] — **wie geht's?**
Ça va? – Oui, ça va, et toi? — Wie geht's? – Es geht (mir) ganz gut, und dir?

cher, chère [ʃɛr] *adj.*	**lieb**
Chère Andrée, (*Briefanfang*)	Liebe Andrée!
enchanté, -e [ɑ̃ʃɑ̃te] *adj.*	**sehr erfreut, ich freue mich**
Je vous présente ma secrétaire, madame Weiss. – Enchanté (de faire votre connaissance).	Darf ich Ihnen meine Sekretärin, Frau Weiss, vorstellen? – Ich freue mich, Sie kennenzulernen.
excusez-moi [ɛkskyzemwa]	**Entschuldigung, entschuldigen Sie**
Excusez-moi d'arriver si tard.	Entschuldigen Sie, daß ich so spät komme.
je vous en prie [ʒəvuzɑ̃pri]	**bitte (sehr)**
Vous permettez? – Je vous en prie.	Gestatten Sie? – Bitte sehr!
Merci, Madame! – Je vous en prie.	Danke sehr! – Bitte!
Madame [madam] *f* (*pl.* **Mesdames** [medam])	**Frau** (+ *Name, sonst unübersetzt*)
Bonjour, Madame, vous désirez?	Guten Tag, was wünschen Sie?
Madame Dupont est absente.	Frau Dupont ist nicht da.
Madame, (*Briefanfang*)	Sehr geehrte Frau (+ *Name*)!
Mademoiselle [madmwazɛl] *f* (*pl.* **Mesdemoiselles** [medmwazɛl])	**Fräulein** (+ *Name, sonst unübersetzt*)
Je regrette, mademoiselle Briant ne travaille plus chez nous.	Bedaure, Fräulein Briant arbeitet nicht mehr bei uns.
merci [mɛrsi] *interj.*	**danke**
Merci beaucoup de m'avoir aidé.	Vielen Dank, daß du mir geholfen hast.
Monsieur [məsjø] *m* (*pl.* **Messieurs** [mesjø])	**Herr** (+ *Name, sonst unübersetzt*)
Bonsoir, Monsieur, je voudrais une chambre pour deux personnes.	Guten Abend, ich möchte ein Zimmer für zwei Personen.
Monsieur Dupont est là?	Ist Herr Dupont da?
Messieurs, (*Briefanfang*)	Sehr geehrte Herren!
pardon [pardɔ̃] *interj.*	**Verzeihung**
Pardon Madame, vous pourriez me dire où est l'arrêt du bus?	Verzeihen Sie bitte, könnten Sie mir sagen, wo die Bushaltestelle ist?

avec plaisir [avɛkplezir] Tu viens faire du ski avec nous? – Avec plaisir.	**sehr gern(e), mit Vergnügen** Kommst du mit uns zum Skifahren? – Sehr gern!
présenter [prezɑ̃te] *v.* Je vous présente notre nouveau collègue: monsieur Leroux.	**vorstellen** Ich möchte Ihnen unseren neuen Kollegen, Herrn Leroux, vorstellen.
s'il vous plaît [silvuplɛ] *bzw.* **s'il te plaît** [siltəplɛ] Baisse un peu la radio, s'il te plaît.	**bitte** Stell bitte das Radio etwas leiser.
au revoir [orəvwar] Au revoir et merci pour cette agréable soirée!	**auf Wiedersehen** Auf Wiedersehen und danke für den angenehmen Abend!

«2001–4000»

à bientôt! [abjɛ̃to] **à lundi!** [alɛ̃di] **à tout à l'heure!** [atutalœr]	**bis bald!, auf baldiges Wiedersehen!** **bis Montag!** **bis gleich!**
agréer [agree] *v.* Veuillez agréer, Monsieur, l'expression de mes sentiments respectueux.	**genehmigen** (*im Briefschluß*) Mit vorzüglicher Hochachtung
amicalement [amikalmɑ̃] *adv.* **amitiés** [amitje] *f/pl.*	**mit herzlichem Gruß** (*Briefschluß*) **herzliche Grüße** (*Briefschluß*)
bonjour (à qn) [bõʒur] *m* Donnez bien le bonjour à votre femme de ma part!	**Gruß** *m* (an jdn) Grüßen Sie bitte Ihre Frau von mir!
bon appétit! [bɔnapeti] **bonne chance!** [bɔnʃɑ̃s] **bonne journée!** [bɔnʒurne] **bonne nuit!** [bɔnnɥi] **bonne route!** [bɔnrut] **bon voyage!** [bõvwajaʒ]	**guten Appetit!** **viel Glück!** **schönen Tag!** **gute Nacht!** **gute Fahrt!** **gute Reise!**
ça suffit [sasyfi] Encore un peu de fromage? – Non merci, ça suffit.	**das genügt** Noch etwas Käse? – Nein danke, das genügt.

c'est dommage [sɛdɔmaʒ] Je regrette, mais je dois partir. – C'est dommage!	**das ist schade** Ich bedaure, aber ich muß gehen. – Schade!
de rien [dərjɛ̃] Merci de m'avoir prévenu. – De rien.	**bitte (sehr), keine Ursache** Danke, daß Sie mich benachrichtigt haben. – Keine Ursache.
(je suis) désolé, -e [(ʒəsɥi) dezɔle] Il ne me reste plus de chambres, désolé!	**(es) tut mir leid** Es sind keine Zimmer mehr frei, tut mir leid!
entrez! [ɑ̃tre] *interj.*	**herein!**
il n'y a pas de mal [ilnjapɑdmal] Excusez-moi d'avoir renversé le vase. – Il n'y a pas de mal.	**bitte, (das) macht nichts** Entschuldigen Sie, daß ich die Vase umgeworfen habe. – Bitte, das macht doch nichts.
(il n'y a) pas de quoi [(ilnja) pɑdkwa] Je voulais vous remercier de votre gentillesse. – Il n'y a pas de quoi.	**bitte (sehr), keine Ursache** Ich wollte Ihnen für Ihre Freundlichkeit danken. – Bitte sehr.
Messieurs Dames [mesjødam] Bonsoir, Messieurs Dames, la table sera libre dans un instant.	**die Herrschaften** (F); *oder unübersetzt* Guten Abend, die Herrschaften! Der Tisch wird gleich frei.
pareillement [parɛjmɑ̃] *adv.* Je vous souhaite un bon week-end. – Moi pareillement.	**gleichfalls, ebenfalls** Ich wünsche Ihnen ein schönes Wochenende. – Danke, gleichfalls.
salut! [saly] *interj.* (F) Salut, Gisèle! Tu es rentrée de vacances depuis longtemps?	**Tag!, grüß dich!** (F) Grüß dich, Gisèle! Bist du schon lange aus den Ferien zurück?
salut! [saly] *interj.* (F) Bon, je m'en vais. Salut!	**tschüs!** (F) Also gut, ich gehe. Tschüs!
à votre santé! [avɔtrəsɑ̃te]	**zum Wohl!, prost!**
servez-vous [sɛrvevu] Voilà le dessert, servez-vous!	**(bitte) bedienen Sie sich** Hier ist der Nachtisch, bitte greifen Sie zu!

1.1.3.4.9 Ausrufe und Gesprächsfloskeln

«1–2000»

allez! [ale]	**los!**
Allez, viens, on est déjà en retard!	Los, komm, wir sind schon zu spät dran!
alors! [alɔr]	**also!, na!**
Alors, décide-toi! Tu prends du thé ou du café?	Also, entscheide dich! Nimmst du Tee oder Kaffee?
attention! [atɑ̃sjɔ̃]	**Achtung!, Vorsicht!**
Attention! Le feu rouge ne marche pas!	Achtung! Die Ampel geht nicht!
bon! [bɔ̃]	**(also) gut!, na schön!**
Bon! Puisque c'est comme ça, j'irai tout seul!	Na schön! Wenn das so ist, gehe ich allein!
de toute façon [dətutfasɔ̃]	**jedenfalls, auf alle Fälle**
De toute façon, je n'y retournerai plus.	Ich gehe jedenfalls nicht mehr dorthin.
donc [dɔ̃k]	**doch, mal**
Venez donc dîner chez nous.	Kommen Sie doch zum Abendessen zu uns.
Dis donc, tu pourrais faire attention!	Sag mal, du könntest auch aufpassen!
eh bien [ebjɛ̃]	**nun, na**
Eh bien, que dites-vous de ma nouvelle voiture?	Na, was sagen Sie zu meinem neuen Wagen?
hein? [ɛ̃] (F)	**hm?** (F)
Hein? Quoi? Je t'entends très mal.	Hm? Was? Ich höre dich sehr schlecht.
Cette fois-ci, tu es content, hein?	Dieses Mal bist du wohl zufrieden, hm?
tiens! [tjɛ̃]	**sieh mal an!, so was!**
Tiens, te voilà!	Sieh mal an, da bist du ja!
tiens! [tjɛ̃] *bzw.* **tenez!** [təne]	**da!** (= *nimm bzw. nehmen Sie*)
Tiens, prends ce journal!	Da, nimm diese Zeitung!
voilà! [vwala]	**da!, das wär's!**
Voilà! J'ai fini: on peut s'en aller.	Das wär's! Ich bin fertig: wir können gehen.

«2001–4000»

ah bon! [abõ] Je ne peux pas venir; je suis malade. – Ah bon! C'est dommage!	**ach so!** Ich kann nicht kommen; ich bin krank. – Ach so! Schade!
aïe! [aj] Aïe! Tu me fais mal!	**au!** Au, du tust mir weh!
bof! [bɔf] Tu préfères la mer ou la montagne? – Bof, ça m'est égal!	**pah!, ach was!, was soll's!** Gehst du lieber ans Meer oder in die Berge? – Ach, das ist mir egal!
bref [brɛf] Bref, on l'a mis à la porte.	**kurz (und gut)** Kurzum, man hat ihn vor die Tür gesetzt.
ça alors! [saalɔr] (F) Ça alors, tu t'es marié à quarante ans!	**na so was!** (F) Na so was, du hast mit vierzig noch geheiratet!
ça y est! [sajɛ] (F) Ça y est! Elle a encore cassé un verre.	**es ist soweit!, da haben wir's** (F) Da haben wir's! Sie hat wieder ein Glas kaputtgemacht.
chut! [ʃyt] Chut! Ne fais pas de bruit; les enfants dorment.	**pst!** Pst! Mach keinen Lärm; die Kinder schlafen.
d'ailleurs [dajœr] D'ailleurs, il est déjà minuit: il faut rentrer.	**übrigens** Übrigens, es ist schon Mitternacht: wir müssen heim.
doucement! [dusmɑ̃] Doucement! Tu vas abîmer la voiture!	**sachte!, langsam!** Sachte! Sonst machst du den Wagen kaputt!
en effet [ɑ̃nefɛ] Elle n'est pas en forme; en effet, elle a une grippe.	**nämlich** Sie ist nicht in Form; sie hat nämlich eine Grippe.
en tout cas [ɑ̃tukɑ] Moi, en tout cas, je pars en train.	**auf jeden Fall, jedenfalls** Ich jedenfalls fahre mit dem Zug.
hélas! [elɑs] Hélas, elle n'est pas assez intelligente!	**ach!, leider!** Leider ist sie nicht intelligent genug.
hep! [ɛp] Hep! Taxi!	**he!, hallo!** Hallo! Taxi!

merde! [mɛrd] (*derb*) Merde! C'est la deuxième fois que je tombe en panne!	**so ein Mist!, Scheiße!** (*derb*) So ein Mist! Das ist jetzt schon die zweite Panne!
mon Dieu! [mõdjø] Mon Dieu! J'ai oublié de fermer le gaz!	**mein Gott!, ach Gott!** Ach Gott! Ich habe vergessen, das Gas abzustellen!
oh là là! [olala] Oh là là! Qu'est-ce que ça coûte cher!	**ach je!, oje!** Oje, ist das teuer!
pour ainsi dire [purɛ̃sidir] Ça fait deux ans que je n'ai pas, pour ainsi dire, pris de vacances.	**sozusagen, gewissermaßen** Seit zwei Jahren habe ich sozusagen keinen Urlaub gemacht.
à propos [aprɔpo] À propos, j'ai reçu une lettre de Jacques.	**übrigens; was ich noch sagen wollte** Übrigens habe ich einen Brief von Jacques erhalten.
tu sais [tysɛ] *bzw.* **vous savez** [vusave] Tu sais, ce n'est pas simple.	**weißt du** *bzw.* **wissen Sie** Weißt du, das ist nicht einfach.
tant pis! [tɑ̃pi] J'ai perdu mes lunettes de soleil: tant pis!	**dann eben nicht!, schade!** Ich habe meine Sonnenbrille verloren: da kann man nichts machen!
zut! [zyt] Zut alors! J'ai laissé mon parapluie dans le métro!	**verflixt!, verdammt!** Verflixt nochmal! Ich habe meinen Schirm in der U-Bahn stehenlassen!

1.1.4 DER MENSCH UND DIE GESELLSCHAFT

1.1.4.1 IDENTIFIZIERUNG

«1–2000»

âge [ɑʒ] *m* Catherine fait jeune pour son âge.	**Alter** *n* Catherine wirkt jung für ihr Alter.
s'appeler [saple] *v.* (-ll-) Comment vous appelez-vous?	**heißen** Wie heißen Sie?

bébé [bebe] *m* Le bébé des voisins a pleuré toute la nuit.	**Baby** *n* Das Baby der Nachbarn hat die ganze Nacht geweint.
carte d'identité [kartədidɑ̃tite] *f* Pour aller en Suisse, tu as juste besoin de ta carte d'identité.	**Personalausweis** *m* Um in die Schweiz zu kommen, brauchst du nur deinen Personalausweis.
célibataire [selibatɛr] *adj.* Paul est toujours célibataire.	**ledig, unverheiratet** Paul ist immer noch ledig.
dame [dam] *f* Qui vous a reçu? Une dame ou un monsieur?	**Dame** *f* Wer hat Sie empfangen? Eine Dame oder ein Herr?
enfant [ɑ̃fɑ̃] *m* Ils ont trois enfants.	**Kind** *n* Sie haben drei Kinder.
femme [fam] *f* Depuis quand les femmes ont le droit de vote?	**Frau** *f* Seit wann haben die Frauen das Wahlrecht?
(jeune) fille [(ʒœn)fij] *f* Les Martin ont deux garçons et une fille. Une jeune fille a été enlevée.	**(junges) Mädchen** *n* Martins haben zwei Jungen und ein Mädchen. Ein junges Mädchen ist entführt worden.
garçon [garsõ] *m* Quel âge a votre petit garçon?	**Junge** *m* Wie alt ist Ihr kleiner Junge?
homme [ɔm] *m* (l'-) C'est un homme d'une cinquantaine d'années.	**Mann** *m* Er ist ein Mann von etwa fünfzig Jahren.
homme [ɔm] *m* (l'-) Tous les hommes sont mortels.	**Mensch** *m* Alle Menschen sind sterblich.
marié, -e [marje] *adj.* Il a été marié trois fois.	**verheiratet** Er war dreimal verheiratet.
monsieur [məsjø] *m* (*pl.* **messieurs** [mesjø]) Tu connais ce monsieur?	**Herr** *m* Kennst du diesen Herrn?
nationalité [nasjɔnalite] *f* En se mariant, elle a obtenu la nationalité française.	**Staatsangehörigkeit** *f* Bei ihrer Heirat erhielt sie die französische Staatsangehörigkeit.
nom [nõ] *m* D'après votre nom de famille, vous êtes d'origine italienne.	**Name** *m* Nach Ihrem Familiennamen stammen Sie aus Italien.

passeport [paspɔr] *m* Mon passeport est encore valable deux ans.	**Paß** *m* Mein Paß ist noch zwei Jahre gültig.
personne [pɛrsɔn] *f* Seules quelques personnes sont venues à la conférence.	**Person** *f* Nur wenige Personen (*oder* Leute) kamen zu dem Vortrag.
prénom [prenõ] *m* Son prénom est Frédéric, mais tout le monde l'appelle Fred.	**Vorname** *m* Sein Vorname ist Frédéric, aber alle nennen ihn Fred.

«2001–4000»

adulte [adylt] *m* Ce film est réservé aux adultes.	**Erwachsener** *m* Dieser Film ist für Erwachsene bestimmt.
demoiselle [dəmwazɛl] *f* C'est une vieille demoiselle qui habite à côté.	**Fräulein** *n* Nebenan wohnt ein altes Fräulein.
divorcé, -e [divɔrse] *adj.* Ton oncle est célibataire? – Non, il est divorcé.	**geschieden** Ist dein Onkel ledig? – Nein, er ist geschieden.
gamin, -ine [gamɛ̃, -in] *m,f* Elle se conduit encore comme une gamine.	**kleiner Junge** *m*, **kleines Mädchen** *n* Sie benimmt sich noch wie ein kleines Mädchen.
gosse [gɔs] *m,f* (F) Les gosses jouent au foot dans la rue.	**Kind** *n* Die Kinder spielen auf der Straße Fußball.
humain, -aine [ymɛ̃, -ɛn] *adj.* (*h muet*) L'erreur est humaine (*Sprichwort*).	**menschlich** Irren ist menschlich.
nommer [nɔme] *v.* Mes parents m'ont nommé Coco.	**nennen** Meine Eltern nannten mich Coco.
papiers [papje] *m/pl.* On m'a volé mon sac avec tous les papiers.	**Papiere** *n/pl.* Mir wurde meine Tasche mit allen Papieren gestohlen.
personnel, -elle [pɛrsɔnɛl] *adj.* J'ai des raisons personnelles pour ne pas le rencontrer.	**persönlich** Ich habe persönliche Gründe, ihn nicht zu treffen.

race [ras] *f*
Aux États-Unis, il y a un mélange de races important.
Rasse *f*
In den USA gibt es eine bedeutende Rassenmischung.

sexe [sɛks] *m*
Un enfant de sexe féminin a été trouvé devant l'église.
Geschlecht *n*
Ein Kind weiblichen Geschlechts wurde vor der Kirche gefunden.

type [tip] *m* (F)
C'est un drôle de type.
Kerl *m* (F)
Er ist ein komischer Kerl.

veuf, veuve [vœf, vœv] *adj.*
Depuis qu'il est veuf, il fait la cuisine.
verwitwet
Seit er verwitwet ist, kocht er selbst.

1.1.4.2 FAMILIE

«1–2000»

famille [famij] *f*
Ma tante vient d'une famille nombreuse.
Familie *f*
Meine Tante kommt aus einer kinderreichen Familie.

femme [fam] *f*
Sa femme est Suédoise.
(Ehe)Frau *f*
Seine Frau ist Schwedin.

fille [fij] *f*
Leur fille est médecin.
Tochter *f*
Ihre Tochter ist Ärztin.

fils [fis] *m*
Ils ont perdu un fils à la guerre.
Sohn *m*
Sie haben einen Sohn im Krieg verloren.

frère [frɛr] *m*
Les deux frères ne se ressemblent pas du tout.
Bruder *m*
Die beiden Brüder gleichen sich überhaupt nicht.

grand-mère [grɑ̃mɛr] *f* (*pl.* grand[s]-mères)
C'est la grand-mère qui s'occupe des enfants.
Großmutter *f*
Um die Kinder kümmert sich die Großmutter.

grand-père [grɑ̃pɛr] *m* (*pl.* grands-pères)
Il est devenu grand-père.
Großvater *m*
Er ist Großvater geworden.

grands-parents [grɑ̃parɑ̃] *m/pl.*
Il a été élevé par ses grands-parents.
Großeltern *pl.*
Er wurde von seinen Großeltern erzogen.

maman [mamɑ̃] *f* La petite fille avait perdu sa maman dans la foule.	**Mama** *f*, **Mutti** *f* Das kleine Mädchen hatte in der Menge seine Mutti verloren.
mari [mari] *m* Elle a perdu son mari dans un accident.	**(Ehe)Mann** *m* Sie hat ihren Mann bei einem Unfall verloren.
mariage [marjaʒ] *m* Depuis son mariage, il ne sort plus. Leur mariage a tenu deux ans.	**Heirat** *f*; **Ehe** *f* Seit seiner Heirat geht er nicht mehr aus. Ihre Ehe hielt zwei Jahre.
se marier [səmarje] *v.* Elle s'est mariée avec un Anglais.	**heiraten, sich verheiraten** Sie hat einen Engländer geheiratet.
mère [mɛr] *f* Sa mère est encore jeune.	**Mutter** *f* Ihre Mutter ist noch jung.
oncle [ɔ̃klə] *m* C'est mon oncle qui m'a appris à nager.	**Onkel** *m* Mein Onkel hat mir das Schwimmen beigebracht.
papa [papa] *m* Papa, tu me prêtes la voiture pour le week-end?	**Papa** *m* Papa, borgst du mir den Wagen fürs Wochenende?
parents [parɑ̃] *m/pl.* Mes parents habitent la campagne.	**Eltern** *pl.* Meine Eltern wohnen auf dem Land.
père [pɛr] *m* Mon père était instituteur.	**Vater** *m* Mein Vater war Lehrer.
sœur [sœr] *f* Ma sœur a émigré au Canada.	**Schwester** *f* Meine Schwester ist nach Kanada ausgewandert.
tante [tɑ̃t] *f* Tante Sophie ne s'est jamais remariée.	**Tante** *f* Tante Sophie hat sich nie wieder verheiratet.

«2001–4000»

beau-frère [bofrɛr] *m* (*pl.* beaux-frères) Mon beau-frère n'a pas encore terminé ses études.	**Schwager** *m* Mein Schwager hat sein Studium noch nicht abgeschlossen.

beau-père [bopɛr] *m* (*pl.* beaux-pères) Mon beau-père était un ancien officier de marine.	**Schwiegervater** *m* Mein Schwiegervater war ein ehemaliger Marineoffizier.
beaux-parents [boparɑ̃] *m/pl.* Tous les dimanches, nous allons voir mes beaux-parents.	**Schwiegereltern** *pl.* Jeden Sonntag besuchen wir meine Schwiegereltern.
belle-fille [bɛlfij] *f* (*pl.* belles-filles) Elle dit «vous» à sa belle-fille.	**Schwiegertochter** *f* Sie sagt zu ihrer Schwiegertochter „Sie".
belle-mère [bɛlmɛr] *f* (*pl.* belles-mères) Demande donc à ta belle-mère de garder les enfants.	**Schwiegermutter** *f* Bitte doch deine Schwiegermutter, die Kinder zu hüten.
belle-sœur [bɛlsœr] *f* (*pl.* belles-sœurs) Ma belle-sœur habite à 20 km de chez nous.	**Schwägerin** *f* Meine Schwägerin wohnt 20 km von uns weg.
cousin [kuzɛ̃] *m* J'ai un cousin en Suisse.	**Vetter** *m* Ich habe einen Vetter in der Schweiz.
cousine [kuzin] *f* Quand j'étais petit, je voulais me marier avec ma cousine.	**Cousine** *f* Als ich klein war, wollte ich meine Cousine heiraten.
divorce [divɔrs] *m* Elle a demandé le divorce parce que son mari buvait.	**Scheidung** *f* Sie hat die Scheidung eingereicht, weil ihr Mann trank.
divorcer [divɔrse] *v.* (-ç-) Mes meilleurs amis veulent divorcer.	**sich scheiden lassen** Meine besten Freunde wollen sich scheiden lassen.
fiancé [fjɑ̃se] *m* Son fiancé fait son service militaire.	**Verlobter** *m*, **Bräutigam** *m* Ihr Verlobter leistet gerade seinen Wehrdienst ab.
fiancée [fjɑ̃se] *f* Il est allé au bal avec sa fiancée.	**Verlobte** *f*, **Braut** *f* Er ging mit seiner Verlobten tanzen.
gendre [ʒɑ̃drə] *m* Mon gendre a été nommé directeur.	**Schwiegersohn** *m* Mein Schwiegersohn ist zum Direktor ernannt worden.

neveu [nəvø] *m* (*pl.* -x)
Il a désigné son neveu comme héritier.

Neffe *m*
Er hat seinen Neffen zum Erben bestimmt.

---

nièce [njɛs] *f*
Ma nièce est aveugle de naissance.

Nichte *f*
Meine Nichte ist von Geburt an blind.

---

parent, -ente [parɑ̃, -ɑ̃t] *m,f*
C'est un parent éloigné.

Verwandte(r) *f*(*m*)
Er ist ein entfernter Verwandter.

---

petite-fille [pətitfij] *f* (*pl.* petites-filles)
Sa petite-fille est venue lui souhaiter son anniversaire.

Enkelin *f*
Seine Enkelin kam, um ihm zum Geburtstag zu gratulieren.

---

petit-fils [pətifis] *m* (*pl.* petits-fils)
Son petit-fils a hérité de sa myopie.

Enkel *m*
Sein Enkel hat seine Kurzsichtigkeit geerbt.

---

petits-enfants [pətizɑ̃fɑ̃] *m/pl.*
Pour leurs noces de diamant, tous leurs petits-enfants étaient là.

Enkel(kinder) *m/pl.*
Bei ihrer diamantenen Hochzeit waren alle ihre Enkel da.

1.1.4.3 SOZIALE BINDUNGEN

«1–2000»

ami, amie [ami] *m,f*
J'ai rencontré un vieil ami dans le métro.
Elle sort souvent avec son petit ami.

Freund(in) *m*(*f*)
Ich habe in der U-Bahn einen alten Freund getroffen.
Sie geht oft mit ihrem Freund aus.

---

amitié [amitje] *f*
Il m'a rendu ce service par amitié.

Freundschaft *f*
Er hat mir diesen Dienst aus Freundschaft erwiesen.

---

camarade [kamarad] *m,f*
J'ai perdu de vue la plupart de mes camarades de classe.

Kamerad(in) *m*(*f*)
Ich habe die meisten meiner Klassenkameraden aus den Augen verloren.

---

commun, -une [kɔmɛ̃, -yn] *adj.*
Nous avons découvert que nous avons des amis communs.

gemeinsam
Wir entdeckten, daß wir gemeinsame Freunde haben.

compagnie [kõpaɲi] *f* On t'a vu l'autre jour en compagnie de Christine.	**Gesellschaft** *f*, **Begleitung** *f* Man hat dich neulich mit Christine zusammen gesehen.
copain [kɔpɛ̃] *m* (F) Je pars faire du ski avec un copain.	**Freund** *m*, **Kumpel** *m* (F) Ich fahre mit einem Freund zum Skilaufen.
copine [kɔpin] *f* (F) Valérie sort souvent avec des copines.	**Freundin** *f* Valérie geht oft mit Freundinnen zusammen aus.
gens [ʒɑ̃] *m/pl.* (*aber* les vieilles gens) Les gens faisaient la queue devant le cinéma.	**Leute** *pl.* Die Leute standen vor dem Kino Schlange.
groupe [grup] *m* (!) Je préfère travailler en groupe.	Gruppe *f* Ich arbeite lieber in der Gruppe.
monde [mõd] *m* Avant Noël, il y a beaucoup de monde dans les magasins.	**Menschen** *m/pl.*, **Leute** *pl.* Vor Weihnachten sind viele Menschen in den Geschäften.
voisin, -ine [vwazɛ̃, -in] *m,f* Les voisins se sont plaints qu'on faisait trop de bruit.	**Nachbar(in)** *m(f)* Die Nachbarn beklagten sich, daß wir zu viel Lärm machen.

«2001–4000»

association [asɔsjasjõ] *f* Je veux m'inscrire à une association sportive.	**Verein(igung)** *m(f)* Ich will einem Sportverein beitreten.
bande [bɑ̃d] *f* Les enfants de l'immeuble forment une joyeuse bande.	**Schar** *f*; **Bande** *f* Die Kinder des Hauses bilden eine fröhliche Schar.
club [klœb] *m* Elle fait partie d'un club de tennis.	**Klub** *m* Sie gehört einem Tennisklub an.
comité [kɔmite] *m* Le comité des fêtes a préparé une tombola.	**Komitee** *n*, **Ausschuß** *m* Das Festkomitee hat eine Tombola vorbereitet.
communauté [kɔmynote] *f* La Grèce est membre de la Communauté européenne.	**Gemeinschaft** *f* Griechenland ist Mitglied der Europäischen Gemeinschaft.

connaissance [kɔnɛsɑ̃s] *f* Un ami? Non, c'est seulement une connaissance.	**Bekannter** *m* Ein Freund? Nein, das ist nur ein Bekannter.
humanité [ymanite] *f* (l'-) Pasteur a été un bienfaiteur de l'humanité.	**Menschheit** *f* Pasteur war ein Wohltäter der Menschheit.
membre [mɑ̃brə] *m* Mon fils est membre du club de judo.	**Mitglied** *n* Mein Sohn ist Mitglied des Judoklubs.
social, -e [sɔsjal] *adj.* (*m/pl.* -aux) Le chômage est un problème social.	**sozial, gesellschaftlich** Die Arbeitslosigkeit ist ein soziales Problem.
société [sɔsjete] *f* Nous vivons dans une société de consommation.	**Gesellschaft** *f* Wir leben in einer Konsumgesellschaft.

1.1.4.4 BERUFE

«1–2000»

boucher [buʃe] *m* Ses parents l'ont mis en apprentissage chez un boucher.	**Metzger** *m*, **Fleischer** *m* Seine Eltern gaben ihn zu einem Metzger in die Lehre.
boulanger [bulɑ̃ʒe] *m* Il n'y a plus qu'un boulanger dans ce quartier.	**Bäcker** *m* Es gibt nur noch einen Bäcker in diesem Stadtteil.
charcutier [ʃarkytje] *m* Passe donc chez le charcutier; on n'a plus de jambon.	**Fleischer** *m* (*für Schweinefleischprodukte*) Geh doch beim Fleischer vorbei; wir haben keinen Schinken mehr.
coiffeur, -euse [kwafœr, -øz] *m,f* Tu devrais aller chez le coiffeur.	**Friseur** *m*, **Friseuse** *f* Du solltest zum Friseur gehen.
épicier [episje] *m* Les supermarchés font du tort aux épiciers.	**Lebensmittelhändler** *m* Die Supermärkte schaden den Lebensmittelhändlern.
ingénieur [ɛ̃ʒenjœr] *m* J'aimerais devenir ingénieur technico-commercial.	**Ingenieur** *m* Ich möchte gern Vertriebsingenieur werden.

interprète [ɛ̃tɛrprɛt] *m,f* — **Dolmetscher(in)** *m(f)*
Après son bac, elle a fait une école d'interprètes. — Nach dem Abitur absolvierte sie eine Dolmetscherschule.

---

journaliste [ʒurnalist] *m,f* — **Journalist(in)** *m(f)*
Ma sœur est journaliste. — Meine Schwester ist Journalistin.

---

mécanicien [mekanisjɛ̃] *m* — **Mechaniker** *m*
Il travaille comme mécanicien chez Renault. — Er arbeitet als Mechaniker bei Renault.

---

métier [metje] *m* — **Beruf** *m*, **Handwerk** *n*
Mon père aurait préféré apprendre un autre métier. — Mein Vater hätte lieber ein anderes Handwerk gelernt.

---

paysan, -anne [peizɑ̃, -an] *m,f* — **Bauer** *m*, **Bäuerin** *f*
Les paysans de cette région font surtout la culture du maïs. — Die Bauern dieser Gegend bauen vor allem Mais an.

---

profession [prɔfɛsjõ] *f* — **Beruf** *m*
Quelle est votre profession? – Institutrice. — Was sind Sie von Beruf? – Lehrerin.

---

représentant [rəprezɑ̃tɑ̃] *m* — **Vertreter** *m*
Un représentant voulait me vendre un aspirateur. — Ein Vertreter wollte mir einen Staubsauger verkaufen.

---

secrétaire [səkretɛr] *f* — **Sekretärin** *f*
Elle a une formation de secrétaire de direction. — Sie hat eine Ausbildung als Chefsekretärin.

---

technicien [tɛknisjɛ̃] *m* — **Techniker** *m*
On demande des techniciens pour des chaînes de montage. — Gesucht werden Techniker für Montagebänder.

«2001–4000»

agriculteur [agrikyltœr] *m* — **Landwirt** *m*
Les agriculteurs ont demandé une augmentation des subventions. — Die Landwirte verlangten eine Erhöhung der Subventionen.

---

architecte [arʃitɛkt] *m* — **Architekt** *m*
Tu connais un bon architecte? — Kennst du einen guten Architekten?

---

artisan [artizɑ̃] *m* — **Handwerker** *m*
Les artisans travaillent en général à leur compte. — Die Handwerker sind im allgemeinen selbständig.

cordonnier [kɔrdɔnje] *m* J'ai porté mes chaussures chez le cordonnier.	**Schuhmacher** *m* Ich habe meine Schuhe zum Schuhmacher gebracht.
couturière [kutyrjɛr] *f* Elle se fait faire ses robes par une couturière.	**Schneiderin** *f*, **Näherin** *f* Sie läßt sich ihre Kleider von einer Schneiderin machen.
cuisinier, -ière [kɥizinje, -jɛr] *m,f* Il a travaillé comme cuisinier à bord d'un bateau.	**Koch** *m*, **Köchin** *f* Er hat als Schiffskoch gearbeitet.
électricien [elɛktrisjɛ̃] *m* Téléphone à l'électricien: la machine à laver est en panne.	**Elektriker** *m* Ruf den Elektriker an: die Waschmaschine ist defekt.
expert [ɛkspɛr] *m* La commission d'experts a publié un rapport.	**Fachmann** *m*, **Experte** *m* Die Expertenkommission hat einen Bericht veröffentlicht.
garagiste [garaʒist] *m* Le garagiste a réglé mes freins.	(*selbständiger*) **Automechaniker** *m* Der Mechaniker hat meine Bremsen eingestellt.
maçon [masõ] *m* Il nous faut un maçon pour réparer la cheminée.	**Maurer** *m* Wir brauchen einen Maurer, der den Kamin repariert.
menuisier [mənɥizje] *m* J'ai commandé des étagères au menuisier.	**Tischler** *m*, **Schreiner** *m* Ich habe beim Tischler Regale bestellt.
moniteur, -trice [mɔnitœr, -tris] *m,f* Il travaille comme moniteur de ski à Chamonix.	**Betreuer(in)** *m*(*f*), **Lehrer(in)** *m*(*f*) Er arbeitet als Skilehrer in Chamonix.
photographe [fɔtograf] *m,f* Elle est photographe de presse.	**Fotograf(in)** *m*(*f*) Sie ist Pressefotografin.
professionnel, -elle [prɔfɛsjɔnɛl] *adj.* Il n'a aucune formation professionnelle.	**beruflich** Er hat keinerlei Berufsausbildung.
spécialiste [spesjalist] *m* Il est spécialiste en la matière.	**Fachmann** *m*, **Spezialist** *m* Er ist Fachmann auf dem Gebiet.

(sténo)dactylo [(steno)daktilo] *f* — **Stenotypistin** *f*, **Schreibkraft** *f*

Comme sténodactylo, tu n'as pas de chances d'avancement. — Als Stenotypistin hast du keine Aufstiegschancen.

tailleur [tajœr] *m* — **Schneider** *m*

Certains tailleurs travaillent pour la haute couture. — Manche Schneider arbeiten für die Haute Couture.

1.1.4.5 SOZIALE POSITION

«1–2000»

chef [ʃɛf] *m* — **Chef** *m*, **Oberhaupt** *n*

La décision sera prise par le chef de famille. — Die Entscheidung wird vom Familienoberhaupt getroffen.

commander [kɔmɑ̃de] *v.* — **befehlen**

Qui est-ce qui commande ici? — Wer befiehlt hier?

honneur [ɔnœr] *m* (l'-) — **Ehre** *f*

Une réception a été donnée en l'honneur du président. — Zu Ehren des Präsidenten wurde ein Empfang gegeben.

influence [ɛ̃flyɑ̃s] *f* — **Einfluß** *m*

Depuis qu'il est à ce poste, il a perdu de l'influence. — Seit er auf diesem Posten ist, hat er an Einfluß verloren.

maître, maîtresse [mɛtrə, mɛtrɛs] *m,f* — **Herr(in)** *m(f)*

Il est resté maître de la situation. — Er blieb Herr der Situation.

obéir [ɔbeir] *v.* — **gehorchen**

Les soldats doivent obéir aux ordres de leurs supérieurs. — Die Soldaten müssen den Befehlen ihrer Vorgesetzten gehorchen.

position [pozisjõ] *f* — **Stellung** *f*, **Position** *f*

Dans ta position, tu peux te permettre de critiquer. — In deiner Position kannst du dir Kritik erlauben.

«2001–4000»

autorité [otɔrite] *f* — **Autorität** *f*, **Ansehen** *n*

Il n'a pas l'autorité de l'ancien directeur. — Er hat nicht die Autorität des früheren Direktors.

distingué, -e [distɛ̃ge] *adj.* — **vornehm**
Il est toujours habillé d'une façon distinguée. — Er ist immer vornehm gekleidet.

estimer [ɛstime] *v.* — **(hoch)achten, schätzen**
Il est très estimé par son chef. — Er wird von seinem Chef sehr geschätzt.

mépriser [meprize] *v.* — **verachten**
Depuis qu'il est chef, il méprise ses anciens collègues. — Seit er Chef ist, verachtet er seine früheren Kollegen.

mériter [merite] *v.* — **verdienen, wert sein**
Cela mérite une récompense. — Das verdient eine Belohnung.

personnage [pɛrsɔnaʒ] *m* — **Persönlichkeit** *f*
Son oncle était un personnage influent. — Sein Onkel war eine einflußreiche Persönlichkeit.

président [prezidɑ̃] *m* — **Vorsitzender** *m*, **Präsident** *m*
Il a été élu président de l'association. — Er wurde zum Vorsitzenden des Vereins gewählt.

rang [rɑ̃] *m* — **Rang** *m*, **Stellung** *f*
Un préfet est un fonctionnaire d'un rang élevé. — Ein Präfekt ist ein hochrangiger Beamter.

reconnaître [rəkɔnɛtrə] *v.* (*irr.* 7) — **anerkennen**
La France a reconnu l'indépendance de l'Algérie en 1962. — Frankreich hat die Unabhängigkeit Algeriens 1962 anerkannt.

respect [rɛspɛ] *m* — **(Hoch)Achtung** *f*, **Respekt** *m*
Le sénateur a été traité avec beaucoup de respect. — Der Senator wurde mit großer Ehrerbietung behandelt.

titre [titrə] *m* — **Titel** *m*
Il est fier de ses titres. — Er ist stolz auf seine Titel.

1.1.4.6 POSITIVES UND NEUTRALES SOZIALVERHALTEN

«1–2000»

accompagner [akɔ̃paɲe] *v.* — **begleiten**
C'est gentil de m'avoir accompagné à la gare. — Es ist nett, daß ihr mich zum Bahnhof begleitet habt.

aide [ɛd] *f* — **Hilfe** *f*
Téléphone-moi si tu as besoin d'aide. — Ruf mich an, wenn du Hilfe brauchst.

aider (qn) [ɛde] *v.*	(jdm) **helfen**
Pouvez-vous m'aider à porter mes valises?	Können Sie mir helfen, meine Koffer zu tragen?
compter (sur) [kõte] *v.*	**sich verlassen** (auf)
Tu peux compter sur moi.	Du kannst dich auf mich verlassen.
confiance [kõfjɑ̃s] *f*	**Vertrauen** *n*
Il n'a pas confiance en moi. Tu peux lui faire confiance.	Er hat kein Vertrauen zu mir. Du kannst ihm vertrauen.
devoir [dəvwar] *m*	**Pflicht** *f*
Les pompiers ont accompli leur devoir.	Die Feuerwehr hat ihre Pflicht getan.
devoir [dəvwar] *v.* (*irr.* 12)	**müssen, sollen**
Tu devrais t'occuper davantage de tes enfants.	Du solltest dich mehr um deine Kinder kümmern.
excuser [ɛkskyze] *v.*	**entschuldigen**
Excusez ma mauvaise écriture.	Entschuldigen Sie meine schlechte Schrift.
s'excuser (de) [sɛkskyze] *v.*	**sich entschuldigen** (wegen, für)
Je m'excuse de vous déranger.	Entschuldigen Sie die Störung.
exemple [ɛgzɑ̃plə] *m*	**Beispiel** *n*, **Vorbild** *n*
Donne le bon exemple à ton petit frère!	Gib deinem kleinen Bruder ein gutes Beispiel!
félicitations [felisitasjõ] *f/pl.*	**Glückwünsche** *m/pl.*
Toutes nos félicitations pour ta réussite!	Herzliche Glückwünsche (*oder* Wir gratulieren) zu deinem Erfolg!
s'occuper (de) [sɔkype] *v.*	**sich kümmern** (um)
Elle s'occupe de personnes âgées sans famille.	Sie kümmert sich um alte Leute ohne Angehörige.
poli, -e [pɔli] *adj.*	**höflich**
Tu pourrais être plus poli!	Du könntest höflicher sein!
promettre [prɔmɛtrə] *v.* (*irr.* 22)	**versprechen**
Vous nous aviez promis de venir.	Sie hatten uns versprochen zu kommen.
remercier (qn) [rəmɛrsje] *v.*	(jdm) **danken**
Je vous remercie beaucoup des (*oder* pour les) fleurs.	Ich danke Ihnen sehr für die Blumen.
saluer [salɥe] *v.*	**grüßen**
Mon voisin ne m'a même pas salué.	Mein Nachbar hat mich nicht einmal gegrüßt.

secours [səkur] *m* — **Hilfe** *f*
Les témoins de l'accident ont porté secours aux blessés. — Die Zeugen des Unfalls leisteten den Verletzten Hilfe.

service [sɛrvis] *m* — **Dienst** *m*
Si tu me prêtais ta voiture, tu me rendrais bien service. — Wenn du mir deinen Wagen leihen würdest, würdest du mir einen großen Dienst erweisen.

servir (qn, qch.) [sɛrvir] *v.* (*irr.* 35) — **dienen** (+ *Dat.*)
Il pensait servir une noble cause. — Er dachte, einer edlen Sache zu dienen.

«2001–4000»

affaire [afɛr] *f* — **Angelegenheit** *f*
J'ai eu souvent affaire à lui. — Ich hatte oft mit ihm zu tun.

attitude [atityd] *f* — **Haltung** *f*, **Verhalten** *n*
J'ai été très déçu par son attitude. — Ich war von seiner Haltung sehr enttäuscht.

bien [bjɛ̃] *m* — **Gute(s)** *n*
Cet homme a fait beaucoup de bien dans sa vie. — Dieser Mann hat in seinem Leben viel Gutes getan.

céder [sede] *v.* (-è-) — **nachgeben**
Le patron a fini par céder aux revendications. — Der Chef hat schließlich den Forderungen nachgegeben.

charger (de) [ʃarʒe] *v.* (-ge-) — **beauftragen** (mit)
On m'a chargé de vous faire visiter l'usine. — Man hat mich beauftragt, Sie durch die Fabrik zu führen.

se comporter [səkɔ̃pɔrte] *v.* — **sich verhalten, sich benehmen**
Il se comporte parfois comme un enfant. — Er verhält sich manchmal wie ein Kind.

condoléances [kɔ̃dɔleɑ̃s] *f/pl.* — **Beileid** *n*
Je vous présente mes sincères condoléances. — Ich möchte Ihnen mein aufrichtiges Beileid aussprechen.

consoler [kɔ̃sɔle] *v.* — **trösten**
Elle vient d'échouer à son examen: il faut la consoler. — Sie ist soeben durchs Examen gefallen: man muß sie trösten.

élever [elve] *v.* (-è-) — **erziehen**
Ton neveu est vraiment mal élevé. — Dein Neffe ist wirklich schlecht erzogen.

embrasser [ɑ̃brase] *v.*	**küssen**
Elle a embrassé les enfants avant de partir.	Sie küßte die Kinder, bevor sie ging.
encourager [ɑ̃kuraʒe] *v.* (-ge-)	**ermutigen**
Elle m'a encouragé à faire des études de médecine.	Sie redete mir zu, Medizin zu studieren.
engager [ɑ̃gaʒe] *v.* (-ge-)	**verpflichten**
Cela ne vous engage à rien.	Das verpflichtet Sie zu nichts.
s'entendre [sɑ̃tɑ̃drə] *v.*	**sich verstehen**
Elle ne s'entend pas du tout avec sa sœur.	Sie versteht sich überhaupt nicht mit ihrer Schwester.
manières [manjɛr] *f/pl.*	**Manieren** *f/pl.*, **Benehmen** *n*
Tu as pris de mauvaises manières.	Du hast schlechte Manieren angenommen.
obliger (à) [ɔbliʒe] *v.* (-ge-)	**zwingen, verpflichten** (zu)
La police a obligé la foule à reculer.	Die Polizei drängte die Menge zurück.
être obligé, -e (de) [ɛtrɔbliʒe]	**gezwungen sein** (zu), **müssen**
Il est obligé de faire un rapport sur cet incident.	Er muß einen Bericht über diesen Zwischenfall machen.
pardonner [pardɔne] *v.*	**verzeihen**
Pardonne-moi d'avoir été si désagréable avec toi.	Verzeih mir, daß ich so unfreundlich zu dir war.
politesse [pɔlitɛs] *f*	**Höflichkeit** *f*
Je cherche une bonne formule de politesse pour ma lettre.	Ich suche eine gute Höflichkeitsfloskel für meinen Brief.
principe [prɛ̃sip] *m*	**Grundsatz** *m*, **Prinzip** *n*
Ce n'est pas dans mes principes.	Das entspricht nicht meinen Grundsätzen.
salut [saly] *m*	**Gruß** *m*
Elle ne m'a pas rendu mon salut.	Sie hat meinen Gruß nicht erwidert.
usage [yzaʒ] *m*	**Brauch** *m*
Selon l'usage, on se fait des cadeaux à Noël.	Dem Brauch gemäß macht man sich zu Weihnachten Geschenke.

1.1.4.7 NEGATIVES SOZIALVERHALTEN

«1–2000»

battre [batrə] *v.* (*irr.* 4) Son mari la battait: elle a demandé le divorce.	**schlagen** Ihr Mann schlug sie: sie reichte die Scheidung ein.
déranger [derɑ̃ʒe] *v.* (-ge-) J'espère que je ne vous dérange pas?	**stören** Ich hoffe, daß ich Sie nicht störe?
faute [fot] *f* Ce n'est pas (de) ma faute.	**Schuld** *f* Es ist nicht meine Schuld.
gêner [ʒɛne] *v.* Ça me gêne de parler de ces choses-là.	**behindern, stören** Es stört mich, von diesen Dingen zu sprechen.
mensonge [mɑ̃sɔ̃ʒ] *m* Il raconte des mensonges.	**Lüge** *f* Er erzählt Lügen.
mentir [mɑ̃tir] *v.* (*irr.* 26) Il ment comme il respire. Elle lui a menti.	**lügen** Er lügt wie gedruckt. Sie hat ihn angelogen.
se moquer (de) [səmɔke] *v.* Tout le monde s'est moqué d'elle à cause de sa nouvelle coiffure.	**sich lustig machen** (über) Alle machten sich über sie lustig wegen ihrer neuen Frisur.
reproche [rəprɔʃ] *m* Elle m'a encore fait des reproches à propos de l'accident.	**Vorwurf** *m* Sie machte mir wieder Vorwürfe wegen des Unfalls.
tromper [trɔ̃pe] *v.* Elle a trompé son mari.	**täuschen, betrügen.** Sie hat ihren Mann betrogen.

«2001–4000»

conflit [kɔ̃fli] *m* Elle est entrée en conflit avec son employeur.	**Konflikt** *m*, **Streit** *m* Sie ist mit ihrem Arbeitgeber in Streit geraten.
décourager [dekuraʒe] *v.* (-ge-) Ce nouvel échec l'a complètement découragé.	**entmutigen** Dieser erneute Mißerfolg hat ihn völlig entmutigt.
se disputer [sədispyte] *v.* Depuis qu'ils se sont disputés, ils ne se parlent plus.	**(sich) streiten** Seit sie sich gestritten haben, reden sie nicht mehr miteinander.

forcer [fɔrse] *v.* (-ç-) Ses parents l'ont forcé à faire des études.	**zwingen** Seine Eltern haben ihn gezwungen zu studieren.
injuste [ɛ̃ʒyst] *adj.* Ne sois pas si injuste avec lui!	**ungerecht** Sei nicht so ungerecht zu ihm!
mal [mal] *m* Il dit du mal de ses voisins.	**Böse(s)** *n*, **Schlechte(s)** *n* Er sagt Schlechtes über seine Nachbarn.
se mêler (de) [səmɛle] *v.* Je t'ai demandé de ne pas te mêler de cette affaire.	**sich einmischen** (in) Ich habe dich gebeten, dich nicht in diese Sache einzumischen.
menace [mənas] *f* J'ai reçu des lettres de menace anonymes.	**Drohung** *f* Ich erhielt anonyme Drohbriefe.
menacer [mənase] *v.* (-ç-) Les locataires de cet immeuble sont menacés d'expulsion.	**(be)drohen** Den Mietern dieses Gebäudes droht die Ausweisung.
prétexte [pretɛkst] *m* Ce n'est qu'un prétexte pour ne pas venir.	**Vorwand** *m* Das ist nur ein Vorwand, um nicht zu kommen.
reprocher [rəprɔʃe] *v.* Ce que je lui reproche, c'est son égoïsme.	**vorwerfen** Was ich ihm vorwerfe, ist sein Egoismus.
soupçonner [supsɔne] *v.* On le soupçonne d'avoir participé à l'attentat.	**verdächtigen** Er wird verdächtigt, an dem Attentat beteiligt gewesen zu sein.
trahir [trair] *v.* Il a trahi ses complices.	**verraten** Er hat seine Komplizen verraten.

1.1.4.8 KONTAKTE UND VERANSTALTUNGEN

«1–2000»

assister (à) [asiste] *v.* Pouvez-vous assister à la réunion?	**zugegen sein** (bei), **teilnehmen** (an) Können Sie an der Versammlung teilnehmen?

connaissance [kɔnɛsɑ̃s] *f* J'ai fait la connaissance de Jacques dans le train.	**Bekanntschaft** *f* Ich habe Jacques im Zug kennengelernt.
connaître [kɔnɛtrə] *v.* (*irr.* 7) Je le connais de vue.	**kennen** Ich kenne ihn vom Sehen.
connaître [kɔnɛtrə] *v.* (*irr.* 7) Je l'ai connu en vacances.	**kennenlernen** Ich habe ihn in den Ferien kennengelernt.
fête [fɛt] *f* Il y a la fête au village.	**Fest** *n* Im Dorf ist ein Fest.
inviter [ɛ̃vite] *v.* J'aimerais t'inviter à dîner samedi.	**einladen** Ich möchte dich gern für Samstag zum Abendessen einladen.
libre [librə] *adj.* Vous êtes libre ce soir?	**frei** Sind Sie heute abend frei?
rencontrer (qn) [rɑ̃kɔ̃tre] *v.* Devine qui j'ai rencontré au cinéma? Ils se sont rencontrés tous les soirs.	(jdn) **treffen,** (jdm) **begegnen** Rate mal, wen ich im Kino getroffen habe? Sie trafen sich jeden Abend.
rendez-vous [rɑ̃devu] *m* J'ai rendez-vous avec Jean à cinq heures.	**Verabredung** *f* Ich bin mit Jean um fünf Uhr verabredet.
réunion [reynjɔ̃] *f* La réunion électorale aura lieu à 20 heures.	**Versammlung** *f*, **Zusammenkunft** *f* Die Wahlversammlung findet um 20 Uhr statt.
visite [vizit] *f* Dimanche prochain, on rendra visite aux grands-parents.	**Besuch** *m* Nächsten Sonntag machen wir den Großeltern einen Besuch.
aller voir [alevwar] Je suis allée la voir à l'hôpital.	**besuchen** Ich habe sie im Krankenhaus besucht.
venir voir [vənirvwar] Viens donc nous voir cet été en Bretagne.	**besuchen** Besuch uns doch diesen Sommer in der Bretagne.

«2001–4000»

absence [apsɑ̃s] *f*	**Abwesenheit** *f*
Ma voisine arrosera mes fleurs en mon absence.	Meine Nachbarin gießt während meiner Abwesenheit meine Blumen.
absent, -ente [apsɑ̃, -ɑ̃t] *adj.*	**abwesend**
Le directeur est absent; rappelez demain.	Der Direktor ist abwesend; rufen Sie morgen wieder an.
conférence [kõferɑ̃s] *f*	**Konferenz** *f;* **Vortrag** *m*
Les journalistes sont venus nombreux à la conférence de presse.	Die Journalisten kamen zahlreich zur Pressekonferenz.
congrès [kõgrɛ] *m*	**Kongreß** *m,* **Tagung** *f*
Il est invité à un congrès de médecins à Vienne.	Er ist zu einem Ärztekongreß in Wien eingeladen.
contact [kõtakt] *m*	**Kontakt** *m,* **Verbindung** *f*
J'aimerais rester en contact avec vous. Nous avons perdu tout contact avec lui.	Ich würde gern mit Ihnen in Verbindung bleiben. Wir haben jeden Kontakt mit ihm verloren.
invitation [ɛ̃vitasjõ] *f*	**Einladung** *f*
On a reçu une invitation; ça t'intéresse?	Wir haben eine Einladung erhalten; interessiert dich das?
invité [ɛ̃vite] *m*	**Gast** *m*
Je dois aller chercher mes invités à la gare.	Ich muß meine Gäste am Bahnhof abholen.
participer (à) [partisipe] *v.*	**teilnehmen** (an)
Tous les employés ont participé à la grève.	Alle Angestellten haben am Streik teilgenommen.
présence [prezɑ̃s] *f*	**Anwesenheit** *f*
La présence du ministre a été très remarquée.	Die Anwesenheit des Ministers wurde viel beachtet.
présent, -ente [prezɑ̃, -ɑ̃t] *adj.*	**anwesend**
Est-ce que le chef était présent à la réunion du personnel?	War der Chef bei der Belegschaftsversammlung anwesend?
reconnaître [rəkɔnɛtrə] *v.* (*irr.* 7)	**(wieder)erkennen**
Avec sa nouvelle coiffure, je ne l'ai pas reconnue.	Mit ihrer neuen Frisur habe ich sie nicht erkannt.

relation [rəlasjõ] *f* Elle a trouvé du travail par relations.	**Beziehung** *f* Sie hat durch Beziehungen Arbeit gefunden.
rencontre [rɑ̃kõtrə] *f* La rencontre des syndicats et des patrons aura lieu lundi.	**Treffen** *n* Das Treffen der Gewerkschaften mit den Arbeitgebern findet Montag statt.
se réunir [səreynir] *v.* On pourrait se réunir demain pour discuter de notre voyage.	**sich versammeln, zusammenkommen** Wir könnten morgen zusammenkommen, um über unsere Reise zu sprechen.

1.1.5 SCHICKSAL UND ZUFALL

«1–2000»

arriver [arive] *v.* (être) Il lui arrive souvent d'être en retard.	**geschehen, passieren** Es passiert ihm oft, daß er zu spät kommt.
cas [kɑ] *m* En cas de panne, appelez le 20 68 91!	**Fall** *m* Im Fall einer Panne 20 68 91 anrufen!
chance [ʃɑ̃s] *f* Avec un peu de chance, on devrait arriver avant minuit.	**Glück** *n*, **Chance** *f* Mit ein wenig Glück dürften wir vor Mitternacht ankommen.
danger [dɑ̃ʒe] *m* Attention! Danger de mort!	**Gefahr** *f* Vorsicht! Lebensgefahr!
dangereux, -euse [dɑ̃ʒrø, -øz] *adj.* Cette route de montagne est très dangereuse.	**gefährlich** Diese Gebirgsstraße ist sehr gefährlich.
difficulté [difikylte] *f* Cette entreprise est en difficultés.	**Schwierigkeit** *f* Dieser Betrieb ist in Schwierigkeiten.
événement [evɛnmɑ̃] *m* Un événement imprévu a bouleversé nos projets.	**Ereignis** *n* Ein unvorhergesehenes Ereignis hat unsere Pläne durcheinandergebracht.
gagner [gaɲe] *v.* Il a gagné un voyage aux Antilles.	**gewinnen** Er hat eine Reise zu den Antillen gewonnen.

grave [grav] *adj.* L'accident a fait un blessé grave.	**ernst, schwer** Bei dem Unfall gab es einen Schwerverletzten.
hasard [azar] *m* (le -) J'ai appris par hasard son mariage.	**Zufall** *m* Ich habe durch Zufall von seiner Heirat erfahren.
heureusement [ørøzmɑ̃] *adv.* (*h muet*) Heureusement, tu y as pensé.	**glücklicherweise, zum Glück** Zum Glück hast du daran gedacht.
malheur [malœr] *m* La mort de son père est un malheur pour la famille.	**Unglück** *n* Der Tod seines Vaters ist ein Unglück für die Familie.
malheureusement [malørøzmɑ̃] *adv.* Malheureusement, je ne l'ai pas rencontré.	**leider** Leider habe ich ihn nicht getroffen.
occasion [ɔkazjõ] *f* J'ai raté une occasion unique.	**Gelegenheit** *f* Ich habe eine einmalige Gelegenheit verpaßt.
perdre [pɛrdrə] *v.* J'ai perdu mes papiers.	**verlieren** Ich habe meine Papiere verloren.
problème [prɔblɛm] *m* Le chômage pose de nombreux problèmes sociaux.	**Problem** *n* Die Arbeitslosigkeit wirft zahlreiche soziale Probleme auf.
réussir [reysir] *v.* Mon ami a réussi dans la vie.	**Erfolg haben** Mein Freund hat es im Leben zu etwas gebracht.
je réussis (à faire qch.) [ʒəreysi] Tu as réussi à le convaincre. Bravo!	**es gelingt mir** (etwas zu tun) Es ist dir gelungen, ihn zu überzeugen. Bravo!
risquer [riske] *v.* Il a risqué sa vie pour sauver cet enfant.	**riskieren, wagen** Er hat sein Leben riskiert, um dieses Kind zu retten.
succès [syksɛ] *m* Son dernier film a été un succès.	**Erfolg** *m* Sein letzter Film war ein Erfolg.

«2001–4000»

avantage [avɑ̃taʒ] *m* L'avantage de cette voiture, c'est sa faible consommation d'essence.	**Vorteil** *m* Der Vorteil dieses Autos ist sein geringer Benzinverbrauch.
aventure [avɑ̃tyr] *f* À ton âge, je préférais lire des romans d'aventure.	**Abenteuer** *n* In deinem Alter las ich am liebsten Abenteuerromane.
crise [kriz] *f* La crise du logement se fait surtout sentir dans les grandes villes.	**Krise** *f* Die Wohnungsnot ist vor allem in den großen Städten zu spüren.
dégât [degɑ] *m* La tempête a causé des dégâts importants.	**Schaden** *m* Der Sturm hat beträchtliche Schäden verursacht.
échapper [eʃape] *v.* Il a échappé de justesse à un accident.	**entgehen, entkommen** Er ist knapp einem Unfall entgangen.
échec [eʃɛk] *m* Ce député a subi un échec aux élections.	**Mißerfolg** *m* Dieser Abgeordnete hat bei den Wahlen eine Niederlage erlitten.
échouer [eʃwe] *v.* Tu as eu ton bac? – Non, j'ai échoué.	**scheitern** Hast du dein Abi bestanden? – Nein, ich bin durchgefallen.
ennuis [ɑ̃nɥi] *m/pl.* J'ai des ennuis avec mon patron.	**Ärger** *m*, **Scherereien** *f/pl.* Ich habe Ärger mit meinem Chef.
favorable [favɔrablə] *adj.* Ce n'était pas le moment favorable pour lui parler.	**günstig** Das war kein günstiger Augenblick, um mit ihm zu sprechen.
incendie [ɛ̃sɑ̃di] *m* (!) L'incendie de forêt a été maîtrisé.	**Brand** *m* Der Waldbrand wurde unter Kontrolle gebracht.
incident [ɛ̃sidɑ̃] *m* Je voulais m'excuser pour cet incident.	**Zwischenfall** *m* Ich wollte mich für diesen Zwischenfall entschuldigen.
inconvénient [ɛ̃kõvenjɑ̃] *m* Il travaille de nuit: c'est l'inconvénient de ce métier.	**Nachteil** *m* Er arbeitet bei Nacht: das ist der Nachteil dieses Berufes.

misère [mizɛr] *f* La population du tiers monde vit dans la misère.	**Elend** *n* Die Bevölkerung der dritten Welt lebt im Elend.
nécessité [nesesite] *f* Je ne vois pas la nécessité d'acheter une voiture neuve.	**Notwendigkeit** Ich sehe keine Notwendigkeit, ein neues Auto zu kaufen.
obstacle [ɔpstaklə] *m* Il a surmonté tous les obstacles.	**Hindernis** *n* Er hat alle Hindernisse überwunden.
perte [pɛrt] *f* La mort de cet artiste est une perte pour le cinema.	**Verlust** *m* Der Tod dieses Künstlers ist ein Verlust für den Film.
rater [rate] *v.* J'ai raté mon bus. C'est la deuxième fois qu'il rate son examen.	**verfehlen, verpassen** Ich habe meinen Bus verpaßt. Jetzt fällt er schon zum zweitenmal durch die Prüfung.
risque [risk] *m* Le métier de plongeur comporte de gros risques.	**Risiko** *n*, **Gefahr** *f* Der Beruf eines Tauchers ist mit großen Risiken verbunden.
sauver [sove] *v.* Grâce à ce médicament, il a été sauvé.	**retten** Durch dieses Medikament wurde er gerettet.
sécurité [sekyrite] *f* Pour votre sécurité, attachez votre ceinture!	**Sicherheit** *f* Schnallen Sie sich um Ihrer Sicherheit willen an!
sort [sɔr] *m* Je n'envie pas son sort.	**Schicksal** *n* Ich beneide ihn nicht um sein Schicksal.
subir [sybir] *v.* Notre équipe a subi une défaite.	**erleiden** Unsere Mannschaft hat eine Niederlage erlitten.
en vain [ɑ̃vɛ̃] *adv.* On a protesté en vain.	**vergeblich, umsonst** Wir haben vergeblich protestiert.

1.2 Alltagswelt

1.2.1 DER MENSCH UND SEIN ZUHAUSE

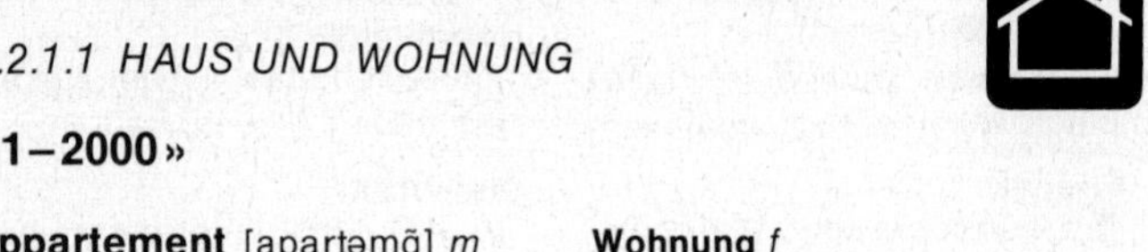

1.2.1.1 HAUS UND WOHNUNG

«1–2000»

appartement [apartəmɑ̃] *m* Il a loué un appartement de trois pièces.	**Wohnung** *f* Er hat eine Dreizimmerwohnung gemietet.
cave [kav] *f* Il est descendu à la cave chercher une bouteille de vin.	**Keller** *m* Er ging in den Keller, um eine Flasche Wein zu holen.
chambre [ʃɑ̃brə] *f* La chambre des enfants est au premier étage.	**Zimmer** *n* (*mit Bett*) Das Kinderzimmer ist im ersten Stock.
chambre à coucher [ʃɑ̃brakuʃe] *f* La chambre à coucher donne sur le jardin.	**Schlafzimmer** *n* Das Schlafzimmer liegt zum Garten hin.
chez [ʃe] *prép.* Je l'ai invité chez moi pour les vacances.	**bei, zu** (*in jds Haus*) Ich habe ihn für die Ferien zu mir (nach Hause) eingeladen.
cuisine [kɥizin] *f* Ils ont repeint leur cuisine.	**Küche** *f* Sie haben ihre Küche neu gestrichen.
entrée [ɑ̃tre] *f* L'entrée principale est en face du cinéma.	**Eingang** *m* Der Haupteingang ist gegenüber dem Kino.
escalier [ɛskalje] *m* Elle s'est blessée en tombant dans l'escalier.	**Treppe** *f* Sie hat sich bei einem Sturz auf der Treppe verletzt.
étage [etaʒ] *m* (!) Ils habitent au cinquième étage.	**Stock** *m*, **Stockwerk** *n*, **Etage** *f* Sie wohnen im fünften Stock.
fenêtre [fənɛtrə] *f* Regarde par la fenêtre s'ils arrivent.	**Fenster** *n* Schau zum Fenster hinaus, ob sie kommen.
habiter [abite] *v.* (*h muet*) Ils habitent depuis dix ans dans le même quartier.	**wohnen, bewohnen** Sie wohnen seit zehn Jahren im selben Viertel.

logement [lɔʒmɑ̃] *m*
La crise du logement a entraîné des augmentations de loyer.

Wohnung *f*
Die Wohnungsnot hatte Mieterhöhungen zur Folge.

---

louer [lwe] *v.*
Pour les vacances, ils ont loué une maison au bord de la mer.

mieten
Für die Ferien haben sie ein Haus am Meer gemietet.

---

louer [lwe] *v.*
Deux mois par an, elle loue son appartement à Nice.

vermieten
Zwei Monate im Jahr vermietet sie ihre Wohnung in Nizza.

---

maison [mɛzõ] *f*
Ils habitent une maison à la campagne.

Haus *n*
Sie bewohnen ein Haus auf dem Land.

---

mur [myr] *m*
Le vieux mur de pierres s'est écroulé.
Il a mis partout des tableaux aux murs.

Mauer *f*, **Wand** *f*
Die alte Steinmauer ist eingefallen.
Er hat überall Bilder an die Wände gehängt.

---

pièce [pjɛs] *f*
Cette pièce n'a pas de chauffage.

Zimmer *n*
Dieses Zimmer hat keine Heizung.

---

plafond [plafõ] *m*
Je n'aime pas ce logement: les plafonds sont trop bas.

Decke *f*, **Plafond** *m*
Ich mag diese Wohnung nicht: die Decke ist zu niedrig.

---

porte [pɔrt] *f*
Elle est partie en claquant la porte.

Tür *f*
Sie ging und schlug dabei die Tür zu.

---

rez-de-chaussée [redʃose] *m*
J'habite au rez-de-chaussée; c'est très bruyant.

Erdgeschoß *n*
Ich wohne im Erdgeschoß; dort ist es sehr laut.

---

salle de bains [saldəbɛ̃] *f*
Elle prend une douche dans la salle de bains.

Badezimmer *n*
Sie duscht (sich) im Badezimmer.

---

salle de séjour [saldəseʒur] *f*
La salle de séjour est à côté de la cuisine.

Wohnzimmer *n*
Das Wohnzimmer ist neben der Küche.

---

sortie [sɔrti] *f*
Je vais t'attendre à la sortie.

Ausgang *f*
Ich warte am Ausgang auf dich.

---

toilettes [twalɛt] *f/pl.*
Les toilettes sont à côté de la salle de bains.

Toilette *f*
Die Toilette ist neben dem Badezimmer.

toit [twa] *m*	**Dach** *n*
De la chambre, on a une belle vue sur les toits de Paris.	Vom Zimmer aus hat man eine schöne Aussicht über die Dächer von Paris.
vitre [vitrə] *f*	**(Fenster)Scheibe** *f*
En jouant au foot, les enfants ont cassé une vitre.	Beim Fußballspielen haben die Kinder eine Fensterscheibe kaputtgeschlagen.

«2001–4000»

ascenseur [asɑ̃sœr] *m*	**Aufzug** *m*, **Fahrstuhl** *m*, **Lift** *m*
L'ascenseur est resté en panne entre deux étages.	Der Aufzug ist zwischen zwei Etagen steckengeblieben.
balcon [balkõ] *m*	**Balkon** *m*
Elle se bronze sur son balcon.	Sie bräunt sich auf ihrem Balkon.
bâtir [bɑtir] *v.*	**bauen**
Ils cherchent un terrain à bâtir.	Sie suchen einen Bauplatz.
concierge [kõsjɛrʒ] *m,f*	**Hausmeister(in)** *m*(*f*)
La concierge habite au rez-de-chaussée.	Die Hausmeisterin wohnt im Erdgeschoß.
confortable [kõfɔrtablə] *adj.*	**bequem, komfortabel**
Ils ont fait installer le chauffage central; c'est plus confortable.	Sie haben eine Zentralheizung einbauen lassen; das ist bequemer.
construire [kõstrɥir] *v.* (*irr.* 6)	**bauen**
La maison a été construite en brique.	Das Haus wurde aus Ziegeln gebaut.
couloir [kulwar] *m*	**Gang** *m*, **Korridor** *m*
Le téléphone est dans le couloir.	Das Telefon ist im Gang.
cour [kur] *f*	**Hof** *m*
La cuisine donne sur la cour.	Die Küche liegt auf der Hofseite.
déménager [demenaʒe] *v.* (-ge-)	**umziehen**
Ils déménagent en banlieue.	Sie ziehen in einen Vorort um.
façade [fasad] *f*	**Fassade** *f*, **Vorderseite** *f*
On a refait la façade de l'immeuble.	Die Fassade des Gebäudes wurde renoviert.

fermer à clé [fɛrmeakle] *v.*	**zu-, abschließen**
J'ai oublié de fermer la porte d'entrée à clé.	Ich habe vergessen, die Eingangstür abzuschließen.
grenier [grənje] *m*	**Speicher** *m*
Il est monté au grenier.	Er ist auf den Speicher hinaufgestiegen.
H.L.M. [aʃɛlɛm] *m* (= habitation à loyer modéré)	**Sozialwohnung** *f*
Ils ont un loyer très bon marché; ils habitent dans un H.L.M.	Sie zahlen eine sehr niedrige Miete; sie wohnen in einer Sozialwohnung.
immeuble [imœblə] *m*	**Gebäude** *n*
Les immeubles modernes ont presque tous un ascenseur.	Die modernen Gebäude haben fast alle einen Aufzug.
locataire [lɔkatɛr] *m*	**Mieter** *m*
L'appartement vous appartient? – Non, je suis locataire.	Gehört Ihnen die Wohnung? – Nein, ich bin Mieter.
loger (chez) [lɔʒe] *v.* (-ge-)	**wohnen** (bei)
Vous pourrez loger chez nous.	Sie können bei uns wohnen.
loger (qn) [lɔʒe] *v.* (-ge-)	**unterbringen**
On peut facilement loger trois personnes dans l'appartement.	Man kann leicht drei Personen in der Wohnung unterbringen.
à la maison [alamɛzõ] *adv.*	**zu Hause; nach Hause**
Entre six et huit heures, je serai à la maison.	Zwischen sechs und acht bin ich zu Hause.
Le mercredi, il rentre toujours tard à la maison.	Mittwochs kommt er immer spät nach Hause.
marche [marʃ] *f*	**Stufe** *f*
Attention à la marche!	Vorsicht Stufe!
meublé, -e [mœble] *adj.*	**möbliert**
Chambre meublée à louer pour étudiant.	Möbliertes Zimmer an Studenten zu vermieten.
plancher [plɑ̃ʃe] *m*	**Fußboden** *m*
Dans cette vieille maison, les planchers sont en bois.	In diesem alten Haus sind die Fußböden aus Holz.
salle [sal] *f*	**Saal** *m*; **Zimmer** *n*
Au château, les réceptions avaient lieu dans la grande salle.	Die Empfänge im Schloß fanden im großen Saal statt.

salle à manger [salamɑ̃ʒe] *f*
La salle à manger est remplacée souvent par la salle de séjour aujourd'hui.

Eßzimmer *n*
Das Eßzimmer wird heute oft durch das Wohnzimmer ersetzt.

---

salon [salɔ̃] *m*
Ils ont vendu le vieux piano qui était au salon.

Salon *m*, **Empfangszimmer** *n*
Sie haben das alte Klavier verkauft, das im Salon stand.

---

situé, -e [sitɥe] *adj.*
Leur nouvel appartement est situé en plein centre.

gelegen
Ihre neue Wohnung liegt mitten im Zentrum.

---

studio [stydjo] *m*
Elle a facilement trouvé un studio à louer en ville.

Appartement *n*, **Einzimmerwohnung** *f*
Sie hat leicht ein Mietappartement in der Stadt gefunden.

---

terrasse [tɛras] *f*
La terrasse est en plein sud.

Terrasse *f*
Die Terrasse liegt ganz nach Süden.

W.-C. [(dubləˌ)vese] *m/pl.*
Où est Martine? – Elle est allée aux W.-C.

WC *n*, **Klo** *n*
Wo ist Martine? – Sie ist aufs Klo gegangen.

1.2.1.2 EINRICHTUNG

«1–2000»

armoire [armwar] *f*
Ils ont transporté l'armoire sur le toit de la voiture.

Schrank *m*
Sie haben den Schrank auf dem Wagendach transportiert.

---

baignoire [bɛɲwar] *f*
On a fait installer une baignoire.

Badewanne *f*
Wir haben eine Badewanne einbauen lassen.

---

chaise [ʃɛz] *f*
Ne vous asseyez pas sur cette chaise: elle est cassée.

Stuhl *m*
Setzen Sie sich nicht auf diesen Stuhl: er ist kaputt.

---

chauffage [ʃofaʒ] *m*
Il a le chauffage central dans son nouvel appartement.

Heizung *f*
Er hat Zentralheizung in seiner neuen Wohnung.

---

couverture [kuvɛrtyr] *f*
Prenez encore cette couverture de laine pour votre lit.

Decke *f*
Nehmen Sie noch diese Wolldecke für Ihr Bett.

cuisinière [kɥizinjɛr] *f*	**Herd** *m*
La cuisinière électrique ne marche plus.	Der Elektroherd funktioniert nicht mehr.
douche [duʃ] *f*	**Dusche** *f*
J'ai pris une douche en rentrant.	Ich habe (mich) geduscht, als ich nach Hause kam.
drap [dra] *m*	**Bettuch** *n*
Il faudra changer les draps cette semaine.	Diese Woche muß man die Bettwäsche wechseln.
frigo [frigo] *m* (F)	**Kühlschrank** *m*
Mets la viande au frigo par cette chaleur.	Tu das Fleisch in den Kühlschrank bei dieser Hitze.
lampe [lɑ̃p] *f*	**Lampe** *f*
J'ai besoin d'une lampe de bureau.	Ich brauche eine Schreibtischlampe.
lavabo [lavabo] *m*	**Waschbecken** *n*
Le lavabo est encore bouché!	Das Waschbecken ist wieder verstopft!
lit [li] *m*	**Bett** *n*
Il a mis ses chaussures sous le lit.	Er hat seine Schuhe unter das Bett gestellt.
meubles [mœblə] *m/pl.*	**Möbel** *n/pl.*
Ils ont acheté leurs meubles à crédit.	Sie haben ihre Möbel auf Kredit gekauft.
réfrigérateur [refriʒeratœr] *m*	**Kühlschrank** *m*
Elle a acheté un réfrigérateur avec congélateur.	Sie hat einen Kühlschrank mit Gefrierfach gekauft.
robinet [rɔbinɛ] *m*	**Hahn** *m*
Le robinet coule: il faudra le réparer.	Der Hahn tropft: man muß ihn reparieren.
table [tablə] *f*	**Tisch** *m*
Ma table de cuisine est trop petite pour quatre personnes.	Mein Küchentisch ist zu klein für vier Personen.

«2001–4000»

ampoule [ɑ̃pul] *f*	**Glühbirne** *f*
J'ai changé l'ampoule dans la cuisine.	Ich habe in der Küche die Glühbirne ausgewechselt.

banc [bɑ̃] *m* Il nous faudrait un banc pour le jardin.	**Bank** *f* Wir sollten eine Bank für den Garten haben.
bouton [butõ] *m* Pour la lumière dans l'escalier, c'est le bouton à gauche de la porte.	**Schalter** *m* Der Schalter links von der Tür ist für das Treppenhauslicht.
canapé [kanape] *m* Après manger, il s'est endormi sur le canapé.	**Couch** *f*, **Sofa** *n* Nach dem Essen ist er auf der Couch eingeschlafen.
chauffer [ʃofe] *v.* En hiver, la chambre n'est pas chauffée.	**heizen** Im Winter wird das Zimmer nicht geheizt.
cheminée [ʃəmine] *f* Elle aime faire des feux de bois dans la cheminée.	**Kamin** *m* Sie macht gern Holzfeuer im Kamin.
éclairer [eklɛre] *v.* Je suis tombé parce que le couloir est mal éclairé.	**beleuchten** Ich bin gestürzt, weil der Gang schlecht beleuchtet ist.
étagère [etaʒɛr] *f* Il s'est construit une étagère pour ses livres.	**Regal** *n* Er hat sich ein Regal für seine Bücher gebaut.
fauteuil [fotœj] *m* Prends donc le fauteuil; tu seras mieux assis.	**Sessel** *m* Nimm doch den Sessel; da sitzt du besser.
fourneau [furno] *m* (*pl.* -x) Ils ont encore un fourneau à charbon.	**Herd** *m* Sie haben noch einen Kohlenherd.
glace [glas] *f* Regarde-toi dans la glace: ton chapeau est de travers.	**Spiegel** *m* Schau dich im Spiegel an: dein Hut sitzt schief.
s'installer [sɛ̃stale] *v.* Nos amis sont bien installés.	**sich einrichten** Unsere Freunde sind schön eingerichtet.
matelas [matla] *m* Il a acheté le lit sans matelas.	**Matratze** *f* Er hat das Bett ohne Matratze gekauft.
ménage [menaʒ] *m* Il aide sa femme à faire le ménage.	**Haushalt** *m* Er hilft seiner Frau im Haushalt.

ménager, -ère [menaʒe, -ɛr] *adj.* Nos voisins ont trop d'appareils ménagers.	**Haushalts...** Unsere Nachbarn haben zu viele Haushaltsgeräte.
moquette [mɔkɛt] *f* Ils ont posé de la moquette dans tout l'appartement.	**Teppichboden** *m* Sie haben die ganze Wohnung mit Teppichboden ausgelegt.
nappe [nap] *f* Pour le pique-nique, j'ai une nappe en papier.	**Tischtuch** *n* Für das Picknick habe ich ein Papiertischtuch.
placard [plakar] *m* Le balai est dans le placard de la cuisine.	**Wandschrank** *m* Der Besen ist im Wandschrank in der Küche.
planche [plɑ̃ʃ] *f* Il a acheté des planches pour faire une étagère.	**Brett** *n* Er hat Bretter gekauft, um ein Regal zu bauen.
poêle [pwal] *m* Ils se chauffent avec un poêle à charbon.	**Ofen** *m* Sie heizen mit einem Kohlenofen.
portemanteau [pɔrtmɑ̃to] *m* (*pl.* -x) Il a laissé sa veste accrochée au portemanteau du restaurant.	**Garderobe(nständer)** *f*(*m*) Er hat seine Jacke an der Garderobe des Restaurants hängenlassen.
prise de courant [prizdəkurɑ̃] *f* Vous avez une prise de courant pour le rasoir?	**Steckdose** *f* Haben Sie eine Steckdose für den Rasierer?
rideau [rido] *m* (*pl.* -x) Elle a mis des rideaux aux fenêtres.	**Vorhang** *m*, **Gardine** *f* Sie hat an den Fenstern Gardinen angebracht.
tapis [tapi] *m* Il collectionne les tapis persans.	**Teppich** *m* Er sammelt Perserteppiche.
tiroir [tirwar] *m* J'ai rangé mes papiers dans le tiroir de mon bureau.	**Schublade** *f* Ich habe meine Papiere in meiner Schreibtischschublade aufgeräumt.

1.2.1.3 GEBRAUCHSGEGENSTÄNDE

«1–2000»

allumette [alymɛt] *f* Il collectionne les boîtes d'allumettes.	**Streichholz** *n*, **Zündholz** *n* Er sammelt Streichholzschachteln.
boîte [bwat] *f* Elle m'a offert une boîte de chocolats.	**Schachtel** *f* Sie hat mir eine Schachtel Pralinen geschenkt.
boîte [bwat] *f* Il me reste encore quelques boîtes de conserve.	**Dose** *f*, **Büchse** *f* Es bleiben mir noch einige Konservendosen.
chiffon [ʃifõ] *m* J'ai renversé mon café; tu as un chiffon?	**Lappen** *m* Ich habe meinen Kaffee verschüttet; hast du einen Lappen?
ciseaux [sizo] *m/pl.* Où sont passés les ciseaux? – Ils sont dans le tiroir.	**Schere** *f* Wo ist die Schere hingekommen? – Sie ist in der Schublade.
clé [kle] *f* J'ai perdu la clé de la voiture.	**Schlüssel** *m* Ich habe den Autoschlüssel verloren.
ficelle [fisɛl] *f* J'ai besoin d'un autre bout de ficelle pour faire mon paquet.	**Bindfaden** *m*, **Schnur** *f* Ich brauche noch ein Stück Bindfaden, um mein Paket zu verschnüren.
lunettes [lynɛt] *f/pl.* Pour conduire, il met ses lunettes.	**Brille** *f* Zum Autofahren setzt er seine Brille auf.
montre [mõtrə] *f* Ma montre avance d'un quart d'heure.	**Uhr** *f* Meine Uhr geht eine Viertelstunde vor.
outil [uti] *m* Comme cadeau, il voulait une boîte à outils.	**Werkzeug** *n* Als Geschenk wollte er einen Werkzeugkasten.
parapluie [paraplɥi] *m* Prends un parapluie, il va pleuvoir.	**(Regen)Schirm** *m* Nimm einen Schirm, es wird regnen.

portefeuille [pɔrtəfœj] *m*
On lui a volé son portefeuille.

Brieftasche *f*
Man hat ihm seine Brieftasche gestohlen.

---

porte-monnaie [pɔrtmɔnɛ] *m* (*pl. unverändert*)
Regarde dans ton porte-monnaie si tu as une pièce de cinq francs.

Geldbeutel *m*, **Portemonnaie** *n*
Sieh in deinem Geldbeutel nach, ob du ein Fünffrancstück hast.

---

sac [sak] *m*
Vous auriez un sac en plastique, s'il vous plaît?

Tasche *f*, **Tüte** *f*, **Sack** *m*
Hätten Sie bitte eine Plastiktüte?

---

sac à main [sakamɛ̃] *m*
Les clés de la voiture sont dans ton sac à main.

Handtasche *f*
Die Autoschlüssel sind in deiner Handtasche.

---

seau [so] *m* (*pl.* -x)
Le chien a renversé un seau plein de peinture.

Eimer *m*
Der Hund hat einen Eimer voll Farbe umgeworfen.

«2001–4000»

aiguille [egɥij] *f*
Je veux recoudre ce bouton; tu as une aiguille et du fil?

(Näh)Nadel *f*
Ich möchte diesen Knopf wieder annähen; hast du eine Nadel und Faden?

---

balance [balɑ̃s] *f*
Il s'est acheté une balance pour se peser régulièrement.

Waage *f*
Er hat sich eine Waage gekauft, um sich regelmäßig zu wiegen.

---

bâton [bɑtõ] *m*
Il s'est défendu à coups de bâton.

Stock *m*
Er hat sich mit Stockhieben verteidigt.

---

briquet [brikɛ] *m*
Je lui ai offert un vieux briquet à essence.

Feuerzeug *n*
Ich habe ihm ein altes Benzinfeuerzeug geschenkt.

---

chaîne [ʃɛn] *f*
Le chien s'est échappé; il a cassé sa chaîne.

Kette *f*
Der Hund ist entlaufen; er hat seine Kette zerrissen.

---

clou [klu] *m*
C'est difficile de planter des clous dans ce mur en béton.

Nagel *m*
Es ist schwierig, Nägel in diese Betonwand einzuschlagen.

colle [kɔl] *f* Pour recoller de la porcelaine, il faut une colle spéciale.	**Klebstoff** *m* Um Porzellan wieder zusammenzukleben, braucht man einen Spezialklebstoff.
corde [kɔrd] *f* Les petites filles sautent à la corde dans la cour.	**Seil** *n* Die kleinen Mädchen spielen im Hof Seilspringen.
échelle [eʃɛl] *f* Il est tombé de l'échelle et s'est cassé une jambe.	**Leiter** *f* Er fiel von der Leiter und brach sich ein Bein.
épingle [epɛ̃glə] *f* En cousant, elle s'est piquée avec une épingle.	**(Steck)Nadel** *f* Beim Nähen hat sie sich an einer Nadel gestochen.
équipement [ekipmɑ̃] *m* Il a revendu tout son équipement de ski.	**Ausrüstung** *f* Er hat seine ganze Skiausrüstung wieder verkauft.
fil [fil] *m* Elle a pris du fil d'une autre couleur.	**Faden** *m* Sie hat Faden von einer andern Farbe genommen.
filet [filɛ] *m* J'ai oublié mon panier; tu me passes ton filet à provisions?	**Netz** *n* Ich habe meinen Korb vergessen; gibst du mir dein Einkaufsnetz herüber?
horloge [ɔrlɔʒ] *f* (l'-) On a rendez-vous place de Sèvres sous l'horloge.	(*öffentliche*) **Uhr** *f* Wir treffen uns Place de Sèvres unter der Normaluhr.
lame [lam] *f* Ce couteau coupe comme une lame de rasoir.	**Klinge** *f* Dieses Messer schneidet wie eine Rasierklinge.
marteau [marto] *m* (*pl.* -x) Le marteau est dans la boîte à outils.	**Hammer** *m* Der Hammer ist im Werkzeugkasten.
mouchoir [muʃwar] *m* On utilise de plus en plus de mouchoirs en papier.	**Taschentuch** *n* Man verwendet immer mehr Papiertaschentücher.
panier [panje] *m* Dans le jardin, on a cueilli plusieurs paniers de fraises.	**Korb** *m* Im Garten haben wir mehrere Körbe Erdbeeren gepflückt.
pelle [pɛl] *f* Je viens de casser un verre; où sont la pelle et le balai?	**Schaufel** *f* Ich habe ein Glas zerbrochen; wo sind Schaufel und Besen?

réchaud [reʃo] *m* Pour le camping, on utilise un réchaud à gaz.	**Kocher** *m* Beim Camping benützt man einen Gaskocher.
réveil [revɛj] *m* N'oublie pas d'emporter ton réveil en voyage.	**Wecker** *m* Vergiß nicht, deinen Wecker auf die Reise mitzunehmen.
scie [si] *f* Vous pourriez me prêter votre scie à métaux?	**Säge** f Könnten Sie mir Ihre Metallsäge leihen?
serviette [sɛrvjɛt] *f* Il a laissé sa serviette dans le métro.	**Aktentasche** *f*, **Mappe** *f* Er hat seine Aktentasche in der U-Bahn liegenlassen.

1.2.2 KLEIDUNG UND SCHMUCK

«1–2000»

bas [bɑ] *m* Je suis bientôt prête; je n'ai plus qu'à mettre mes bas.	**Strumpf** *m* Ich bin bald fertig; ich muß nur noch meine Strümpfe anziehen.
blue-jean [bludʒin] *m* On ne nous a pas laissé entrer: nous étions en blue-jeans.	**Bluejeans** *pl.* Man hat uns nicht hineingelassen: wir waren in Bluejeans.
bouton [butõ] *m* S'il te plaît, tu pourrais me recoudre un bouton?	**Knopf** *m* Bitte, könntest du mir einen Knopf (wieder) annähen?
chapeau [ʃapo] *m* (*pl.* -x) Il fait trop chaud pour rester au soleil sans chapeau.	**Hut** *m* Es ist zu heiß, um ohne Hut in der Sonne zu bleiben.
chaussette [ʃosɛt] *f* Pour faire du ski, je mets de grosses chaussettes de laine.	**Socke** *f* Zum Skifahren ziehe ich dicke Wollsocken an.
chaussure [ʃosyr] *f* Enlève donc tes chaussures! Tu salis tout.	**Schuh** *m* Zieh doch deine Schuhe aus! Du machst alles schmutzig.
chemise [ʃəmiz] *f* Je me suis acheté une chemise d'été.	**Hemd** *n* Ich habe mir ein Sommerhemd gekauft.

corsage [kɔrsaʒ] *m* Elle avait mis un corsage assorti à sa jupe.	**Bluse** *f* Sie hatte eine zu ihrem Rock passende Bluse angezogen.
costume [kɔstym] *m* Il doit porter un costume pour aller travailler.	**Anzug** *m* Er muß einen Anzug tragen, wenn er zur Arbeit geht.
culotte [kylɔt] *f* Sur cette photo, je portais encore des culottes courtes.	**(kurze) Hose** *f* Auf diesem Foto trug ich noch kurze Hosen.
jupe [ʒyp] *f* Elle a déchiré sa jupe.	**Rock** *m* Sie hat ihren Rock zerrissen.
linge [lɛ̃ʒ] *m* Elle vient de s'acheter une machine à laver pour ne plus laver son linge à la main.	**Wäsche** *f* Sie hat sich eine Waschmaschine gekauft, um ihre Wäsche nicht mehr von Hand waschen zu müssen.
manteau [mɑ̃to] *m* (*pl.* -x) Enlevez donc votre manteau et venez vous asseoir.	**Mantel** *m* Ziehen Sie doch Ihren Mantel aus und setzen Sie sich.
mettre [mɛtrə] *v.* (*irr.* 22) Il pleut; mets ton imperméable. Elle a mis son chapeau de paille pour aller à la plage.	**anziehen; aufsetzen** Es regnet; zieh deinen Regenmantel an. Sie setzte ihren Strohhut auf, um an den Strand zu gehen.
pantalon [pɑ̃talɔ̃] *m* Son patron n'aime pas la voir en pantalon.	**(lange) Hose** *f* Ihr Chef sieht sie nicht gern in Hosen.
poche [pɔʃ] *f* Ce pantalon n'est pas pratique: il n'a pas de poches.	**Tasche** *f* Diese Hose ist nicht praktisch: sie hat keine Taschen.
pull(-over) [pyl(ɔvɛr)] *m* Finalement, elle a retiré son pull à cause de la chaleur.	**Pullover** *m*, **Pulli** *m* Schließlich hat sie wegen der Hitze ihren Pulli ausgezogen.
robe [rɔb] *f* Elle avait mis une jolie robe d'été.	**Kleid** *n* Sie hatte ein hübsches Sommerkleid angezogen.
tricot [triko] *m* N'oublie pas de prendre un tricot pour ce soir.	**Strickjacke** *f* Vergiß nicht, für heute abend eine Strickjacke mitzunehmen.

veste [vɛst] *f*	**Jacke** *f*
À la fin du repas, il a enlevé sa veste.	Am Ende des Essens zog er seine Jacke aus.
veston [vɛstõ] *m*	**Jacke** *f*
Il a fait une tache sur le veston de son costume.	Er machte einen Fleck in das Jackett seines Anzugs.
vêtements [vɛtmɑ̃] *m/pl.*	**Kleider** *pl.*, **Kleidung** *f*
Elle a ouvert un magasin de vêtements de sport.	Sie hat ein Geschäft für Sportkleidung eröffnet.

«2001–4000»

aller [ale] *v.* (*irr.* 1, être)	**stehen, passen**
Les pantalons lui vont très bien.	Hosen stehen ihr sehr gut.
Ton foulard ne va pas avec ta veste.	Dein Schal paßt nicht zu deiner Jacke.
anorak [anɔrak] *m*	**Anorak** *m*
Tu me prêtes ton anorak pour aller faire du ski?	Leihst du mir deinen Anorak, damit ich zum Skifahren kann?
bijou [biʒu] *m* (*pl.* -x)	**Schmuckstück** *n*
Elle ne porte jamais de bijoux.	Sie trägt niemals Schmuck.
blouse [bluz] *f*	**Kittel** *m*
Tu vas faire des taches sur ton pull; mets donc une blouse.	Du machst Flecken in deinen Pullover; zieh doch einen Kittel über.
bonnet [bɔnɛ] *m*	**Mütze** *f*
On va à la piscine; n'oublie pas ton bonnet de bain.	Wir gehen schwimmen; vergiß deine Bademütze nicht.
botte [bɔt] *f*	**Stiefel** *m*
Tu peux m'aider à retirer mes bottes?	Kannst du mir helfen, meine Stiefel auszuziehen?
casquette [kaskɛt] *f*	**(Schirm)Mütze** *f*
Il a oublié sa casquette au vestiaire.	Er hat seine Mütze in der Garderobe vergessen.
ceinture [sɛ̃tyr] *f*	**Gürtel** *m*
Je perds mon pantalon: j'ai besoin d'une ceinture.	Ich verliere meine Hose: ich brauche einen Gürtel.
se changer [səʃɑ̃ʒe] *v.* (-ge-)	**sich umziehen**
Je suis complètement trempé: je vais me changer tout de suite.	Ich bin völlig durchnäßt: ich ziehe mich gleich um.

chic [ʃik] *adj.* Elle est très chic avec sa nouvelle robe.	**schick** Sie sieht sehr schick aus in ihrem neuen Kleid.
collant [kɔlɑ̃] *m* Elle est très frileuse; même en éte, elle porte un collant.	**Strumpfhose** *f* Sie friert sehr leicht; sogar im Sommer trägt sie eine Strumpfhose.
collier [kɔlje] *m* Elle aime beaucoup les colliers de perles.	**Halskette** *f* Sie mag Perlenketten sehr.
coudre [kudrə] *v.* (*irr.* 8) On m'a fait cadeau d'une machine à coudre.	**nähen** Ich habe eine Nähmaschine geschenkt bekommen.
cravate [kravat] *f* Au bureau, il porte toujours une cravate.	**Krawatte** *f* Im Büro trägt er immer eine Krawatte.
(se) déshabiller [(sə)dezabije] *v.* Il est tard; déshabille les enfants pour les coucher.	**(sich) ausziehen** Es ist spät; zieh die Kinder aus, um sie ins Bett zu bringen.
élégant, -ante [elegɑ̃, -ɑ̃t] *adj.* Pour cette réception, il faut mettre une robe élégante.	**elegant** Für diesen Empfang muß man ein elegantes Kleid anziehen.
essayer [eseje] *v.* (-ay- *oder* -ai-) Je voudrais essayer le pantalon en vitrine.	**anprobieren** Ich möchte die Hose im Schaufenster anprobieren.
gant [gɑ̃] *m* Elle a ôté ses gants avant de me serrer la main.	**Handschuh** *m* Sie zog ihre Handschuhe aus, bevor sie mir die Hand gab.
s'habiller [sabije] *v.* Elle met une heure à s'habiller. Il est toujours bien habillé.	**sich anziehen** Sie braucht eine Stunde, um sich anzuziehen. Er ist immer gut angezogen.
habits [abi] *m/pl.* (*h muet*) J'ai sali mon manteau; tu as une brosse à habits?	**Kleider** *pl.* Ich habe meinen Mantel schmutzig gemacht; hast du eine Kleiderbürste?
imperméable [ɛ̃pɛrmeablə] *m* Tu pars en Bretagne? N'oublie pas ton imperméable.	**Regenmantel** *m* Du fährst in die Bretagne? Vergiß deinen Regenmantel nicht.

maillot de bain [majodbɛ̃] *m* Elle s'est acheté un maillot de bain deux pièces.	**Badeanzug** *m* Sie hat sich einen zweiteiligen Badeanzug gekauft.
manche [mɑ̃ʃ] *f* Elle a mis une robe d'été à manches courtes.	**Ärmel** *m* Sie hat ein Sommerkleid mit kurzen Ärmeln angezogen.
mode [mɔd] *f* Le rouge et le noir sont à la mode cette année.	**Mode** *f* Rot und Schwarz sind dieses Jahr in Mode.
nu, nue [ny] *adj.* Sur cette plage, il est interdit de se baigner nu.	**nackt** An diesem Strand ist es verboten, nackt zu baden.
pyjama [piʒama] *m* À cette heure-là, tu es toujours en pyjama!	**Schlafanzug** *m*, **Pyjama** *m* Um diese Zeit bist du noch im Schlafanzug!
short [ʃɔrt] *m* Elle fait du tennis en short.	**Shorts** *pl.*, **kurze Hose** *f* Sie spielt in Shorts Tennis.

1.2.3 ERNÄHRUNG

1.2.3.1 MAHLZEITEN, RESTAURANT

«1–2000»

addition [adisjõ] *f* Garçon! l'addition, s'il vous plaît.	**Rechnung** *f* (*im Restaurant*) Herr Ober, bitte zahlen!
assiette [asjɛt] *f* Ce n'est pas la peine de changer d'assiette.	**Teller** *m* Es ist nicht nötig, die Teller zu wechseln.
café [kafe] *m* On a rendez-vous au café à deux heures.	(*französisches*) **Café** *n*, **Wirtshaus** *n*, **Lokal** *n* Wir treffen uns um zwei Uhr im Café.
carte [kart] *f* Je ne sais pas quoi prendre; passe-moi la carte, s'il te plaît.	**(Speise)Karte** *f* Ich weiß nicht, was ich nehmen soll; reich mir bitte die Speisekarte.

commander [kɔmɑ̃de] *v.* Ils ont commandé deux menus à cinquante francs.	**bestellen** Sie haben zwei Menüs zu fünfzig Franc bestellt.
couteau [kuto] *m* (*pl.* -x) Ce couteau ne coupe pas.	**Messer** *n* Dieses Messer schneidet nicht.
cuiller [kɥijɛr] *f* Il manque deux cuillers à soupe.	**Löffel** *m* Es fehlen zwei Suppenlöffel.
déjeuner [deʒœne] *m* Le déjeuner est prêt.	**Mittagessen** *n* Das Mittagessen steht bereit.
dessert [desɛr] *m* Qu'est-ce que tu prends comme dessert?	**Nachtisch** *m* Was nimmst du zum Nachtisch?
dîner [dine] *m* Après le dîner, nous sommes allés au cinéma.	**Abendessen** *n* Nach dem Abendessen sind wir ins Kino gegangen.
faim [fɛ̃] *f* Nous avions faim: nous avons commencé à manger sans toi.	**Hunger** *m* Wir hatten Hunger: wir haben ohne dich zu essen angefangen.
fourchette [furʃɛt] *f* Au restaurant chinois, il a préféré manger avec une fourchette.	**Gabel** *f* Im chinesischen Restaurant hat er lieber mit einer Gabel gegessen.
garçon [garsõ] *m* C'est la troisième fois que je demande l'addition au garçon!	**Kellner** *m*, **Ober** *m* Zum dritten Mal verlange ich jetzt schon vom Kellner die Rechnung!
hors-d'œuvre [ɔrdœvrə] *m* (le -) Comme hors-d'œuvre, il y a du pâté ou des crudités.	**Vorspeise** *f* Als Vorspeise gibt es Pastete oder einen Rohkostteller.
manger [mɑ̃ʒe] *v.* (-ge-) Ils vont souvent manger au restaurant à midi.	**essen** Mittags gehen sie oft ins Restaurant essen.
menu [məny] *m* Je prends le menu à cinquante francs.	**Menü** *n* Ich nehme das Menü zu fünfzig Franc.
petit déjeuner [pətideʒœne] *m* On a pris le petit déjeuner au café du coin.	**Frühstück** *n* Wir haben im Café an der Ecke gefrühstückt.

plat [pla] *m* Son plat préféré, c'est les macaronis au gratin.	**Gericht** *n*, **Speise** *f* Sein Lieblingsgericht sind überbackene Makkaroni.
repas [rəpɑ] *m* Les heures de repas sont affichées à l'entrée.	**Mahlzeit** *f*, **Essen** *n* Die Essenszeiten sind am Eingang angeschlagen.
restaurant [rɛstɔrɑ̃] *m* Je ne veux pas manger dans un snack; allons plutôt au restaurant.	**Restaurant** *n*, **Gaststätte** *f* Ich will nicht in einer Schnellgaststätte essen; gehen wir lieber ins Restaurant.
service [sɛrvis] *m* Le service est mal fait ici.	**Bedienung** *f* Die Bedienung ist hier schlecht.
serviette (de table) [sɛrvjɛt(dətablə)] *f* Ici les serviettes de table sont en papier.	**Serviette** *f* Hier sind die Servietten aus Papier.
servir [sɛrvir] *v.* (*irr.* 35) Sur demande, le petit déjeuner est servi dans les chambres.	**bedienen; servieren, auftragen** Auf Wunsch wird das Frühstück in den Zimmern serviert.

«2001–4000»

appétit [apeti] *m* Ils ont mangé avec appétit.	**Appetit** *m* Sie aßen mit Appetit.
avaler [avale] *v.* Qu'est-ce que tu as? – Ce n'est rien, j'ai avalé de travers.	**schlucken** Was hast du? – Nichts, ich habe mich verschluckt.
bistro(t) [bistro] *m* Il joue aux cartes avec ses amis au bistro(t).	**Kneipe** *f* Er spielt mit seinen Freunden in der Kneipe Karten.
casserole [kasrɔl] *f* Le cuisinier fait ses sauces dans une casserole en cuivre.	**Kochtopf** *m* Der Koch macht seine Soßen in einem kupfernen Kochtopf.
compris, -ise [kõpri, -iz] *adj.* Le menu touristique est à cinquante francs, service compris.	**einschließlich, inbegriffen** Das Touristenmenü kostet fünfzig Franc einschließlich Bedienung.
couvercle [kuvɛrklə] *m* Mets un couvercle sur la casserole: ça ira plus vite.	**Deckel** *m* Tu einen Deckel auf den Topf: das geht schneller.

cuire [kɥir] *v.* (*irr.* 6) En vingt minutes, mon gâteau sera cuit. Cette viande est trop cuite.	**kochen, backen, braten** In zwanzig Minuten ist mein Kuchen gebacken. Dieses Fleisch ist zu sehr gebraten.
faire la cuisine [fɛrlakɥizin] Elle sait très bien faire la cuisine.	**kochen, das Essen (zu)bereiten** Sie kann sehr gut kochen.
déjeuner [deʒœne] *v.* D'habitude, nous déjeunons vers une heure.	**zu Mittag essen** Gewöhnlich essen wir gegen ein Uhr zu Mittag.
déjeuner [deʒœne] *v.* Ce matin, je n'ai pas eu le temps de déjeuner.	**frühstücken** Heute morgen hatte ich keine Zeit zu frühstücken.
dîner [dine] *v.* Pas besoin de faire la cuisine: on est invité à dîner.	**zu Abend essen** Wir brauchen nicht zu kochen: wir sind zum Abendessen eingeladen.
goûter [gute] *v.* Vous allez bien goûter de ma confiture de fraises?	**versuchen, kosten** Sie werden doch meine Erdbeermarmelade versuchen wollen?
pot [po] *m* Il a mangé tout le pot de confiture.	**Topf** *m* Er hat den ganzen Marmeladetopf ausgegessen.
préparer [prepare] *v.* Elle sait très bien préparer les tomates farcies.	**zubereiten** Sie kann sehr gut gefüllte Tomaten zubereiten.
régime [reʒim] *m* Elle suit un régime pour maigrir.	**Diät** *f* Sie hält Diät, um abzunehmen.
rôtir [rotir] *v.* Pour ce soir, on fera un poulet rôti.	**braten** Für heute abend machen wir ein Brathähnchen.
serveuse [sɛrvøz] *f* Demande à la serveuse d'apporter l'addition.	**Kellnerin** *f* Bitte die Kellnerin, die Rechnung zu bringen.
mettre la table [mɛtrəlatablə] Je vais vous aider à mettre la table.	**den Tisch decken** Ich helfe Ihnen, den Tisch zu decken.

faire la vaisselle [fɛrlavɛsɛl] — **das Geschirr spülen; abwaschen**

Il est très tard: on fera la vaisselle demain. — Es ist sehr spät: wir spülen das Geschirr morgen.

1.2.3.2 LEBENSMITTEL, SPEISEN

«1–2000»

beurre [bœr] *m*	**Butter** *f*
Beaucoup de gens remplacent le beurre par la margarine.	Viele Leute ersetzen Butter durch Margarine.
bifteck [biftɛk] *m*	**(Beef)Steak** *n*
Il aime manger son bifteck à point.	Er ißt sein Steak gern halb durchgebraten.
bœuf [bœf] *m*	**Rindfleisch** *n*
Les Français consomment plus de bœuf que de porc.	Die Franzosen verzehren mehr Rindfleisch als Schweinefleisch.
chocolat [ʃɔkɔla] *m*	**Schokolade** *f*; **Praline** *f*
Ne mange pas tant de chocolat: ça va te faire du mal.	Iß nicht so viel Schokolade: das wird dir schaden.
Il m'a offert une boîte de chocolats pour mon anniversaire.	Er hat mir zum Geburtstag eine Schachtel Pralinen geschenkt.
frites [frit] *f/pl.*	**Pommes frites** *pl.*
Il s'est acheté des frites au buffet de la gare.	Er hat sich in der Bahnhofsgaststätte Pommes frites gekauft.
fromage [frɔmaʒ] *m*	**Käse** *m*
Au menu à trente francs, tu as le choix entre fromage et dessert.	Beim Menü zu dreißig Franc hast du die Auswahl zwischen Käse und Nachtisch.
gâteau [gato] *m* (*pl.* -x)	**Kuchen** *m*, **Torte** *f*
Pour son anniversaire, je lui ai fait un gâteau au chocolat.	Zum Geburtstag habe ich ihm eine Schokoladentorte gebacken.
glace [glas] *f*	**Eis** *n*
Comme dessert, je prendrai une glace à la vanille.	Als Nachtisch nehme ich ein Vanilleeis.
jambon [ʒɑ̃bõ] *m*	**Schinken** *m*
J'ai pris deux sandwichs au jambon pour le voyage.	Ich habe für die Reise zwei Schinkenbrötchen genommen.

œuf [œf] *m* (*pl.* **œufs** [ø]) — **Ei** *n*
Chaque matin, il mange un œuf à la coque. — Jeden Morgen ißt er ein weiches Ei.

pain [pɛ̃] *m* — **Brot** *n*
Vous pouvez me passer le pain, s'il vous plaît? — Können Sie mir bitte das Brot rüberreichen?

poisson [pwasõ] *m* — **Fisch** *m*
Le marché aux poissons a lieu tous les vendredis. — Der Fischmarkt wird jeden Freitag abgehalten.

porc [pɔr] *m* — **Schweinefleisch** *n*
Les musulmans ne mangent pas de porc. — Die Mohammedaner essen kein Schweinefleisch.

poulet [pulɛ] *m* — **Hähnchen** *n*
Pour le pique-nique, il y aura du poulet rôti. — Zum Picknick gibt es Brathähnchen.

salade [salad] *f* — **Salat** *m*
Comme dessert, j'ai fait une salade de fruits. — Als Nachtisch habe ich einen Obstsalat gemacht.

sandwich [sɑ̃dwitʃ] *m* — **belegtes Brötchen** *n*, **Sandwich** *n*
J'ai préparé des sandwichs au fromage pour la route. — Für unterwegs habe ich Käsebrötchen zurechtgemacht.

sel [sɛl] *m* — **Salz** *n*
Tu as oublié de mettre du sel dans la soupe. — Du hast vergessen, Salz in die Suppe zu tun.

soupe [sup] *f* — **Suppe** *f*
La soupe aux poissons est une spécialité de la région. — Fischsuppe ist eine Spezialität dieser Gegend.

sucre [sykrə] *m* — **Zucker** *m*
Tu prends du sucre dans ton yaourt? — Nimmst du Zucker zu deinem Joghurt?

tranche [trɑ̃ʃ] *f* — **Scheibe** *f*
Pense à acheter quatre tranches de jambon pour ce soir. — Denk daran, für heute abend vier Scheiben Schinken zu kaufen.

viande [vjɑ̃d] *f* — **Fleisch** *n*
Ils ont l'habitude de manger de la viande tous les jours. — Sie sind es gewohnt, jeden Tag Fleisch zu essen.

«2001–4000»

alimentation [alimɑ̃tasjɔ̃] *f*	**Ernährung** *f*, **Nahrung** *f*, **Lebensmittel** *pl.*
Une alimentation équilibrée est importante pour la santé.	Eine ausgewogene Ernährung ist wichtig für die Gesundheit.
baguette [bagɛt] *f*	(*französisches*) **Stangenweißbrot** *n*, **Baguette** *f*
Achète deux baguettes pour le petit déjeuner.	Kauf zwei Baguettes zum Frühstück.
bonbon [bɔ̃bɔ̃] *m*	**Bonbon** *m, n*
Les caramels sont ses bonbons préférés.	Karamelbonbons sind seine Lieblingsbonbons.
côtelette [kotlɛt] *f*	**Kotelett** *n*
Donnez-moi une côtelett de porc.	Geben Sie mir ein Schweinekotelett.
crème [krɛm] *f*	**Sahne** *f*, **Rahm** *m*
Comme dessert, elle a fait des fraises à la crème.	Als Nachtisch hat sie Erdbeeren mit Sahne gemacht.
croissant [krwasɑ̃] *m*	**Hörnchen** *n*
Au petit déjeuner, il prend du café et des croissants.	Zum Frühstück nimmt er Kaffee und Hörnchen.
farine [farin] *f*	**Mehl** *n*
Pour faire la pâte, prenez 200 grammes de farine.	Nehmen Sie für den Teig 200 Gramm Mehl.
graisse [grɛs] *f*	**Fett** *n*
Les taches de graisse s'enlèvent à l'essence.	Fettflecken werden mit Benzin entfernt.
gras, grasse [grɑ, grɑs] *adj.*	**fett**
Je n'aime pas le jambon quand il est trop gras.	Ich mag Schinken nicht, wenn er zu fett ist.
mouton [mutɔ̃] *m*	**Hammelfleisch** *n*
Le mouton se mange rôti ou en ragoût.	Hammelfleisch ißt man gebraten oder als Ragout.
nourrir [nurir] *v.*	**ernähren**
Pour maigrir, elle se nourrit de viandes grillées et de salade.	Um abzunehmen, ernährt sie sich von gegrilltem Fleisch und Salat.
nourriture [nurityr] *f*	**Nahrung** *f*, **Kost** *f*, **Essen** *n*
Dans cet hôtel, la nourriture est saine et abondante.	In diesem Hotel ist die Kost gesund und reichlich.

omelette [ɔmlɛt] *f* Il a commandé une omelette au jambon.	**Omelett** *n* Er hat ein Schinkenomelett bestellt.
pâte [pɑt] *f* La pâte à pain se prépare à l'avance.	**Teig** *m* Der Brotteig wird im voraus zubereitet.
pâté [pɑte] *m* Comme hors-d'œuvre, il y a du pâté de foie.	**Pastete** *f* Als Vorspeise gibt es Leberpastete.
pâtes [pɑt] *f/pl.* Aujourd'hui, il a encore fait des pâtes à la sauce tomate.	**Teigwaren** *pl.* Heute hat er nochmal Teigwaren mit Tomatensoße gemacht.
poivre [pwavrə] *m* Il adore les steaks au poivre.	**Pfeffer** *m* Er ißt schrecklich gern Pfeffersteaks.
provisions [prɔvizjõ] *f/pl.* Le samedi, elle fait ses provisions pour la semaine.	**(Lebensmittel)Vorräte** *pl.*, **Proviant** *m* Samstags macht sie ihre Einkäufe für die Woche.
rôti [roti] *m* Il a repris une tranche de rôti de porc.	**Braten** *m* Er nahm noch einmal eine Scheibe Schweinebraten.
saucisson [sosisõ] *m* Il n'aime pas les sandwichs au saucisson.	**Wurst** *f* Er mag keine Wurstbrote.
yaourt [jaurt] *m* Elle n'aime que les yaourts aux fruits.	**Joghurt** *n, m* Sie mag nur Früchtejoghurt.

1.2.3.3 OBST UND GEMÜSE

«1–2000»

carotte [karɔt] *f* Comme hors-d'œuvre, j'ai fait des carottes râpées.	**Möhre** *f*, **Karotte** *f* Als Vorspeise habe ich geriebene Karotten gemacht.
cerise [səriz] *f* Il faudra bientôt cueillir les cerises; elles sont mûres.	**Kirsche** *f* Man muß bald die Kirschen pflücken; sie sind reif.
chou [ʃu] *m* (*pl.* -x) Elle nous a fait de la soupe aux choux.	**Kohl** *m* Sie hat uns Kohlsuppe gemacht.

confiture [kõfityr] *f* Elle sait bien faire la confiture de fraises.	**Marmelade** *f* Sie kann gut Erdbeermarmelade machen.
fruit [frɥi] *m* L'abricot est son fruit préféré.	**Frucht** *f* Die Aprikose ist seine Lieblingsfrucht.
fruits [frɥi] *m/pl.* Achète des fruits secs pour le voyage.	**Obst** *n* Kauf getrocknetes Obst für die Reise.
haricot [ariko] *m* (le -) Prends une boîte de haricots verts chez l'épicier.	**Bohne** *f* Nimm eine Dose grüne Bohnen beim Lebensmittelhändler.
légumes [legym] *m/pl.* Les légumes frais contiennent beaucoup de vitamines.	**Gemüse** *n* Frisches Gemüse enthält viele Vitamine.
orange [ɔrɑ̃ʒ] *f* Tous les matins, il boit un jus d'orange.	**Apfelsine** *f*, **Orange** *f* Jeden Morgen trinkt er einen Orangensaft.
petits pois [pətipwa] *m/pl.* Elle préfère les petits pois fins.	**grüne Erbsen** *f/pl.* Ihr sind die feinen grünen Erbsen lieber.
poire [pwar] *f* Tu nous fais une tarte aux poires?	**Birne** *f* Machst du uns eine Birnentorte?
pomme [pɔm] *f* J'ai acheté du jus de pommes pour les enfants.	**Apfel** *m* Ich habe für die Kinder Apfelsaft gekauft.
pomme de terre [pɔmdətɛr] *f* Venez m'aider à éplucher les pommes de terre.	**Kartoffel** *f* Kommt und helft mir, die Kartoffeln zu schälen.
raisin [rɛzɛ̃] *m* Je préfère le raisin noir au raisin blanc.	**(Wein)Trauben** *f/pl.* Ich mag lieber blaue Trauben als grüne.
riz [ri] *m* En France, on cultive le riz en Camargue.	**Reis** *m* In Frankreich wird in der Camargue Reis angebaut.
tomate [tɔmat] *f* Tu aimes la salade de tomates?	**Tomate** *f* Magst du Tomatensalat?

«2001–4000»

abricot [abriko] *m* À partir de juin, on trouve des abricots sur les marchés.	**Aprikose** *f* Ab Juni findet man auf den Märkten Aprikosen.
acide [asid] *adj.* Ce fruit est trop vert; il est acide.	**sauer** Diese Frucht ist nicht reif genug; sie ist sauer.
amer, -ère [amɛr] *adj.* Ces amandes sont amères.	**bitter** Diese Mandeln sind bitter.
banane [banan] *f* Je voudrais un lait à la banane, s'il vous plaît.	**Banane** *f* Ich möchte eine Bananenmilch bitte.
citron [sitrõ] *m* (!) Elle fait la sauce de la salade au jus de citron.	**Zitrone** *f* Sie macht die Salatsoße mit Zitronensaft.
compote [kõpɔt] *f* Comme dessert, il y a de la compote de pommes.	**Kompott** *n* Zum Nachtisch gibt es Apfelkompott.
cru, crue [kry] *adj.* Les légumes et les fruits crus ont plus de vitamines.	**roh** Rohes Gemüse und Obst haben mehr Vitamine.
cuit, cuite [kɥi, kɥit] *adj.* Encore cinq minutes et les pommes de terre seront cuites.	**gekocht, gar** Noch fünf Minuten und die Kartoffeln sind gekocht.
fraise [frɛz] *f* Je voudrais une glace à la fraise, s'il vous plaît.	**Erdbeere** *f* Ich möchte ein Erdbeereis bitte.
melon [məlõ] *m* (!) Choisis un melon mûr.	**Melone** *f* Such eine reife Melone aus.
mûr, mûre [myr] *adj.* Les fruits mûrs ont plus de goût.	**reif** Die reifen Früchte schmecken besser.
pêche [pɛʃ] *f* Il aime les pêches à chair jaune.	**Pfirsich** *m* Er mag Pfirsiche mit gelbem Fruchtfleisch.
prune [pryn] *f* En Alsace, on fait de l'eau-de-vie de prune.	**Pflaume** *f* Im Elsaß macht man Pflaumenschnaps.
sucré, -e [sykre] *adj.* Les abricots et les pêches sont des fruits sucrés.	**süß** Aprikosen und Pfirsiche sind süße Früchte.

1.2.3.4 TRINKEN, RAUCHEN

«1–2000»

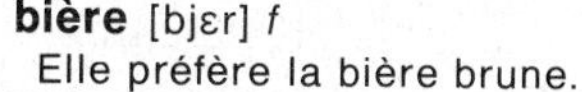

bière [bjɛr] *f* Elle préfère la bière brune.	**Bier** *n* Sie mag dunkles Bier lieber.
boire [bwar] *v.* (*irr.* 5) Ne bois pas tant de bière: ça fait grossir.	**trinken** Trink nicht so viel Bier: das macht dick.
bouteille [butɛj] *f* J'ai pris deux bouteilles de vin pour le pique-nique.	**Flasche** *f* Ich habe zwei Flaschen Wein für das Picknick genommen.
café [kafe] *m* Garçon, un café au lait, s'il vous plaît!	**Kaffee** *m* Herr Ober, einen Milchkaffee bitte!
cigarette [sigarɛt] *f* Il fume des cigarettes à bout filtre.	**Zigarette** *f* Er raucht Filterzigaretten.
eau minérale [omineral] *f* Il faudra prendre une bouteille d'eau minérale.	**Mineralwasser** *n* Wir müssen eine Flasche Mineralwasser nehmen.
fumer [fyme] *v.* Il s'est arrêté de fumer il y a un mois.	**rauchen** Er hat vor einem Monat mit Rauchen aufgehört.
jus [ʒy] *m* Quel est ton jus de fruit préféré? – Le jus de tomate.	**Saft** *m* Welches ist dein bevorzugter Fruchtsaft? – Tomatensaft.
lait [lɛ] *m* Par cette chaleur, le lait a tourné.	**Milch** *f* Bei dieser Hitze ist die Milch sauer geworden.
soif [swaf] *f* Si vous avez soif, servez-vous!	**Durst** *m* Wenn Sie Durst haben, bedienen Sie sich!
tabac [taba] *m* Il s'achète du tabac pour rouler ses cigarettes.	**Tabak** *m* Er kauft sich Tabak, um sich seine Zigaretten zu drehen.
tasse [tas] *f* Elle m'a encore cassé une tasse à café. Il m'a offert une tasse de thé à mon arrivée.	**Tasse** *f* Sie hat mir wieder eine Kaffeetasse zerbrochen. Er hat mir bei meiner Ankunft eine Tasse Tee angeboten.

thé [te] *m*	**(schwarzer) Tee** *m*
Au petit déjeuner, elle prend du thé.	Zum Frühstück trinkt sie Tee.
verre [vɛr] *m*	**Glas** *n*
Donnez-moi un verre d'eau, s'il vous plaît.	Geben Sie mir ein Glas Wasser bitte.
vin [vɛ̃] *m*	**Wein** *m*
Le beaujolais est un vin rouge réputé.	Der Beaujolais ist ein berühmter Rotwein.

«2001–4000»

alcool [alkɔl] *m*	**Alkohol** *m*
Depuis son accident de voiture, il ne boit plus d'alcool.	Seit seinem Autounfall trinkt er keinen Alkohol mehr.
boisson [bwasõ] *f*	**Getränk** *n*
Qu'est-ce que vous prenez comme boisson?	Was möchten Sie trinken?
bol [bɔl] *m*	**(Trink)Schale** *f*
Au petit déjeuner, il boit un grand bol de café.	Zum Frühstück trinkt er eine große Schale Kaffee.
bouchon [buʃõ] *m*	**Korken** *m*, **Pfropfen** *m*
Cette bouteille a un bouchon en plastique.	Diese Flasche hat einen Pfropfen aus Kunststoff.
cendrier [sɑ̃drije] *m*	**Aschenbecher** *m*
Tu peux me passer le cendrier, s'il te plaît?	Kannst du mir bitte den Aschenbecher rüberreichen?
chocolat [ʃɔkɔla] *m*	**Kakao** *m*, **Schokolade** *f*
Garçon, deux chocolats chauds, s'il vous plaît!	Herr Ober, zwei Kakao bitte!
ivre [ivrə] *adj.*	**betrunken**
Trois bières, ça suffit: tu es déjà à moitié ivre!	Drei Bier, das genügt: du bist schon halb betrunken!
limonade [limɔnad] *f*	**Limonade** *f*
La limonade est une boisson gazeuse.	Limonade ist ein mit Kohlensäure versetztes Getränk.
ouvre-bouteilles [uvrəbutɛj] *m*	**Flaschenöffner** *m*
Pense à emmener un ouvre-bouteilles pour notre pique-nique.	Denk daran, einen Flaschenöffner für unser Picknick mitzunehmen.

pipe [pip] *f* Il préfère fumer la pipe.	**Pfeife** *f* Er raucht lieber Pfeife.
rosé [roze] *m* Le rosé est plus léger que le vin rouge.	**Rosé(wein)** *m* Rosé ist leichter als Rotwein.
tire-bouchon [tirbuʃõ] *m* Va chercher un tire-bouchon à la cuisine.	**Korkenzieher** *m* Hol einen Korkenzieher in der Küche.
verser [vɛrse] *v.* Verse-moi encore un peu de vin, s'il te plaît.	**eingießen, einschenken** Schenk mir bitte noch etwas Wein ein.

1.2.4 SCHULE UND AUSBILDUNG

(Siehe auch LERNEN UND WISSEN 1.1.2.9)

1.2.4.1 ALLGEMEINES

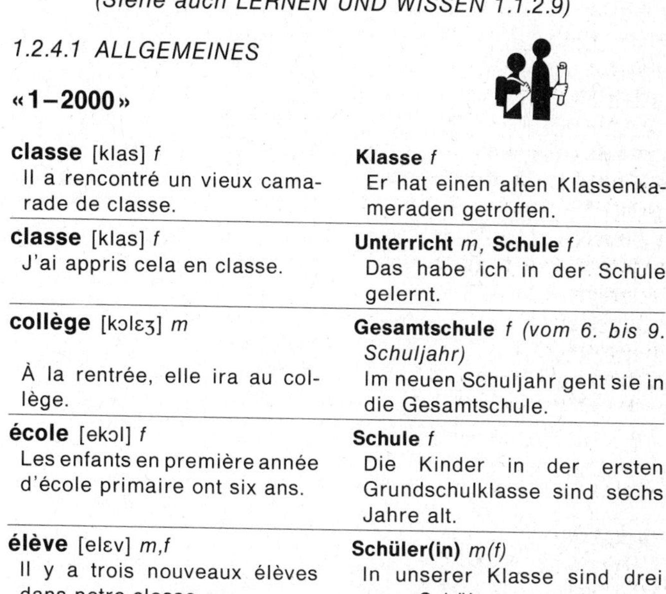

«1–2000»

classe [klas] *f* Il a rencontré un vieux camarade de classe.	**Klasse** *f* Er hat einen alten Klassenkameraden getroffen.
classe [klas] *f* J'ai appris cela en classe.	**Unterricht** *m*, **Schule** *f* Das habe ich in der Schule gelernt.
collège [kɔlɛʒ] *m* À la rentrée, elle ira au collège.	**Gesamtschule** *f (vom 6. bis 9. Schuljahr)* Im neuen Schuljahr geht sie in die Gesamtschule.
école [ekɔl] *f* Les enfants en première année d'école primaire ont six ans.	**Schule** *f* Die Kinder in der ersten Grundschulklasse sind sechs Jahre alt.
élève [elɛv] *m,f* Il y a trois nouveaux élèves dans notre classe.	**Schüler(in)** *m(f)* In unserer Klasse sind drei neue Schüler.
enseignement [ɑ̃sɛɲmɑ̃] *m* L'enseignement primaire est donné dans des écoles mixtes. L'enseignement public est contrôlé par l'État.	**Unterricht** *m*; **Schulwesen** *n* Der Grundschulunterricht wird an Schulen für Jungen und Mädchen erteilt. Das öffentliche Schulwesen wird vom Staat kontrolliert.

études [etyd] *f/pl.*
Il a fait ses études à Paris.

Studium *n*
Er hat in Paris studiert.

étudiant, -ante [etydjɑ̃, -ɑ̃t] *m,f*
Elle est étudiante en pharmacie.

Student(in) *m(f)*
Sie ist Pharmaziestudentin.

étudier [etydje] *v.*
Au lycée, il a étudié l'italien.

studieren, lernen
Auf dem Gymnasium hat er Italienisch gelernt.

formation [fɔrmasjõ] *f*
Grâce à sa formation, il a facilement trouvé du travail.

Ausbildung *f*
Dank seiner Ausbildung hat er leicht Arbeit gefunden.

lycée [lise] *m*
En France, au bout de trois ans de lycée, les élèves passent le bac.

Gymnasium *n*
In Frankreich machen die Schüler nach drei Jahren Gymnasium das Abitur.

professeur [prɔfɛsœr] *m*
Elle est professeur d'anglais dans un lycée.

(Gymnasial)Lehrer(in) *m(f)*, **Studienrat, -rätin** *m,f*
Sie ist Englischlehrerin an einem Gymnasium.

professeur [prɔfɛsœr] *m*
Ce chirurgien est un ancien élève du célèbre professeur Chardin.

Professor *m*
Dieser Chirurg ist ein ehemaliger Schüler des berühmten Professors Chardin.

scolaire [skɔlɛr] *adj.*
L'année scolaire commence ici en septembre.

Schul...
Das Schuljahr beginnt hier im September.

stage [staʒ] *m*
Pendant les vacances, il a fait un stage à l'étranger.

Praktikum *n*
Während der Ferien machte er ein Praktikum im Ausland.

université [ynivɛrsite] *f*
Elle a obtenu une bourse pour faire des études dans une université américaine.

Universität *f*
Sie hat ein Stipendium erhalten, um an einer amerikanischen Universität zu studieren.

vacances [vakɑ̃s] *f/pl.*
Beaucoup d'étudiants travaillent pendant les vacances.

Ferien *pl.*
Viele Studenten arbeiten während der Ferien.

«2001–4000»

apprenti, -e [aprɑ̃ti] *m,f*
Il est apprenti boulanger.

Lehrling *m*, **Auszubildende(r)** *f(m)*
Er ist Bäckerlehrling.

apprentissage [aprɑ̃tisaʒ] *m* Elle a mis sa fille en apprentissage chez un coiffeur.	**Lehre** *f* Sie hat ihre Tochter zu einem Friseur in die Lehre gegeben.
bourse [burs] *f* Le montant des bourses varie selon les ressources familiales.	**Stipendium** *n* Die Höhe der Stipendien ist je nach den Familieneinkünften verschieden.
cartable [kartablə] *m* Les écoliers rangent leurs affaires dans un cartable.	**Schultasche** *f*, **Schulmappe** *f* Die Schüler verstauen ihre Sachen in einer Schultasche.
culture [kyltyr] *f* On continue d'accorder de l'importance à une bonne culture générale.	**Bildung** *f*; **Kultur** *f* Man legt weiterhin Wert auf eine gute Allgemeinbildung.
débutant, -ante [debytɑ̃, -ɑ̃t] *m,f* Il a mis du temps à faire cette réparation, car c'est un débutant.	**Anfänger(in)** *m(f)* Er hat Zeit gebraucht, um diese Reparatur auszuführen, denn er ist ein Anfänger.
école primaire [ekɔlprimɛr] *f* L'enseignement pratiqué à l'école primaire dure cinq ans.	**Grundschule** *f* Der Unterricht an der Grundschule dauert fünf Jahre.
écolier, -ière [ekɔlje, -jɛr] *m,f* C'est une bonne écolière: elle fait ses devoirs toute seule.	**Schüler(in)** *m(f)* Sie ist eine gute Schülerin: sie macht ihre Aufgaben ganz allein.
éducation [edykasjõ] *f* Le Ministère de l'éducation nationale propose une réforme de l'enseignement.	**Erziehung** *f* Das Erziehungsministerium schlägt eine Reform des Schulwesens vor.
enseigner [ɑ̃sɛɲe] *v.* Elle enseigne l'allemand aux élèves de terminale.	**unterrichten, lehren** Sie unterrichtet die Schüler der Abiturklasse in Deutsch.
instituteur, -trice [ɛ̃stitytœr, -tris] *m,f* À la campagne, on manque d'instituteurs.	**(Volksschul)Lehrer(in)** *m(f)* Auf dem Land fehlt es an Lehrern.
lycéen, -enne [liseɛ̃, -ɛn] *m,f* Les lycéens français passent leur bac au mois de juin.	**Gymnasiast(in)** *m(f)* Die französischen Gymnasiasten machen ihr Abitur im Juni.

prof [prɔf] *m,f* (*Schülersprache*) Qu'est-ce que tu penses de Madame Charrain? – C'est une bonne prof.	**Lehrer(in)** *m*(*f*) Was hältst du von Frau Charrain? – Sie ist eine gute Lehrerin.
récréation [rekreasjõ] *f* Les élèves jouent dans la cour pendant la récréation.	**Pause** *f* Die Schüler spielen während der Pause im Hof.
rentrée [rɑ̃tre] *f* La rentrée des classes a lieu en septembre.	**Schulanfang** *m*, **-beginn** *m* (*nach den Ferien*) Die Schule fängt im September wieder an.
salle de classe [saldəklas] *f* Pour quarante élèves, la salle de classe est trop petite.	**Klassenzimmer** *n* Für vierzig Schüler ist das Klassenzimmer zu klein.

1.2.4.2 UNTERRICHT UND PRÜFUNGEN

«1–2000»

bac [bak] *m* (*Schülersprache*) Il passera le bac en juin.	**Abi(tur)** *n* Er macht im Juni Abitur.
baccalauréat [bakalɔrea] *m* Pour s'inscrire à l'université, il faut avoir le baccalauréat.	**Abitur** *n*, **Reifeprüfung** *f* Um sich an der Universität zu immatrikulieren, muß man das Abitur haben.
cahier [kaje] *m* Il a oublié son cahier d'exercices.	**Heft** *n* Er hat sein Übungsheft vergessen.
concours [kõkur] *m* Beaucoup de fonctionnaires sont recrutés par concours.	**Wettbewerb** *m* Viele Beamte werden aufgrund eines Wettbewerbs eingestellt.
cours [kur] *m* Pour financer ses études, il donne des cours de mathématiques. Pendant les vacances, je vais faire un cours de français intensif.	**(Unterrichts)Stunde** *f*; **Kurs** *m* Um sein Studium zu finanzieren, gibt er Mathematikstunden. Während der Ferien werde ich einen Intensivkurs in Französisch machen.
devoir [dəvwar] *m* J'ai encore beaucoup de devoirs à faire.	**Hausaufgabe** *f* Ich muß noch viele Hausaufgaben machen.

emploi du temps [ɑ̃plwadytɑ̃] *m*	**Stundenplan** *m*
Les candidats à l'examen ont un emploi du temps très chargé.	Die Examenskandidaten haben einen sehr vollen Stundenplan.
examen [ɛgzamɛ̃] *m*	**Prüfung** *f*, **Examen** *n*
Elle prépare un examen pour entrer dans une école d'infirmières.	Sie bereitet sich auf die Aufnahmeprüfung für eine Schwesternschule vor.
exercice [ɛgzɛrsis] *m* (!)	**Übung** *f*
Aujourd'hui, on a fait des exercices de grammaire.	Heute haben wir Grammatikübungen gemacht.
géographie [ʒeografi] *f*	**Erdkunde** *f*
On vient de faire la Chine en géographie.	In Erdkunde haben wir soeben China durchgenommen.
histoire [istwar] *f* (l'-)	**Geschichte** *f*
Grâce à sa bonne mémoire, il est très bon en histoire.	Dank seines guten Gedächtnisses ist er sehr gut in Geschichte.
langue étrangère [lɑ̃getrɑ̃ʒɛr] *f*	**Fremdsprache** *f*
En général, au lycée, on apprend deux langues étrangères.	Im allgemeinen lernt man auf dem Gymnasium zwei Fremdsprachen.
leçon [ləsõ] *f*	**(Unterrichts)Stunde** *f*; **Lektion** *f*
Il prend des leçons particulières en mathématiques.	Er nimmt Nachhilfestunden in Mathematik.
livre de classe [livrədəklas] *m*	**Schulbuch** *n*
Il a acheté ses livres de classe d'occasion.	Er hat seine Schulbücher antiquarisch gekauft.
mathématiques [matematik] *f/pl.*	**Mathematik** *f*
Il a de mauvaises notes en mathématiques.	Er hat schlechte Noten in Mathematik.
maths [mat] *f/pl.* (*Schülersprache*)	**Mathe** *f*
Je n'ai rien compris aux explications du prof de maths.	Ich habe von den Erklärungen des Mathelehrers nichts mitgekriegt.
matière [matjɛr] *f*	**Fach** *n*
La chimie est sa matière préférée.	Chemie ist sein Lieblingsfach.

note [nɔt] *f* — **Note** *f*, **Zensur** *f*
Il a eu la meilleure note de la classe en latin. — Er hat in Latein die beste Note der Klasse gekriegt.

passer [pase] *v.* — **machen, ablegen** (*Prüfung*)
Il a passé l'examen deux fois avant de réussir. — Er hat die Prüfung zweimal gemacht, ehe er bestand.

physique [fizik] *f* — **Physik** *f*
Il enseigne la physique nucléaire à l'université de Paris. — Er lehrt Kernphysik an der Universität Paris.

réussir (à) [reysir] *v.* — **bestehen** (*Prüfung*)
Tu viens de réussir au bac (F: réussir ton bac). Félicitations! — Du hast soeben das Abi(tur) bestanden. Gratuliere!

traduction [tradyksjõ] *f* — **Übersetzung** *f*
J'ai fait ma traduction sans dictionnaire. — Ich habe meine Übersetzung ohne Wörterbuch gemacht.

«2001–4000»

brevet [brəvɛ] *m* — **mittlere Reife** *f*
Les élèves de troisième passent le brevet. — Die Schüler der „Troisième" (= *4. Schuljahr eines „Collège" oder „Lycée"*) machen die mittlere Reife.

calcul [kalkyl] *m* — **Rechnen** *n*
À l'école primaire, j'étais fort en calcul mental. — Auf der Grundschule war ich gut im Kopfrechnen.

certificat [sɛrtifika] *m* — **Abschlußzeugnis** *n*
Les apprentis préparent le C.A.P. (= certificat d'aptitude professionnelle) en trois ans. — Die Auszubildenden bereiten sich in drei Jahren auf die Lehrabschlußprüfung vor.

chimie [ʃimi] *f* — **Chemie** *f*
Il a fait des progrès en chimie. — Er hat in Chemie Fortschritte gemacht.

composition [kõpozisjõ] *f* — **Klassenarbeit** *f*
Demain on a composition de physique. — Morgen machen wir eine Klassenarbeit in Physik.

corriger [kɔriʒe] *v.* (-ge-) — **korrigieren, verbessern**
Le nouveau professeur d'anglais corrige toujours notre prononciation. — Der neue Englischlehrer korrigiert immer unsere Aussprache.

dictée [dikte] *f* J'ai fait cinq fautes dans ma dictée.	**Diktat** *n* Ich habe fünf Fehler in meinem Diktat gemacht.
dictionnaire [diksjɔnɛr] *m* Pour faire cette traduction, tu as besoin d'un dictionnaire.	**Wörterbuch** *n* Um diese Übersetzung zu machen, brauchst du ein Wörterbuch.
diplôme [diplom] *m* Il a mis six ans pour obtenir son diplôme d'ingénieur.	**Diplom** *n* Er hat sechs Jahre gebraucht, um sein Ingenieurdiplom zu erhalten.
éducation physique [edykasjõfizik] *f* Les élèves ont trois heures d'éducation physique par semaine.	**Leibeserziehung** *f*, **Turnen** *n* Die Schüler haben drei Stunden Turnen in der Woche.
épreuve [eprœv] *f* Les épreuves écrites comportent une dictée.	**Prüfung(sarbeit)** *f*, **(Teil)Prüfung** *f* Der schriftliche Teil der Prüfung umfaßt ein Diktat.
facultatif, -ive [fakyltatif, -iv] *adj.* Au lycée, la troisième langue est facultative.	**wahlfrei** Auf dem Gymnasium ist die dritte Sprache Wahlfach.
faute [fot] *f* Corrigez d'abord vos fautes d'orthographe.	**Fehler** *m* Verbessert zuerst eure Rechtschreibfehler.
gymnastique [ʒimnastik] *f* Il a participé avec succès au concours de gymnastique.	**Gymnastik** *f*, **Turnen** *n* Er hat mit Erfolg am Turnwettbewerb teilgenommen.
instruction civique [ɛ̃stryksjõsivik] *f* En instruction civique, on a étudié la constitution de la Cinquième République.	**Staatsbürgerkunde** *f* In Staatsbürgerkunde haben wir die Verfassung der Fünften Republik durchgenommen.
latin [latɛ̃] *m* Il a raté l'épreuve de latin au bac.	**Latein** *n* Er ist bei der Lateinprüfung im Abitur durchgefallen.
obligatoire [ɔbligatwar] *adj.* La première langue vivante est une matière obligatoire.	**obligatorisch, Pflicht...** Die erste lebende Sprache ist Pflichtfach.

oral [ɔral] *m* — **Mündliche(s)** *n*
En anglais, il est meilleur à l'oral qu'à l'écrit. — Im Englischen ist er im Mündlichen besser als im Schriftlichen.

redoubler [rəduble] *v.* — **sitzenbleiben, wiederholen**
Il a redoublé sa troisième. — Er hat die „Troisième" wiederholt.

sciences naturelles [sjɑ̃snatyrɛl] *f/pl.* — **Biologie** *f* (*als Schulfach*)
Il est bon en sciences naturelles. — Er ist gut in Biologie.

sujet [syʒɛ] *m* — **Thema** *n*
Pour la dissertation du bac, il a choisi le deuxième sujet. — Beim Abituraufsatz hat er das zweite Thema gewählt.

tableau [tablo] *m* (*pl.* -x) — **Tafel** *f*
Le professeur a écrit les noms au tableau. — Der Lehrer hat die Namen an die Tafel geschrieben.

traduire [tradɥir] *v.* (*irr.* 6) — **übersetzen**
Évitez de traduire ce texte mot à mot. — Vermeiden Sie es, diesen Text Wort für Wort zu übersetzen.

1.2.5 ARBEITSWELT

«1–2000»

bureau [byro] *m* (*pl.* -x) — **Büro** *n*
Tu peux me téléphoner au bureau jusqu'à cinq heures. — Du kannst mich bis fünf (Uhr) im Büro anrufen.

bureau [byro] *m* (*pl.* -x) — **Schreibtisch** *m*
Il reste encore des timbres dans le tiroir du bureau. — Es sind noch Briefmarken in der Schreibtischschublade.

chômage [ʃomaʒ] *m* — **Arbeitslosigkeit** *f*
Il est au chômage depuis six mois. — Er ist seit einem halben Jahr arbeitslos.

congé [kɔ̃ʒe] *m* — **Urlaub** *m*
On a maintenant généralisé les cinq semaines de congés payés annuels. — Man hat jetzt allgemein fünf Wochen bezahlten Jahresurlaub eingeführt.

employé, -e [ɑ̃plwaje] *m,f* — **Angestellte(r)** *f*(*m*)
Son fils est employé à la S.N.C.F. — Sein Sohn ist Angestellter bei der (französischen) Bahn.

grève [grɛv] *f*
Les postiers font grève depuis huit jours.

Streik *m*
Die Postbeamten streiken seit acht Tagen.

---

ouvrier, -ière [uvrije, -jɛr] *m,f*
Beaucoup d'ouvriers travaillent à la chaîne.

Arbeiter(in) *m(f)*
Viele Arbeiter sind am Fließband beschäftigt.

---

patron [patrõ] *m*
Le patron est là? Je voudrais lui parler.
Les patrons ont refusé les revendications salariales des syndicats.

Chef *m*; **Arbeitgeber** *m*
Ist der Chef da? Ich möchte ihn sprechen.
Die Arbeitgeber haben die Lohnforderungen der Gewerkschaften abgelehnt.

---

patronne [patrɔn] *f*
La patronne de l'hôtel s'occupe des réservations.

Chefin *f*
Die Chefin des Hotels befaßt sich mit den Reservierungen.

---

place [plas] *f*
Il a trouvé une place mieux payée.

Stelle *f*, **Arbeitsplatz** *m*
Er hat eine besser bezahlte Stelle gefunden.

---

salaire [salɛr] *m*
Les employés réclament une augmentation de salaire.

Gehalt *n*, **Lohn** *m*
Die Angestellten verlangen eine Gehaltserhöhung.

---

syndicat [sɛ̃dika] *m*
Le syndicat a lancé un ordre de grève pour lundi.

Gewerkschaft *f*
Die Gewerkschaft hat für Montag zum Streik aufgerufen.

---

travail [travaj] *m* (*pl.* **travaux** [travo])
Il a mis une annonce dans le journal pour trouver du travail.

Arbeit *f*
Er hat in der Zeitung inseriert, um Arbeit zu finden.

---

travailler [travaje] *v.*
Vous travaillez? – Non, je suis étudiant.
Elle travaille dans les assurances.

arbeiten, berufstätig sein
Sind Sie berufstätig? – Nein, ich bin Student.
Sie arbeitet im Versicherungswesen.

---

travailleur, -euse [travajœr, -øz] *m,f*
L'industrie automobile emploie beaucoup de travailleurs étrangers.

Arbeiter(in) *m(f)*
Die Autoindustrie beschäftigt viele Gastarbeiter.

---

usine [yzin] *f*
Le travail en usine est très fatigant.

Fabrik *f*
Fabrikarbeit ist sehr anstrengend.

«2001–4000»

atelier [atəlje] *m* Il travaille chez Renault à l'atelier de montage.	**Werkstatt** *f* Er arbeitet bei Renault in der Montagehalle.
cadre [kadrə] *m* Les cadres n'ont pas suivi l'ordre de grève.	**Angestellter** *m* **(mit Weisungsbefugnis)** Die Angestellten sind dem Streikaufruf nicht gefolgt.
candidat [kɑ̃dida] *m* Les candidats doivent venir se présenter lundi à huit heures.	**Bewerber** *m* Die Bewerber müssen sich am Montag um acht (Uhr) vorstellen.
chômeur [ʃomœr] *m* Les chômeurs de plus de cinquante ans retrouvent difficilement du travail.	**Arbeitsloser** *m* Die Arbeitslosen über fünfzig (Jahre) finden schwer wieder Arbeit.
emploi [ɑ̃plwa] *m* Il a trouvé un emploi comme cuisinier. Le gouvernement a présenté sa nouvelle politique de l'emploi.	**Beschäftigung** *f*, **Stelle** *f* Er hat eine Stelle als Koch gefunden. Die Regierung hat ihre neue Beschäftigungspolitik dargelegt.
fatigant, -ante [fatigɑ̃, -ɑ̃t] *adj.* La cueillette des fruits est un travail fatigant.	**anstrengend, ermüdend** Obstpflücken ist eine anstrengende Arbeit.
fonction [fɔ̃ksjɔ̃] *f* Le nouveau directeur prendra ses fonctions le premier mai.	**Funktion** *f*, **Amt** *n*, **Tätigkeit** *f* Der neue Direktor wird sein Amt am ersten Mai antreten.
licencier [lisɑ̃sje] *v.* L'usine va fermer: tous les ouvriers vont être licenciés.	**kündigen, entlassen** Die Fabrik schließt: alle Arbeiter werden entlassen.
nommer [nɔme] *v.* Il vient d'être nommé directeur des ventes.	**ernennen** Er ist gerade zum Verkaufsleiter ernannt worden.
organiser [ɔrganize] *v.* On organise des cours d'anglais pour les employés de banque.	**organisieren, veranstalten** Es werden Englischkurse für die Bankangestellten veranstaltet.

paye [pɛj] *f*
Il envoie une partie de sa paye à sa famille en Turquie.

Lohn *m*
Er schickt einen Teil seines Lohns seiner Familie in der Türkei.

---

personnel [pɛrsɔnɛl] *m*
Le chef du personnel lui a accordé une augmentation.

Personal *n*, **Belegschaft** *f*
Der Personalchef hat ihm eine Gehaltserhöhung bewilligt.

---

poste [pɔst] *m*
Il a été nommé à un nouveau poste à l'étranger.

Posten *m*, **Stelle** *f*
Er ist für einen neuen Posten im Ausland nominiert worden.

---

qualifié, -e [kalifje] *adj.*
Il n'est pas qualifié pour cet emploi.

geeignet, qualifiziert
Er ist für diese Stelle nicht geeignet.

1.2.6 WIRTSCHAFTSLEBEN

1.2.6.1 ALLGEMEINES

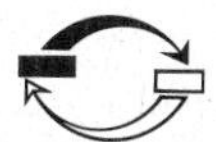

«1–2000»

article [artiklə] *m*
Ce magasin vend des articles de sport.

Artikel *m*
Dieses Geschäft verkauft Sportartikel.

---

commerce [kɔmɛrs] *m*
Cet article n'est plus dans le commerce.

Handel *m*
Dieser Artikel ist nicht mehr im Handel.

---

consommation [kõsɔmasjõ] *f*
Notre système économique est basé sur la société de consommation.

Verbrauch *m*, **Konsum** *m*
Unser Wirtschaftssystem beruht auf der Konsumgesellschaft.

---

directeur [dirɛktœr] *m*
Le directeur commercial s'occupe des problèmes de vente.

Direktor *m*, **Leiter** *m*
Der kaufmännische Direktor befaßt sich mit den Fragen des Vertriebs.

économie [ekɔnɔmi] *f*
L'agriculture est le point faible de l'économie européenne.

Wirtschaft *f*
Die Landwirtschaft ist der schwache Punkt der europäischen Wirtschaft.

économique [ekɔnɔmik] *adj.*
L'inflation a provoqué une crise économique.

wirtschaftlich, Wirtschafts...
Die Inflation hat eine Wirtschaftskrise hervorgerufen.

entreprise [ɑ̃trəpriz] *f*	**Unternehmen** *n*, **Betrieb** *m*
Les petites et moyennes entreprises protestent contre ces mesures.	Die kleinen und mittleren Unternehmen protestieren gegen diese Maßnahmen.
exportation [ɛkspɔrtasjõ] *f*	**Export** *m*, **Ausfuhr** *f*
Le volume des exportations a diminué.	Das Exportvolumen ist zurückgegangen.
exporter [ɛkspɔrte] *v.*	**exportieren, ausführen**
Les pays arabes exportent beaucoup de pétrole.	Die arabischen Länder exportieren viel Erdöl.
importation [ɛ̃pɔrtasjõ] *f*	**Import** *m*, **Einfuhr** *f*
L'importation de produits japonais en France vient d'être limitée.	Die Einfuhr japanischer Erzeugnisse nach Frankreich ist begrenzt worden.
importer [ɛ̃pɔrte] *v.*	**importieren, einführen**
Ce pays industriel importe toutes ses matières premières.	Dieses Industrieland führt alle seine Rohstoffe ein.
production [prɔdyksjõ] *f*	**Produktion** *f*, **Erzeugung** *f*
La production d'énergie solaire est encore très faible.	Die Erzeugung von Sonnenenergie ist noch sehr gering.
produire [prɔdɥir] *v.* (*irr.* 6)	**produzieren, herstellen, erzeugen**
Le Japon produit beaucoup de voitures pour l'exportation.	Japan produziert viele Autos für den Export.
produit [prɔdɥi] *m*	**Produkt** *n*, **Erzeugnis** *n*
Une usine de produits pharmaceutiques va s'installer ici.	Eine Arzneimittelfabrik wird sich hier niederlassen.
publicité [pyblisite] *f*	**Werbung** *f*
Sans faire de publicité, il est difficile de lancer un nouveau produit.	Ohne Werbung zu machen, ist es schwer, ein neues Produkt auf den Markt zu bringen.

«2001–4000»

achat [aʃa] *m*	**Kauf** *m*
L'achat de devises est réglementé pour l'instant.	Der Kauf von Devisen ist im Augenblick reglementiert.
affaire [afɛr] *f*	**Geschäft** *n*
Au prix où tu as acheté cette maison, tu as fait une affaire.	Bei dem Preis, zu dem du dieses Haus gekauft hast, hast du ein Geschäft gemacht.

commerçant [kɔmɛrsɑ̃] *m* C'est un bon commerçant: il a le sens des affaires.	**Kaufmann** *m* Er ist ein guter Kaufmann: er besitzt Geschäftssinn.
commercial, -e [kɔmɛrsjal] *adj.* (*m/pl.* -aux) Les relations commerciales entre les deux pays se sont développées.	**Handels...** Die Handelsbeziehungen zwischen den beiden Ländern haben sich entwickelt.
comptabilité [kõtabilite] *f* C'est lui qui tient la comptabilité de l'entreprise.	**Buchführung** *f*, **Buchhaltung** *f* Die Buchführung des Betriebs macht er.
concurrence [kõkyrɑ̃s] *f* Les voitures japonaises font concurrence aux voitures européennes.	**Konkurrenz** *f*, **Wettbewerb** *m* Die japanischen Autos machen den europäischen Konkurrenz.
consommer [kõsɔme] *v.* Cette voiture consomme peu d'essence.	**verbrauchen** Dieser Wagen verbraucht wenig Benzin.
demande [dəmɑ̃d] *f* La loi de l'offre et de la demande joue un rôle important.	**Nachfrage** *f* Das Gesetz von Angebot und Nachfrage spielt eine bedeutende Rolle.
direction [dirɛksjõ] *f* Il a pris la direction de l'entreprise familiale.	**Direktion** *f*, **Leitung** *f* Er hat die Leitung des Familienbetriebs übernommen.
fournir [furnir] *v.* Certains pays nous fournissent en matières premières.	**(be)liefern, versorgen** Manche Länder beliefern uns mit Rohstoffen.
livrer [livre] *v.* Étant donné les nombreuses commandes, nous ne pouvons vous livrer que dans trois mois.	**(be)liefern** Aufgrund der zahlreichen Bestellungen können wir Sie erst in drei Monaten beliefern.
maison [mɛzõ] *f* Il a travaillé vingt ans dans la même maison.	**Firma** *f* Er hat zwanzig Jahre in derselben Firma gearbeitet.
marchandise [marʃɑ̃diz] *f* Il faut payer des droits de douane sur certaines marchandises.	**Ware** *f* Auf bestimmte Waren muß man Zoll zahlen.
offre [ɔfrə] *f* C'est la première offre d'emploi intéressante depuis deux mois.	**Angebot** *n* Das ist das erste interessante Stellenangebot seit zwei Monaten.

vente [vɑ̃t] *f* Le prix de vente est trop élevé.	**Verkauf** *m* Der Verkaufspreis ist zu hoch.

1.2.6.2 GESCHÄFTE, EINKAUF

«1–2000»

acheter [aʃte] *v.* (-è-) J'achète toujours mes fruits au marché.	**kaufen** Ich kaufe meine Früchte immer auf dem Markt.
boucherie [buʃri] *f* En France, il y a des boucheries chevalines.	**Metzgerei** *f*, **Fleischerei** *f* In Frankreich gibt es Pferdemetzgereien.
boulangerie [bulɑ̃ʒri] *f* La boulangerie est fermée au mois d'août.	**Bäckerei** *f* Die Bäckerei ist im August geschlossen.
caisse [kɛs] *f* Vous payez à la caisse numéro trois, s'il vous plaît.	**Kasse** *f* Sie zahlen an Kasse drei bitte.
charcuterie [ʃarkytri] *f* Les charcuteries françaises vendent aussi des plats cuisinés.	**Fleisch- und Wurstwarengeschäft** *n*, **(Schweine)Metzgerei** *f* Die französischen „Charcuteries" verkaufen auch Fertiggerichte.
client, cliente [klijɑ̃, klijɑ̃t] *m,f* Le parking est réservé aux clients.	**Kunde** *m*, **Kundin** *f* Der Parkplatz ist für die Kunden reserviert.
courses [kurs] *f/pl.* J'ai fait des courses en sortant du bureau.	**Besorgungen** *f/pl.* Als ich aus dem Büro kam, habe ich Besorgungen (*oder* Einkäufe) gemacht.
épicerie [episri] *f* Il faudra prendre du sucre à l'épicerie.	**Lebensmittelgeschäft** *n* Wir müssen im Lebensmittelgeschäft Zucker kaufen.
magasin [magazɛ̃] *m* En France, beaucoup de magasins sont fermés le lundi.	**Geschäft** *n*, **Laden** *m* In Frankreich sind viele Geschäfte montags zu.
grand magasin [grɑ̃magazɛ̃] *m* Les grands magasins font concurrence aux petits commerçants.	**Kaufhaus** *n* Die Kaufhäuser machen den kleinen Einzelhändlern Konkurrenz.

marchand, -ande [marʃɑ̃, -ɑ̃d] *m,f*	**Händler(in)** *m(f)*
Il a demandé son chemin à la marchande de journaux.	Er hat die Zeitungshändlerin nach dem Weg gefragt.
marché [marʃe] *m*	**Markt** *m*
Tous les vendredis, il y a un marché place Gambetta.	Jeden Freitag ist Markt auf der Place Gambetta.
pâtisserie [pɑtisri] *f*	**Konditorei** *f*
Cette pâtisserie fait des glaces délicieuses.	Diese Konditorei macht köstliches Eis.
supermarché [sypɛrmarʃe] *m*	**Supermarkt** *m*
Elle est caissière dans un supermarché.	Sie ist Kassiererin in einem Supermarkt.
vendre [vɑ̃drə] *v.*	**verkaufen**
La marchande de fruits m'a vendu des fraises trop mûres.	Die Obsthändlerin hat mir überreife Erdbeeren verkauft.

«2001–4000»

acheteur [aʃtœr] *m*	**Käufer** *m*
Tu as trouvé un acheteur pour ta voiture?	Hast du einen Käufer für deinen Wagen gefunden?
blanchisserie [blɑ̃ʃisri] *f*	**Wäscherei** *f*
Il donne ses chemises à laver et à repasser à la blanchisserie.	Er gibt seine Hemden zum Waschen und Bügeln in die Wäscherei.
boutique [butik] *f*	**Laden** *m*, **Geschäft** *n*
La boutique du cordonnier est à côté de la boulangerie.	Der Laden des Schuhmachers ist neben der Bäckerei.
caissière [kɛsjɛr] *f*	**Kassiererin** *f*
La caissière s'est trompée.	Die Kassiererin hat sich geirrt.
clientèle [klijɑ̃tɛl] *f*	**Kundschaft** *f*
Nous informons notre aimable clientèle de la fermeture du magasin au mois de juillet.	Wir teilen unserer verehrten Kundschaft mit, daß unser Geschäft im Juli geschlossen ist.
étalage [etalaʒ] *m*	**Auslage** *f*
On prépare déjà les étalages de Noël dans les grands magasins.	In den Kaufhäusern werden schon die Weihnachtsauslagen vorbereitet.

et avec ça? [eavɛksa]	**(bekommen Sie) sonst noch etwas?**
Je voudrais un kilo de pommes. – Et avec ça? – Merci, ce sera tout.	Ich möchte ein Kilo Äpfel. – Sonst noch etwas? – Danke, das ist alles.
librairie [librɛri] *f*	**Buchhandlung** *f*
Cette librairie vend des journaux étrangers.	Diese Buchhandlung verkauft ausländische Zeitungen.
libre-service [librəsɛrvis] *m*	**Selbstbedienung** *f*
Ce restaurant est un libre-service.	Dieses Restaurant hat Selbstbedienung.
papeterie [papɛtri] *f*	**Schreibwarengeschäft** *n*
On vend des fournitures de bureau dans une papeterie.	In einem Schreibwarengeschäft gibt es Büromaterial zu kaufen.
faire la queue [fɛrlakø]	**Schlange stehen; anstehen**
Les clients font la queue à la caisse.	Die Kunden stehen an der Kasse Schlange.
vendeur, -euse [vɑ̃dœr, -øz] *m,f*	**Verkäufer(in)** *m(f)*
La vendeuse ne m'a pas donné de ticket de caisse.	Die Verkäuferin hat mir keinen Kassenzettel gegeben.
vitrine [vitrin] *f*	**Schaufenster** *n*
Je voudrais essayer le pull qui est en vitrine.	Ich möchte den Pullover, der im Schaufenster ist, anprobieren.

1.2.6.3 GELD

«1–2000»

argent [arʒɑ̃] *m*	**Geld** *n*
Il dépense son argent de poche en disques.	Er gibt sein Taschengeld für Schallplatten aus.
banque [bɑ̃k] *f*	**Bank** *f*
La banque m'a accordé un crédit.	Die Bank hat mir einen Kredit gewährt.
billet (de banque) [bijɛ(dbɑ̃k)] *m*	**(Geld)Schein** *m*
Je regrette, je n'ai qu'un billet de cinq cents francs.	Bedaure, ich habe nur einen 500-Franc-Schein.

centime [sɑ̃tim] *m* Je n'ai pas de pièce de 50 centimes pour téléphoner.	**Centime** *m* Ich habe kein 50-Centime-Stück, um zu telefonieren.
changer [ʃɑ̃ʒe] *v.* (-ge-) Je voudrais changer cent marks en francs.	**(ein)wechseln, umtauschen** Ich möchte hundert Mark in Francs einwechseln.
chèque [ʃɛk] *m* Pour payer la note au restaurant, il a fait un chèque.	**Scheck** *m* Um die Rechnung im Restaurant zu bezahlen, hat er einen Scheck ausgestellt.
cher, chère [ʃɛr] *adj.* Finalement j'ai pris un charter: les vols de ligne étaient trop chers.	**teuer** Schließlich habe ich einen Charterflug genommen: die Linienflüge waren zu teuer.
compte [kõt] *m* Il vient d'ouvrir un compte en banque.	**Konto** *n* Er hat soeben ein Bankkonto eröffnet.
compte [kõt] *m* Faisons les comptes; je vous dois combien?	**Abrechnung** *f* Wir wollen abrechnen; wieviel bin ich Ihnen schuldig?
coûter [kute] *v.* Les voyages en première coûtent cher. Combien coûte cette machine à écrire?	**kosten** Die Reisen erster Klasse sind teuer (*oder* kosten viel). Wieviel kostet diese Schreibmaschine?
dépenser [depɑ̃se] *v.* Pour les vacances, on a dépensé peu d'argent cette année.	**ausgeben** Für die Ferien gaben wir dieses Jahr wenig Geld aus.
franc [frɑ̃] *m* Le franc vient d'être encore dévalué.	**Franc** *m* Der Franc ist schon wieder abgewertet worden.
gagner [gaɲe] *v.* Il a changé de profession pour gagner plus d'argent.	**verdienen** Er hat den Beruf gewechselt, um mehr Geld zu verdienen.
monnaie [mɔnɛ] *f* Tu as de la monnaie pour téléphoner? La vendeuse s'est trompée en me rendant la monnaie.	**Kleingeld** *n*, **Wechselgeld** *n* Hast du Kleingeld zum Telefonieren? Die Verkäuferin hat sich beim Herausgeben (des Wechselgeldes) geirrt.
payer [peje] *v.* (-ay- *oder* -ai-) Il paye toujours par chèque.	**(be)zahlen** Er (be)zahlt immer mit Scheck.

pourboire [purbwar] *m*	**Trinkgeld** *n*
Il faut laisser un pourboire au garçon.	Man muß dem Kellner ein Trinkgeld geben.
prix [pri] *m*	**Preis** *m*
Le prix des voitures allemandes a augmenté.	Der Preis der deutschen Autos ist gestiegen.
somme [sɔm] *f*	**Summe** *f*
Il a emprunté une somme importante à la banque.	Er hat sich von der Bank eine bedeutende Summe geliehen.
valoir [valwar] *v.* (*irr.* 39)	**wert sein**
Le franc suisse vaut combien aujourd'hui?	Wieviel ist der Schweizer Franken heute wert?

«2001–4000»

bon marché [bõmarʃe] *adj.* (*unveränderlich*)	**billig**
Les vacances en Italie restent bon marché.	Die Ferien in Italien bleiben billig.
change [ʃɑ̃ʒ] *m*	**Geldwechsel** *m*
Le bureau de change ouvre à neuf heures.	Die Wechselstube öffnet um neun.
(au) comptant [(o)kõtɑ̃] *adv.*	**bar**
Il a payé sa voiture neuve (au) comptant.	Er hat seinen neuen Wagen bar bezahlt.
crédit [kredi] *m*	**Kredit** *m*
Ce jeune ménage a acheté ses meubles à crédit.	Dieses junge Ehepaar hat seine Möbel auf Kredit gekauft.
dépense [depɑ̃s] *f*	**Ausgabe** *f*
Il a fait de grosses dépenses pour réparer sa maison.	Er hat große Ausgaben gemacht, um sein Haus zu reparieren.
dette [dɛt] *f*	**Schuld** *f*
Elle a réussi à rembourser toutes ses dettes.	Sie hat es geschafft, alle ihre Schulden zurückzuzahlen.
devoir [dəvwar] *v.* (*irr.* 12)	**schulden**
Il me doit une grosse somme.	Er schuldet mir eine große Summe.
économies [ekɔnɔmi] *f/pl.*	**Ersparnisse** *f/pl.*
Mon fils fait des économies pour s'acheter une moto.	Mein Sohn spart auf ein Motorrad.

frais [frɛ] *m/pl.* Ce n'est pas la peine de faire des frais supplémentaires.	**Kosten** *pl.* Es lohnt sich nicht, zusätzlich Geld auszugeben.
gratuit, -ite [gratɥi, -it] *adj.* J'ai deux billets de théâtre gratuits; tu m'accompagnes?	**kostenlos, gratis** Ich habe zwei Freikarten fürs Theater; kommst du mit?
impôt [ɛ̃po] *m* Hier il a fait sa déclaration d'impôts.	**Steuer** *f* Gestern hat er seine Steuererklärung gemacht.
indemnité [ɛ̃dɛmnite] *f* Son patron lui paye une indemnité de transport.	**Entschädigung** *f* Sein Arbeitgeber zahlt ihm einen Fahrtkostenzuschuß.
intérêts [ɛ̃terɛ] *m/pl.* Le taux d'intérêts est passé à 12 pour cent.	**Zinsen** *m/pl.* Der Zinssatz ist auf 12 Prozent gestiegen.
loyer [lwaje] *m* Le loyer de cet appartement est bon marché.	**Miete** *f* Die Miete dieser Wohnung ist billig.
précieux, -euse [presjø, -øz] *adj.* L'or et l'argent sont des métaux précieux.	**wertvoll** Gold und Silber sind Edelmetalle.
réduction [redyksjõ] *f* Vous avez droit à une réduction.	**Ermäßigung** *f* Sie haben Anspruch auf eine Ermäßigung.
rembourser [rɑ̃burse] *v.* On m'a remboursé le prix du billet.	**zurückzahlen** Der Fahrpreis ist mir zurückerstattet worden.
ressources [rəsurs] *f/pl.* Les réfugiés étaient souvent sans ressources.	**(Geld)Mittel** *n/pl.* Die Flüchtlinge standen oft mittellos da.
revenu [rəvny] *m* Il va falloir payer un impôt sur les revenus.	**Einkommen** *n* Wir werden Einkommensteuer zahlen müssen.
toucher [tuʃe] *v.* Il touche un bon salaire.	**bekommen, erhalten** (*Geld*) Er bezieht ein gutes Gehalt.
valeur [valœr] *f* Il a fait estimer la valeur de sa maison.	**Wert** *m* Er hat den Wert seines Hauses schätzen lassen.

1.2.6.4 BESITZ

(Siehe auch POSSESSIVPRONOMEN 3.2.2)

«1–2000»

avoir [avwar] *v.* (*irr.* 3)	**haben**
Il a une maison à la campagne.	Er hat ein Haus auf dem Land.
de [də] *prép.*	**von**; *oft mit Genitiv zu übersetzen*
C'est la voiture de mon frère.	Das ist der Wagen meines Bruders.
être à [ɛtrə] *v.* (*irr.* 17)	**gehören**
À qui est ce journal? – C'est à moi.	Wem gehört diese Zeitung? – (Sie gehört) Mir.
fortune [fɔrtyn] *f*	**Vermögen** *n*
Il a fait fortune dans le trafic d'armes.	Er hat sein Vermögen im Waffenhandel erworben.
pauvre [povrə] *adj.*	**arm**
Les pays pauvres ont une production industrielle faible.	Die armen Länder haben eine geringe industrielle Produktion.
posséder [pɔsede] *v.* (-è-)	**besitzen**
Il possède une ferme en Normandie.	Er besitzt einen Bauernhof in der Normandie.
privé, -e [prive] *adj.*	**privat**
Défense d'entrer, propriété privée!	Zutritt verboten, Privatbesitz!
propriété [prɔprijete] *f*	**Eigentum** *n*, **Besitz** *m*
Ce château est devenu propriété de l'État.	Dieses Schloß wurde Staatsbesitz.
riche [riʃ] *adj.*	**reich**
Elle vient d'une famille très riche.	Sie kommt aus einer sehr reichen Familie.

«2001–4000»

affaires [afɛr] *f/pl.*	**Sachen** *f/pl.*
Je n'aime pas prêter mes affaires.	Ich leihe meine Sachen nicht gerne aus.

appartenir [apartənir] *v.* (*irr.* 40) — **gehören**
La villa au bord de la mer appartient à ses parents. — Die Villa am Meer gehört seinen Eltern.

---

assurance [asyrɑ̃s] *f* — **Versicherung** *f*
Il a pris une assurance contre le vol. — Er hat eine Diebstahlversicherung abgeschlossen.

---

disposer (de) [dispoze] *v.* — **verfügen** (über)
Il a fondé son entreprise sans disposer de beaucoup d'argent. — Er hat sein Unternehmen gegründet, ohne über viel Geld zu verfügen.

---

manquer (de) [mɑ̃ke] *v.* — **nicht haben; Mangel haben** (an)
Beaucoup de pays du tiers monde manquent de produits alimentaires. — Vielen Ländern der dritten Welt fehlt es an Nahrungsmitteln.

---

propre [prɔprə] *adj.* — **eigen**
Il est rentré avec sa propre voiture. — Er ist mit seinem eigenen Wagen zurückgefahren.

---

propriétaire [prɔprijetɛr] *m,f* — **Eigentümer(in)** *m(f)*, **Besitzer(in)** *m(f)*
Elle est propriétaire d'une chaîne d'hôtels connue. — Sie ist die Besitzerin einer bekannten Hotelkette.

---

richesse [riʃɛs] *f* — **Reichtum** *m*
La richesse de ce pays en pétrole a profité à une certaine couche sociale. — Der Ölreichtum dieses Landes kam einer bestimmten sozialen Schicht zugute.

1.2.7 RECHT UND VERWALTUNG

1.2.7.1 POST, TELEFON

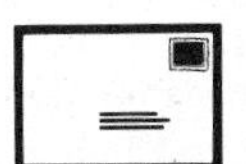

«1–2000»

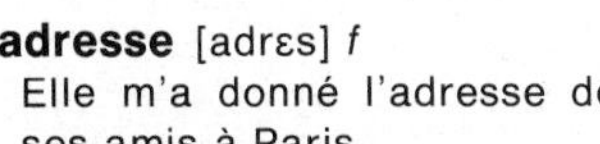

adresse [adrɛs] *f* — **Adresse** *f*, **Anschrift** *f*
Elle m'a donné l'adresse de ses amis à Paris. — Sie hat mir die Adresse ihrer Freunde in Paris gegeben.

---

boîte aux lettres [bwatolɛtrə] *f* — **Briefkasten** *m*
J'ai mis ta carte à la boîte aux lettres. — Ich habe deine Karte in den Briefkasten gesteckt.

bureau de poste [byrodpɔst] *m* Le prochain bureau de poste est dans la deuxième rue à droite.	**Postamt** *n* Das nächste Postamt ist in der zweiten Straße rechts.
carte postale [kartpɔstal] *f* Paul nous a envoyé une carte postale de Florence.	**Postkarte** *f* Paul hat uns eine Postkarte aus Florenz geschickt.
colis [kɔli] *m* J'ai bien reçu ton colis pour Noël.	**Paket** *n* Ich habe dein Weihnachtspaket erhalten.
enveloppe [ɑ̃vlɔp] *f* Les cartes postales sous enveloppe arrivent plus vite à destination.	**(Brief)Umschlag** *m* In einem Briefumschlag kommen Postkarten schneller am Bestimmungsort an.
facteur, -trice [faktœr, -tris] *m,f* Le facteur est passé: tu as du courrier.	**Briefträger(in)** *m(f)* Der Briefträger war da: du hast Post.
lettre [lɛtrə] *f* Il vaut mieux envoyer cette lettre en recommandé.	**Brief** *m* Es ist besser, diesen Brief eingeschrieben zu schicken.
numéro de téléphone [nymerodtelefɔn] *m* J'ai fait ce numéro de téléphone: personne n'a répondu.	**Telefonnummer** *f* Ich habe diese Telefonnummer gewählt: niemand hat sich gemeldet.
paquet [pakɛ] *m* Il m'a envoyé un paquet.	**Paket** *n* Er hat mir ein Paket geschickt.
poste [pɔst] *f* Elle a oublié de mettre ma lettre à la poste.	**Post** *f* Sie hat vergessen, meinen Brief zur Post zu bringen.
télégramme [telegram] *m* Je lui ai envoyé un télégramme de félicitations.	**Telegramm** *n* Ich habe ihm ein Glückwunschtelegramm geschickt.
téléphone [telefɔn] *m* Quel est ton nouveau numéro de téléphone?	**Telefon** *n* Welches ist deine neue Telefonnummer?
téléphoner [telefɔne] *v.* Téléphone au restaurant pour réserver une table.	**telefonieren, anrufen** Ruf in dem Restaurant an, um einen Tisch zu reservieren.
timbre [tɛ̃brə] *m* Il fait collection de timbres.	**Briefmarke** *f* Er sammelt Briefmarken.

«2001–4000»

allô [alo] *interj.* Allô! j'écoute; qui est à l'appareil?	**hallo!, ja bitte?** Ja bitte? Ich höre; wer ist am Apparat?
appeler [aple] *v.* (-ll-) Je vous appellerai demain.	**anrufen** Ich rufe Sie morgen an.
par avion [paravjõ] *adv.* Pour les États-Unis, il vaut mieux envoyer la lettre par avion.	**mit (*oder* per) Luftpost** In die USA schickt man den Brief besser mit Luftpost.
cabine téléphonique [kabintelefɔnik] *f* Il m'a appelé d'une cabine téléphonique.	**Telefonzelle** *f* Er hat mich von einer Telefonzelle aus angerufen.
code postal [kɔdpɔstal] *m* N'oubliez pas d'indiquer le code postal.	**Postleitzahl** *f* Vergessen Sie nicht, die Postleitzahl anzugeben.
communication [kɔmynikasjõ] *f* Le prix des communications téléphoniques vient d'augmenter.	**(Telefon)Verbindung** *f*, **Gespräch** *n* Der Preis für Telefongespräche ist erhöht worden.
coup de téléphone [kudtelefɔn] *m* Merci pour ton coup de téléphone.	**Anruf** *m* Danke für deinen Anruf.
courrier [kurje] *m* Aujourd'hui, à cause de la grève, il n'y aura pas de courrier.	**Post** *f*, **Briefe** *m/pl.* Heute wird wegen des Streiks keine Post ausgetragen.
destinataire [dɛstinatɛr] *m* Le destinataire de cette lettre a changé d'adresse.	**Empfänger** *m* Der Empfänger dieses Briefes hat seine Anschrift geändert.
expéditeur [ɛkspeditœr] *m* Destinataire inconnu, retour à l'expéditeur.	**Absender** *m* Empfänger unbekannt, zurück an Absender.
imprimé [ɛ̃prime] *m* Envoie cette brochure comme imprimé: c'est moins cher.	**Drucksache** *f* Schick diese Broschüre als Drucksache: das ist billiger.
indicatif [ɛ̃dikatif] *m* Pour téléphoner à Paris, faites l'indicatif 00331.	**Vorwählnummer** *f*, **Vorwahl** *f* Um nach Paris zu telefonieren, wählen Sie zuerst 00331.

mandat [mɑ̃da] *m*	**Postanweisung** *f*
Je t'ai envoyé un mandat télégraphique.	Ich habe dir eine telegrafische Postanweisung geschickt.
occupé [ɔkype] *adj.*	**besetzt, belegt**
Je n'arrive pas à avoir les renseignements; c'est toujours occupé.	Ich kann einfach die Auskunft nicht kriegen; es ist immer besetzt.
P.T.T. [petete] *m/pl.* (= postes, télégraphes et téléphones)	**Post(- und Fernmeldewesen** *n*) *f*
Il travaille aux P.T.T. comme facteur.	Er arbeitet bei der Post als Briefträger.
ne quittez pas [nəkitepɑ]	**bleiben Sie am Apparat**
Je voudrais parler à monsieur Durand. – Ne quittez pas, je vous le passe.	Ich möchte Herrn Durand sprechen. – Bleiben Sie am Apparat, ich verbinde Sie mit ihm.
recommandé [rəkɔmɑ̃de] *adj.*	**eingeschrieben, Einschreiben!**
Vous avez une lettre recommandée; signez là, s'il vous plaît.	Hier ist ein Einschreibebrief für Sie; unterschreiben Sie bitte da.
sonner [sɔne] *v.*	**läuten, klingeln**
Depuis ce matin, le téléphone n'arrête pas de sonner.	Seit heute morgen läutet unaufhörlich das Telefon.

1.2.7.2 BEHÖRDEN, POLIZEI

«1–2000»

administration [administrasjõ] *f*	**Verwaltung** *f*, **Behörde** *f*
On a réorganisé l'administration municipale.	Die städtische Verwaltung wurde neu geordnet.
s'adresser (à) [sadrɛse] *v.*	**sich wenden** (an)
Pour avoir plus de renseignements, adressez-vous à ce service.	Um weitere Auskünfte zu bekommen, wenden Sie sich an diese Abteilung.
agent (de police) [aʒɑ̃(dpɔlis)] *m*	**Polizist** *m*, **Schutzmann** *m*
Nous avons demandé notre chemin à un agent.	Wir haben einen Polizisten nach dem Weg gefragt.
autorités [otɔrite] *f/pl.*	**Behörden** *f/pl.*
Les autorités ont interdit la manifestation.	Die Behörden haben die Demonstration untersagt.

commissariat (de police) [kɔmisarja(dpɔlis)] *m*	**Polizeirevier** *n*
Il a fait une déclaration de vol au commissariat de police.	Er erstattete beim Polizeirevier Anzeige wegen Diebstahls.
consulat [kõsyla] *m*	**Konsulat** *n*
Adressez votre demande de visa au consulat.	Richten Sie Ihren Visumsantrag an das Konsulat.
contrôle [kõtrol] *m* (!)	**Kontrolle** *f*
La police a effectué des contrôles dans ce quartier.	Die Polizei hat in diesem Viertel Kontrollen durchgeführt.
douane [dwan] *f*	**Zoll** *m*
Il est passé sans problèmes à la douane.	Er ist problemlos durch den Zoll gekommen.
fonctionnaire [fõksjɔnɛr] *m*	**Beamter** *m*
Il a été condamné pour corruption de fonctionnaire.	Er ist wegen Beamtenbestechung verurteilt worden.
guichet [giʃɛ] *m*	**Schalter** *m*
Dans ce service, les guichets ouvrent à neuf heures.	In dieser Dienststelle öffnen die Schalter um neun.
mairie [mɛri] *f*	**Rathaus** *n*; **Gemeindeverwaltung** *f*
La mairie a décidé d'organiser un festival de musique.	Die Stadtverwaltung hat beschlossen, ein Musikfestival zu veranstalten.
police [pɔlis] *f*	**Polizei** *f*
La police judiciaire continue son enquête.	Die Kriminalpolizei setzt ihre Untersuchung fort.
signature [siɲatyr] *f*	**Unterschrift** *f*
Sans signature, votre passeport n'est pas valable.	Ohne Unterschrift ist Ihr Paß ungültig.
signer [siɲe] *v.*	**unterschreiben**
Il a signé la déclaration de vol.	Er hat die Diebstahlsanzeige unterschrieben.

«2001–4000»

contrôler [kõtrole] *v.*	**kontrollieren**
Vos déclarations seront contrôlées.	Ihre Aussagen werden kontrolliert.

demande [dəmɑ̃d] *f* Les réfugiés politiques ont fait une demande d'asile.	**Antrag** *m* Die politischen Flüchtlinge stellten einen Asylantrag.
douanier [dwanje] *m* Les douaniers nous ont demandé si nous avions quelque chose à déclarer.	**Zollbeamter** *m* Die Zollbeamten haben uns gefragt, ob wir etwas zu verzollen hätten.
enregistrer [ɑ̃rəʒistre] *v.* On a enregistré les déclarations des témoins de l'accident.	**registrieren, aufnehmen** Die Aussagen der Zeugen des Unfalls wurden aufgenommen.
fichier [fiʃje] *m* La police a constitué de nouveaux fichiers électroniques.	**Kartei** *f*, **Datei** *f* Die Polizei hat neue elektronische Dateien angelegt.
flic [flik] *m* (F) Les flics lui ont fait payer une amende pour excès de vitesse.	**Polizist** *m* Die Polizisten haben ihm eine Geldstrafe wegen überhöhter Geschwindigkeit aufgebrummt.
formulaire [fɔrmylɛr] *m* Le contrôleur a distribué les formulaires à remplir pour la douane.	**Formular** *n* Der Schaffner hat die für den Zoll auszufüllenden Formulare ausgeteilt.
gendarme [ʒɑ̃darm] *m* Les gendarmes sont arrivés sur les lieux de l'accident.	**Gendarm** *m* Die Gendarmen sind am Unfallort eingetroffen.
liste [list] *f* Pour préparer la réception, la mairie a besoin d'une liste des invités.	**Liste** *f*, **Verzeichnis** *n* Zur Vorbereitung des Empfangs braucht die Stadtverwaltung eine Liste der Gäste.
maire [mɛr] *m* Une institutrice vient d'être élue maire.	**Bürgermeister** *m* Eine Lehrerin ist zum Bürgermeister gewählt worden.
office [ɔfis] *m* L'Office franco-allemand pour la Jeunesse lui a accordé une bourse d'études.	**Amt** *n* Das Deutsch-Französische Jugendwerk hat ihm ein Stipendium gewährt.
officiel, -elle [ɔfisjɛl] *adj.* On tient cette information de source officielle.	**offiziell, amtlich** Diese Nachricht stammt aus offizieller Quelle.
plainte [plɛ̃t] *f* Il a porté plainte contre ses agresseurs.	**Anzeige** *f*, **Klage** *f* Er hat gegen die Täter Anzeige erstattet.

pompiers [põpje] *m/pl.* — **Feuerwehr** *f*
On a appelé les pompiers dès le début de l'incendie. — Gleich zu Beginn des Brandes wurde die Feuerwehr gerufen.

questionnaire [kɛstjɔnɛr] *m* — **Fragebogen** *m*
Renvoyez le questionnaire rempli le plus tôt possible. — Schicken Sie den Fragebogen so früh wie möglich ausgefüllt zurück.

service [sɛrvis] *m* — **Dienststelle** *f*, **Abteilung** *f*
Le service de presse du consulat vous donnera de plus amples informations. — Die Pressestelle des Konsulats gibt Ihnen nähere Auskünfte.

1.2.7.3 RECHTSWESEN, DELIKTE

«1–2000»

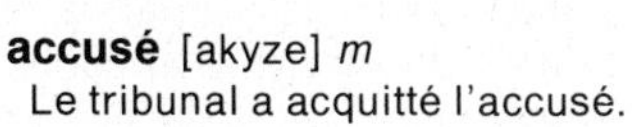

accusé [akyze] *m* — **Angeklagter** *m*
Le tribunal a acquitté l'accusé. — Das Gericht hat den Angeklagten freigesprochen.

accuser [akyze] *v.* — **anklagen**
Il est accusé d'avoir tué sa femme. — Er ist angeklagt, seine Frau getötet zu haben.

arrêter [arɛte] *v.* — **verhaften, festnehmen**
La police n'a pas encore réussi à arrêter le meurtrier. — Der Polizei ist es noch nicht gelungen, den Mörder festzunehmen.

avocat [avɔka] *m* — **(Rechts)Anwalt** *m*
Elle a pris un nouvel avocat. — Sie hat einen neuen Anwalt genommen.

coupable [kupablə] *adj.* — **schuldig**
L'accusé a plaidé non coupable. — Der Angeklagte hat sich nicht schuldig bekannt.

droit [drwa] *m* — **Recht** *n*
Il a fait des études de droit. — Er hat Jura studiert.

innocent, -ente [inɔsɑ̃, -ɑ̃t] *adj.* — **unschuldig**
L'accusé a été reconnu innocent par le tribunal. — Der Angeklagte wurde vom Gericht für unschuldig befunden.

juge [ʒyʒ] *m* — **Richter** *m*
Le juge d'instruction a convoqué les témoins. — Der Untersuchungsrichter hat die Zeugen vorgeladen.

juste [ʒyst] *adj.* — **gerecht**
La décision du tribunal n'est pas juste. — Die Entscheidung des Gerichts ist nicht gerecht.

justice [ʒystis] *f* — **Gerechtigkeit** *f*; **Justiz** *f*
Le procès aura lieu mardi prochain au Palais de justice. — Der Prozeß findet nächsten Dienstag im Justizpalast statt.

loi [lwa] *f* — **Gesetz** *n*
Vous ne pouvez pas exporter plus de devises: c'est la loi. — Mehr Devisen können Sie nicht ausführen: so ist das Gesetz.

peine [pɛn] *f* — **Strafe** *f*
La peine de mort est encore en vigueur dans certains pays. — Die Todesstrafe ist in manchen Ländern noch in Kraft.

punir [pynir] *v.* — **bestrafen**
Il a été puni de sa malhonnêteté. — Er wurde für seine Unehrlichkeit bestraft.

règlement [rɛgləmɑ̃] *m* — **Vorschrift** *f*
Il n'a pas respecté le règlement interdisant le travail de nuit. — Er hat die Vorschrift nicht beachtet, die Nachtarbeit untersagt.

responsable [rɛspɔ̃sablə] *adj.* — **verantwortlich**
On l'a rendu responsable de cet accident. — Man hat ihn für diesen Unfall verantwortlich gemacht.

tribunal [tribynal] *m* (*pl.* **tribunaux** [tribyno]) — **Gericht** *n*
Le tribunal l'a condamné à deux ans de prison. — Das Gericht hat ihn zu zwei Jahren Gefängnis verurteilt.

voler [vɔle] *v.* — **stehlen**
On m'a volé tous mes papiers. — Man hat mir alle meine Papiere gestohlen.

voleur [vɔlœr] *m* — **Dieb** *m*
Le voleur de voitures a été arrêté à la frontière. — Der Autodieb wurde an der Grenze verhaftet.

«2001–4000»

amende [amɑ̃d] *f* — **Geldstrafe** *f*
Il a payé une amende pour avoir garé sa voiture en stationnement interdit. — Er zahlte eine Geldstrafe, weil er seinen Wagen im Parkverbot abgestellt hat.

avouer [avwe] *v.* — **gestehen**
L'accusé a avoué son crime. — Der Angeklagte gestand sein Verbrechen.

cambrioleur [kɑ̃brijɔlœr] *m* Les cambrioleurs ont dévalisé la villa.	**Einbrecher** *m* Die Einbrecher haben die Villa ausgeplündert.
commettre [kɔmɛtrə] *v.* (*irr.* 22) Le vol de voiture a été commis en plein jour.	**begehen** Der Autodiebstahl wurde am hellichten Tag begangen.
condamner [kõdane] *v.* Le tribunal les a condamnés à deux ans de prison avec sursis.	**verurteilen** Das Gericht hat sie zu zwei Jahren Gefängnis mit Bewährung verurteilt.
contrat [kõtra] *m* Ils n'ont pas encore signé le contrat.	**Vertrag** *m* Sie haben den Vertrag noch nicht unterschrieben.
crime [krim] *m* On a retrouvé l'arme du crime dans le jardin.	**Verbrechen** *n* Die Tatwaffe wurde im Garten gefunden.
criminel [kriminɛl] *m* Le criminel a dénoncé ses complices.	**Verbrecher** *m* Der Verbrecher hat seine Komplizen denunziert.
délit [deli] *m* Le voleur a été pris en flagrant délit.	**Vergehen** *n*, **Delikt** *n* Der Dieb wurde auf frischer Tat ertappt.
grâce [grɑs] *f* Le condamné a obtenu sa grâce après dix ans de prison.	**Gnade** *f*, **Begnadigung** *f* Der Verurteilte ist nach zehn Jahren Gefängnis begnadigt worden.
jugement [ʒyʒmɑ̃] *m* Le tribunal rendra demain son jugement dans cette affaire.	**Urteil** *n* Das Gericht fällt morgen sein Urteil in dieser Angelegenheit.
jurer [ʒyre] *v.* Jurez de dire toute la vérité!	**schwören** Schwören Sie, die ganze Wahrheit zu sagen!
prison [prizõ] *f* Elle a fait deux ans de prison.	**Gefängnis** *n* Sie hat zwei Jahre (im Gefängnis) gesessen.
responsabilité [rɛspõsabilite] *f* Vous en prenez l'entière responsabilité.	**Verantwortung** *f* Sie übernehmen dafür die volle Verantwortung.
témoin [temwɛ̃] *m* Les témoins ont déposé sous serment.	**Zeuge** *m* Die Zeugen haben unter Eid ausgesagt.

tort [tɔr] *m* — **Unrecht** *n*
Il a reconnu être en tort. — Er hat eingesehen, daß er im Unrecht ist.

violence [vjɔlɑ̃s] *f* — **Gewalt** *f*
L'emploi de la violence a été sévèrement condamné. — Die Anwendung von Gewalt wurde streng verurteilt.

vol [vɔl] *m* — **Diebstahl** *m*
Un vol de bijoux a eu lieu à l'hôtel. — Im Hotel ist ein Schmuckdiebstahl passiert.

1.2.8 ARZT UND KRANKENHAUS

(*Siehe auch KÖRPER 1.1.1.1, GESUNDHEIT UND KRANKHEIT 1.1.1.7*)

«1–2000»

dentiste [dɑ̃tist] *m* — **Zahnarzt** *m*
J'ai rendez-vous chez le dentiste la semaine prochaine. — Ich bin für nächste Woche beim Zahnarzt angemeldet.

docteur [dɔktœr] *m* — **Doktor** *m*, **Arzt** *m*
Tu as mauvaise mine: tu devrais aller voir un docteur. — Du siehst schlecht aus: du solltest zum Arzt gehen.

hôpital [ɔpital] *m* (l'-) (*pl.* **hôpitaux** [ɔpito]) — **Krankenhaus** *n*
Les blessés ont été transportés d'urgence à l'hôpital. — Die Verletzten wurden sofort ins Krankenhaus gebracht.

médecin [mɛdsɛ̃] *m* — **Arzt** *m*
Il a eu une crise d'asthme: on a dû faire venir un médecin. — Er bekam einen Asthmaanfall: man mußte einen Arzt kommen lassen.

médecine [mɛdsin] *f* — **Medizin** *f*
Les études de médecine sont longues et difficiles. — Das Medizinstudium ist lang und schwierig.

médicament [medikamɑ̃] *m* — **Medikament** *n*, **Arzneimittel** *n*
Elle prend trop de médicaments. — Sie nimmt zu viele Medikamente.

opération [ɔperasjɔ̃] *f* — **Operation** *f*
C'est sa deuxième opération à l'estomac. — Das ist seine zweite Magenoperation.

pharmacie [farmasi] *f* — **Apotheke** *f*
Je vais à la pharmacie acheter des médicaments. — Ich gehe zur Apotheke, um Medikamente zu kaufen.

soigner [swaɲe] *v.*	**pflegen, behandeln**
Elle soigne sa vieille mère malade.	Sie pflegt ihre alte kranke Mutter.

«2001–4000»

ambulance [ɑ̃bylɑ̃s] *f*	**Krankenwagen** *m*
Les témoins de l'accident ont tout de suite appelé l'ambulance.	Die Zeugen des Unfalls haben sofort den Krankenwagen gerufen.
cachet [kaʃɛ] *m*	**Tablette** *f*, **Arzneikapsel** *f*
Elle a pris un cachet contre ses maux de tête.	Sie nahm eine Tablette gegen ihre Kopfschmerzen.
chirurgien [ʃiryrʒjɛ̃] *m*	**Chirurg** *m*
Le chirurgien a très bien réussi l'opération.	Dem Chirurgen ist die Operation sehr gut gelungen.
comprimé [kɔ̃prime] *m*	**Tablette** *f*
Prendre trois comprimés par jour après les repas.	Täglich drei Tabletten nach den Mahlzeiten (einnehmen).
infirmière [ɛ̃firmjɛr] *f*	**Krankenschwester** *f*
L'infirmière vient lui faire ses piqûres à domicile.	Die Krankenschwester kommt ins Haus, um ihm seine Spritzen zu geben.
malade [malad] *m*	**Patient** *m*, **Kranker** *m*
L'état du malade s'est amélioré.	Der Zustand des Patienten hat sich gebessert.
opérer [ɔpere] *v.* (-è-)	**operieren**
Il s'est fait opérer de l'appendicite.	Er hat sich am Blinddarm operieren lassen.
ordonnance [ɔrdɔnɑ̃s] *f*	**Rezept** *n*
Ce médicament n'est vendu que sur ordonnance.	Dieses Medikament gibt es nur auf Rezept.
pansement [pɑ̃smɑ̃] *m*	**Verband** *m*
Il va tous les jours chez l'infirmière se faire refaire son pansement.	Er geht jeden Tag zur Krankenschwester, um sich seinen Verband erneuern zu lassen.
pharmacien, -ienne [farmasjɛ̃, -jɛn] *m,f*	**Apotheker(in)** *m(f)*
La liste des pharmaciens de garde est publiée dans le journal.	Die Liste der dienstbereiten Apotheker wird in der Zeitung veröffentlicht.

pilule [pilyl] *f* Sur les conseils de son médecin, elle ne prend plus la pilule.	**Pille** *f* Auf den Rat ihres Arztes nimmt sie nicht mehr die Pille.
piqûre [pikyr] *f* Le médecin lui a d'abord fait une piqûre.	**Spritze** *f* Der Arzt hat ihm zuerst eine Spritze gegeben.
radio [radjo] *f* J'ai passé une radio pour mon service militaire.	**Röntgenaufnahme** *f* Ich wurde geröntgt, als ich zum Militär kam.
remède [rəmɛd] *m* Ce sirop est un excellent remède contre la toux.	**(Heil)Mittel** *n*, **Arznei** *f* Dieser Sirup ist ein ausgezeichnetes Hustenmittel.
rendez-vous [rɑ̃devu] *m* Prends donc rendez-vous chez un spécialiste.	**Termin** *m* Melde dich doch bei einem Facharzt an.
spécialiste [spesjalist] *m* Il est allé voir un spécialiste pour ses rhumatismes.	**Facharzt** *m* Er ist wegen seines Rheumas zu einem Facharzt gegangen.
traitement [trɛtmɑ̃] *m* Je suis en traitement pour mon diabète.	**Behandlung** *f* Ich bin wegen meiner Zuckerkrankheit in Behandlung.
Sécurité sociale [sekyritesɔsjal] *f* Ces médicaments ne sont pas remboursés par la Sécurité sociale.	**Sozialversicherung** *f* Die Kosten für diese Medikamente werden von der Sozialversicherung nicht erstattet.

1.3 Interessen

1.3.1 KUNST

1.3.1.1 THEATER, FILM, BILDENDE KUNST

«1–2000»

acteur, -trice [aktœr, -tris] *m,f* Gérard Philipe était un excellent acteur.	**Schauspieler(in)** *m(f)* Gérard Philipe war ein ausgezeichneter Schauspieler.
art [ar] *m* Il collectionne les objets d'art.	**Kunst** *f* Er sammelt Kunstgegenstände.

artiste [artist] *m,f*	**Künstler(in)** *m(f)*
Simone Signoret est une grande artiste de cinéma.	Simone Signoret ist eine große Filmkünstlerin.
célèbre [selɛbrə] *adj.*	**berühmt**
Ce rôle a rendu Charlie Chaplin célèbre.	Diese Rolle hat Charlie Chaplin berühmt gemacht.
cinéma [sinema] *m*	**Kino** *n*
Le samedi, ils vont souvent au cinéma.	Samstags gehen sie oft ins Kino.
dessin [desɛ̃] *m*	**Zeichnung** *f*; **Zeichnen** *n*
Elle est professeur de dessin.	Sie ist Zeichenlehrerin.
dessiner [desine] *v.*	**zeichnen**
Je regrette beaucoup de ne pas savoir dessiner.	Ich bedaure sehr, nicht zeichnen zu können.
film [film] *m*	**Film** *m*
Il aime les films policiers.	Er mag Kriminalfilme.
musée [myze] *m*	**Museum** *n*
Le Louvre est le musée le plus visité de Paris.	Der Louvre ist das meistbesuchte Museum von Paris.
peindre [pɛ̃drə] *v.* (*irr.* 27)	**malen**
Ce portrait a été peint par Vélasquez.	Dieses Porträt wurde von Velazquez gemalt.
peintre [pɛ̃trə] *m*	**Maler** *m*
Renoir est un des plus célèbres peintres français.	Renoir ist einer der berühmtesten französischen Maler.
peinture [pɛ̃tyr] *f*	**Malerei** *f*; **Gemälde** *n*
Elle va souvent voir des expositions de peinture.	Sie besucht oft Gemäldeausstellungen.
pièce (de théâtre) [pjɛs(dəteɑtrə)] *f*	**(Theater)Stück** *n*
Il s'agit d'une pièce à deux personnages.	Es handelt sich um ein Theaterstück mit zwei Personen.
programme [prɔgram] *m*	**Programm** *n*
Demandez le programme du festival de théâtre.	Verlangen Sie das Programm der Theaterfestspiele.
public [pyblik] *m*	**Publikum** *n*
La pièce a eu beaucoup de succès auprès du public.	Das Stück hatte beim Publikum viel Erfolg.
représenter [rəprezɑ̃te] *v.*	**aufführen**
C'est la première fois que cette pièce est représentée en Allemagne.	Es ist das erste Mal, daß dieses Stück in Deutschland aufgeführt wird.

rôle [rol] *m* (!) Dans ce film, il a tenu le rôle principal.	**Rolle** *f* In diesem Film spielte er die Hauptrolle.
tableau [tablo] *m* (*pl.* -x) Il a accroché le tableau dans sa chambre.	**Bild** *n* Er hat das Bild in sein Zimmer gehängt.
théâtre [teɑtrə] *m* Au début de sa carrière, il a fait du théâtre.	**Theater** *n* Zu Beginn seiner Karriere war er Theaterschauspieler.

«2001–4000»

acte [akt] *m* Le héros meurt au dernier acte.	**Akt** *m*, **Aufzug** *m* Der Held stirbt im letzten Akt.
amuser [amyze] *v.* Les clowns amusent beaucoup les enfants.	**belustigen, unterhalten** Die Clowns machen den Kindern großes Vergnügen.
billet [bijɛ] *m* Ils ont déjà pris les billets de cinéma pour ce soir.	**(Eintritts)Karte** *f* Sie haben schon die Kinokarten für heute abend gekauft.
chef-d'œuvre [ʃɛdœvrə] *m* (*pl.* chefs-d'œuvre) Ce tableau est un chef-d'œuvre de la peinture flamande.	**Meisterwerk** *n* Dieses Bild ist ein Meisterwerk der flämischen Malerei.
comédie [kɔmedi] *f* À Paris, les élèves sont allés voir une comédie de Molière.	**Komödie** *f*, **Lustspiel** *n* In Paris sahen sich die Schüler eine Komödie Molières an.
dessin animé [desɛ̃anime] *m* Les enfants adorent les dessins animés.	**Zeichentrickfilm** *m* Die Kinder mögen Zeichentrickfilme sehr.
drame [dram] *m* Il a aussi écrit un drame qui n'a jamais été publié.	**Drama** *n* Er schrieb auch ein Drama, das nie veröffentlicht wurde.
entracte [ɑ̃trakt] *m* On a pris un café à l'entracte.	**Pause** *f* Wir haben in der Pause einen Kaffee getrunken.
exposition [ɛkspozisjɔ̃] *f* Vu l'affluence des visiteurs, on a prolongé l'exposition.	**Ausstellung** *f* In Anbetracht des Besucherandrangs ist die Ausstellung verlängert worden.

metteur en scène [mɛtœrɑ̃sɛn] *m*	**Regisseur** *m*
Le metteur en scène vient de présenter son dernier film à Paris.	Der Regisseur hat in Paris seinen letzten Film vorgestellt.
personnage [pɛrsɔnaʒ] *m*	**Person** *f*, **Gestalt** *f*
Les personnages de ce film sont imaginaires.	Die Personen dieses Films sind erdacht.
représentation [rəprezɑ̃tasjõ] *f*	**Vorstellung** *f*, **Aufführung** *f*
Il est interdit de fumer pendant la représentation.	Das Rauchen während der Vorstellung ist verboten.
scène [sɛn] *f*	**Szene** *f*
Il y a une scène très comique dans ce film.	In diesem Film gibt es eine sehr lustige Szene.
scène [sɛn] *f*	**Bühne** *f*
Dès son entrée en scène, cet acteur a plu au public.	Gleich bei seinem Auftritt gefiel dieser Schauspieler dem Publikum.
sculpteur [skyltœr] *m*	**Bildhauer** *m*
Rodin est un célèbre sculpteur français.	Rodin ist ein berühmter französischer Bildhauer.
sculpture [skyltyr] *f*	**Bildhauerkunst** *f*, **Skulptur** *f*
La Vénus de Milo est un chef-d'œuvre de la sculpture antique.	Die Venus von Milo ist ein Meisterwerk der antiken Bildhauerkunst.
spectacle [spɛktaklə] *m*	**Schauspiel** *n*, **Vorstellung** *f*
Le spectacle va commencer dans quelques instants.	Die Vorstellung beginnt in wenigen Augenblicken.
spectateur, -trice [spɛktatœr, -tris] *m, f*	**Zuschauer(in)** *m(f)*
Les spectateurs avaient fait la queue pour avoir des billets.	Die Zuschauer hatten Schlange gestanden, um Karten zu kriegen.
statue [staty] *f*	**Statue** *f*, **Standbild** *n*
Il y avait de nombreuses statues dans le parc du château.	Im Schloßpark standen zahlreiche Statuen.
style [stil] *m*	**Stil** *m*
En peinture, elle préfère le style romantique.	In der Malerei mag sie den romantischen Stil lieber.
vedette [vədɛt] *f*	**Star** *m*
Toutes les grandes vedettes étaient présentes.	Alle großen Stars waren anwesend.

1.3.1.2 MUSIK

«1–2000»

chanson [ʃɑ̃sɔ̃] *f* Il s'est acheté un disque de chansons de Georges Brassens.	**Lied** *n* Er hat sich eine Platte mit den Liedern von Georges Brassens gekauft.
chanter [ʃɑ̃te] *v.* Elle a une belle voix: elle chante dans une chorale.	**singen** Sie hat eine schöne Stimme: sie singt in einem Chor.
chanteur, -euse [ʃɑ̃tœr, -øz] *m,f* Il est devenu chanteur d'opéra.	**Sänger(in)** *m(f)* Er ist Opernsänger geworden.
concert [kɔ̃sɛr] *m* La salle de concert était pleine à craquer.	**Konzert** *n* Der Konzertsaal war brechend voll.
instrument [ɛ̃strymɑ̃] *m* Tu sais jouer d'un instrument? – Oui, de la trompette.	**Instrument** *n* Kannst du ein Instrument spielen? – Ja, Trompete.
jouer (de) [ʒwe] *v.* Sa sœur joue du violon dans un orchestre.	**spielen** Seine Schwester spielt in einem Orchester Violine.
musicien, -ienne [myzisjɛ̃, -jɛn] *m, f* Il reste très peu de musiciens de rue.	**Musiker(in)** *m(f)* Es gibt nur noch sehr wenige Straßenmusikanten.
musique [myzik] *f* Elle va souvent à des concerts de musique classique.	**Musik** *f* Sie geht oft in Konzerte mit klassischer Musik.
opéra [ɔpera] *m* (!) La Traviata est un célèbre opéra de Verdi.	**Oper** *f* La Traviata ist eine berühmte Oper von Verdi.
orchestre [ɔrkɛstrə] *m* Vous venez d'entendre un concerto pour violon et orchestre de Mozart.	**Orchester** *n*, **Kapelle** *f* Sie hörten soeben ein Konzert für Violine und Orchester von Mozart.
piano [pjano] *m* Elle a fait dix ans de piano.	**Klavier** *n* Sie hat zehn Jahre Klavier gespielt.

«2001–4000»

air [ɛr] *m* Je me souviens de l'air de cette chanson, mais pas des paroles.	**Melodie** *f* Ich erinnere mich an die Melodie dieses Liedes, aber nicht an den Text.
chant [ʃɑ̃] *m* Elle prend des leçons chez un professeur de chant italien.	**Gesang** *m* Sie nimmt Unterricht bei einem italienischen Gesangslehrer.
chef d'orchestre [ʃɛfdɔrkɛstrə] *m* Karajan est un chef d'orchestre célèbre.	**Dirigent** *m* Karajan ist ein berühmter Dirigent.
compositeur [kõpozitœr] *m* Bach est un des nombreux compositeurs allemands.	**Komponist** *m* Bach ist einer der zahlreichen deutschen Komponisten.
flûte [flyt] *f* Il apprend à jouer de la flûte.	**Flöte** *f* Er lernt Flöte spielen.
guitare [gitar] *f* Il chante en s'accompagnant à la guitare.	**Gitarre** *f* Er singt und begleitet sich auf der Gitarre.
populaire [pɔpylɛr] *adj.* Cette vieille mélodie est toujours très populaire.	**volkstümlich, populär, beliebt** Diese alte Melodie ist immer noch sehr beliebt.
rythme [ritmə] *m* Il est difficile de danser sur cette musique: ça manque de rythme.	**Rhythmus** *m* Es ist schwer, nach dieser Musik zu tanzen: es fehlt der Rhythmus.
ton [tõ] *m* Au début du concert, le violoniste donne le ton.	**Ton** *m* Zu Beginn des Konzertes gibt der Geiger den Ton an.
violon [vjɔlõ] *m* Il nous a joué une sonate pour piano et violon.	**Geige** *f*, **Violine** *f* Er hat uns eine Sonate für Klavier und Violine gespielt.

1.3.2 MEDIEN

«1–2000»

bande dessinée [bɑ̃ddesine] *f* *(abgekürzt* **B.D.**) Astérix est son héros de bande dessinée préféré.	**Comics** *pl.* Asterix ist sein bevorzugter Comics-Held.

cassette [kasɛt] *f* Il s'est acheté un cours d'anglais enregistré sur cassette.	**Kassette** *f* Er hat sich einen Englischkurs gekauft, der auf Kassette aufgenommen ist.
disque [disk] *m* Tu peux nous mettre un disque de jazz, s'il te plaît?	**(Schall)Platte** *f* Kannst du uns bitte eine Jazzplatte auflegen?
écran [ekrɑ̃] *m* Ne te mets pas si près de l'écran!	**Bildschirm** *m* Setz dich nicht so nahe an den Bildschirm!
émission [emisjɔ̃] *f* Cette émission de radio passe samedi.	**Sendung** *f* Diese Rundfunksendung läuft am Samstag.
image [imaʒ] *f* Il ne sait pas encore lire: offre-lui un livre d'images.	**Bild** *n* Er kann noch nicht lesen: schenk ihm ein Bilderbuch.
journal [ʒurnal] *m* (*pl.* **journaux** [jurno]) Il lit le journal dans le métro.	**Zeitung** *f* Er liest in der U-Bahn Zeitung.
poste (de radio) [pɔst(də-radjo)] *m* La musique est trop forte: baisse le poste, s'il te plaît.	**Radio(gerät)** *n* Die Musik ist zu laut: stell bitte das Radio leiser.
presse [prɛs] *f* Ces photos viennent d'une agence de presse connue.	**Presse** *f* Diese Fotos kommen von einer bekannten Presseagentur.
radio [radjo] *f* Elle écoute toujours les informations à la radio.	**Rundfunk** *m*, **Hörfunk** *m*, **Radio** *n* Sie hört immer die Nachrichten im Radio.
revue [rəvy] *f* Il s'est abonné à une revue spécialisée.	**Zeitschrift** *f* Er hat eine Fachzeitschrift abonniert.
télé [tele] *f* (F) On a regardé la télé toute la soirée.	**Fernsehen** *n* Wir haben den ganzen Abend ferngesehen.
télévision [televizjɔ̃] *f* Elle a une télévision en couleurs.	**Fernsehen** *n*; **Fernseher** *m* Sie hat einen Farbfernseher.
transistor [trɑ̃sistɔr] *m* Les transistors sont interdits sur la plage.	**Kofferradio** *n*, **Transistorgerät** *n* Kofferradios sind am Strand verboten.

vidéo [video] *f*	**Video** *n*
La vidéo va jouer un grand rôle dans l'enseignement des langues.	Video wird im Sprachunterricht eine große Rolle spielen.
La conférence a été enregistrée sur bande vidéo.	Die Konferenz wurde auf Videoband aufgezeichnet.

«2001–4000»

actualités [aktɥalite] *f/pl.*	**(Fernseh)Nachrichten** *f/pl.*
Mets la télé: je voudrais voir les actualités.	Mach das Fernsehen an: ich möchte die Nachrichten sehen.
affiche [afiʃ] *f*	**Plakat** *n*
On a collé partout des affiches pour les prochaines élections.	Überall wurden Plakate für die kommenden Wahlen geklebt.
annonce [anõs] *f*	**Anzeige** *f*, **Annonce** *f*
Pour vendre sa voiture, il a mis une annonce dans le journal.	Um sein Auto zu verkaufen, hat er eine Anzeige in die Zeitung gesetzt.
auditeur, -trice [oditœr, -tris] *m,f*	**Hörer(in)** *m(f)*
Cette émission a provoqué un nombreux courrier d'auditeurs.	Diese Sendung war der Anlaß für zahlreiche Hörerbriefe.
bande magnétique [bɑ̃dmaɲetik] *f*	**Tonband** *n*, **Magnetband** *n*
Il a enregistré la discussion sur bande magnétique.	Er nahm die Diskussion auf Tonband auf.
chaîne stéréo [ʃɛnstereo] *f*	**Stereoanlage** *f*
Les chaînes stéréo japonaises sont meilleur marché que les autres.	Die japanischen Stereoanlagen sind billiger als die andern.
imprimer [ɛ̃prime] *v.*	**drucken**
Ce livre d'art a été imprimé en Italie.	Dieses Kunstbuch wurde in Italien gedruckt.
interview [ɛ̃tɛrvju] *f* (!)	**Interview** *n*
Cet acteur déteste donner des interviews.	Dieser Schauspieler haßt es, Interviews zu geben.
magnétophone à cassette [maɲetɔfɔnakasɛt] *m*	**Kassettenrecorder** *m*
Il a enregistré le concert avec un magnétophone à cassette.	Er nahm das Konzert mit einem Kassettenrecorder auf.

magnétoscope [maɲetɔskɔp] *m* — **Videorecorder** *m*
Les magnétoscopes sont moins chers maintenant. — Videorecorder sind jetzt billiger.

---

nouvelles [nuvɛl] *f/pl.* — **Nachrichten** *f/pl.*
J'ai écouté les nouvelles à la radio ce matin. — Ich habe heute morgen im Radio die Nachrichten gehört.

---

publier [pyblije] *v.* — **veröffentlichen**
Il a gardé une série d'articles publiés dans ce journal. — Er hat eine Serie von Artikeln aufbewahrt, die in dieser Zeitung veröffentlicht wurden.

---

reporter [rəpɔrtɛr] *m* — **Reporter** *m*, **Berichterstatter** *m*
Il est reporter à la radio. — Er ist Rundfunkreporter.

---

speaker, speakerine [spikœr, spikrin] *m,f* — **Ansager(in)** *m(f)*, **Sprecher(in)** *m(f)*
La speakerine a une très bonne prononciation. — Die Ansagerin hat eine sehr gute Aussprache.

---

téléspectateur, -trice [telespɛktatœr, -tris] *m,f* — **Fernsehzuschauer(in)** *m(f)*
Nous nous excusons auprès des téléspectateurs pour cette panne. — Wir entschuldigen uns bei den Zuschauern für diese Panne.

---

tourne-disque [turnədisk] *m* — **Plattenspieler** *m*
Il a remplacé son vieux tourne-disque par une chaîne stéréo. — Er hat seinen alten Plattenspieler durch eine Stereoanlage ersetzt.

1.3.3 ERHOLUNG UND FREIZEIT

1.3.3.1 FREIZEITBESCHÄFTIGUNGEN

«1–2000»

s'amuser [samyze] *v.* — **sich amüsieren, sich unterhalten**
La pièce de théâtre leur a plu; ils se sont bien amusés. — Das Theaterstück hat ihnen gefallen; sie haben sich gut amüsiert.

---

bricoler [brikɔle] *v.* — **basteln**
J'ai passé mon dimanche à bricoler. — Ich habe den Sonntag mit Basteln verbracht.

danse [dɑ̃s] *f* — **Tanz** *m*
Elle s'est inscrite à un cours de danse. — Sie hat sich für einen Tanzkurs angemeldet.

danser [dɑ̃se] *v.* — **tanzen**
Je ne sais pas danser le tango; tu peux m'apprendre? — Ich kann nicht Tango tanzen; kannst du es mir beibringen?

excursion [ɛkskyrsjõ] *f* — **Ausflug** *m*, **Fahrt** *f*
On a fait une excursion en car à Vienne. — Wir haben eine Busfahrt nach Wien gemacht.

jardin [ʒardɛ̃] *m* — **Garten** *m*
Le dimanche, il fait toujours son jardin. — Sonntags arbeitet er immer in seinem Garten.

jeu [ʒø] *m* (*pl.* -x) — **Spiel** *n*
On m'a offert un jeu d'échecs; tu fais une partie avec moi? — Man hat mir ein Schachspiel geschenkt; spielst du eine Partie mit mir?

jouer [ʒwe] *v.* — **spielen**
On a joué aux cartes toute la soirée. — Wir haben den ganzen Abend Karten gespielt.

pêcher (à la ligne) [pɛʃe(alaliɲ)] *v.* — **angeln**
Il est interdit de pêcher à la ligne ici sans permis de pêche. — Es ist verboten, ohne Angelschein hier zu angeln.

photo [fɔto] *f* (!) — **Foto** *n*, **Bild** *n*, **Aufnahme** *f*
Cette photo a été prise en Grèce. — Dieses Foto wurde in Griechenland aufgenommen.

photo [fɔto] *f* — **Fotografie** *f*, **Fotografieren** *n*
Faire de la photo, c'est sa seule distraction. — Fotografieren ist seine einzige Unterhaltung.

promenade [prɔmnad] *f* — **Spaziergang** *m*, **Spazierfahrt** *f*
Après le déjeuner, on a fait une promenade à pied. — Nach dem Mittagessen machten wir einen Spaziergang.

se promener [səprɔmne] *v.* (-è-) — **spazierengehen**
On s'est promené à bicyclette. — Wir sind mit dem Rad spazierengefahren.

se reposer [sərəpoze] *v.* — **sich ausruhen, sich erholen**
Ils sont rentrés de vacances bien reposés. — Sie sind gut erholt aus den Ferien zurückgekommen.

«2001–4000»

amusant, -ante [amyzɑ̃, -ɑ̃t] *adj.*	**amüsant, lustig**
C'est amusant de regarder ces vieilles photos de famille.	Es ist lustig, diese alten Familienfotos anzusehen.
appareil (de) photo [aparɛj(də)fɔto] *m*	**Fotoapparat** *m*
J'ai oublié d'emporter mon appareil photo en vacances.	Ich habe vergessen, meinen Fotoapparat in die Ferien mitzunehmen.
se baigner [səbeɲe] *v.*	**baden**
La plage était très belle; on s'est baigné tous les jours.	Der Strand war sehr schön; wir haben jeden Tag gebadet.
bricoleur [brikolœr] *m*	**Bastler** *m*, **Heimwerker** *m*
J'ai un ami bricoleur qui peut te réparer ta télé.	Ich habe einen Freund, der gerne bastelt; er kann dir deinen Fernseher reparieren.
bronzer [brɔ̃ze] *v.*	**bräunen, braun werden**
Elle est rentrée de vacances toute bronzée.	Sie kam ganz gebräunt aus den Ferien zurück.
caméra [kamera] *f*	**(Film)Kamera** *f*
Il s'est acheté une caméra vidéo.	Er hat sich eine Videokamera gekauft.
carte [kart] *f*	**(Spiel)Karte** *f*
Le poker est un jeu de cartes facile.	Poker ist ein leichtes Kartenspiel.
collection [kɔlɛksjɔ̃] *f*	**Sammlung** *f*
Je fais collection de timbres.	Ich sammle Briefmarken.
diapo(sitive) [djapo(zitiv)] *f*	**Dia(positiv)** *n*
Je cherche un projecteur d'occasion pour diapo(sitives).	Ich suche einen gebrauchten Diaprojektor.
distraction [distraksjɔ̃] *f*	**Unterhaltung** *f*, **Freizeitbeschäftigung** *f*
Quelles sont tes distractions à part la lecture? – Le cinéma.	Welches sind deine Freizeitbeschäftigungen außer dem Lesen? – Das Kino.
épreuve [eprœv] *f*	**Abzug** *m*, **Bild** *n*
Il a fait tirer cette épreuve par un photographe.	Er hat diesen Abzug von einem Fotografen machen lassen.

jouet [ʒwɛ] *m*
Je ne sais pas quoi lui offrir comme jouet pour son anniversaire.

Spielzeug *n*
Ich weiß nicht, was für ein Spielzeug ich ihm zu seinem Geburtstag schenken soll.

---

loisir [lwazir] *m*
Le golf et le cheval sont des loisirs coûteux.

Freizeit(beschäftigung) *f*
Golf und Reiten sind teure Freizeitbeschäftigungen.

---

pêche [pɛʃ] *f*
Dimanche, nous irons à la pêche au bord de la Loire.

Fischfang *m*, **Angeln** *n*
Am Sonntag fahren wir zum Angeln an die Loire.

---

pêcheur [pɛʃœr] *m*
Tu manques de patience pour être bon pêcheur.

Fischer *m*, **Angler** *m*
Dir fehlt es an Geduld, um ein guter Angler zu sein.

---

photographier [fɔtɔgrafje] *v.*
Il est interdit de photographier dans le musée.

fotografieren
Es ist verboten, im Museum zu fotografieren.

---

repos [rəpo] *m*
Elle a besoin de repos: elle a mauvaise mine.

Ruhe *f*, **Erholung** *f*
Sie braucht Ruhe: sie sieht schlecht aus.

---

tricoter [trikɔte] *v.*
Elle tricote en regardant la télé.

stricken
Sie strickt beim Fernsehen.

1.3.3.2 SPORT

«1–2000»

athlétisme [atletismə] *m*
Il est bon en athlétisme.

Leichtathletik *f*
Er ist gut in Leichtathletik.

---

balle [bal] *f*
J'ai acheté des balles de tennis jaunes.

Ball *m* (*kleinerer*)
Ich habe gelbe Tennisbälle gekauft.

---

ballon [balõ] *m*
Le ballon de rugby est ovale.

Ball *m* (*größerer*)
Der Rugbyball ist oval.

---

but [by(t)] *m*
Il était gardien de but dans l'équipe du lycée.

Tor *n*
Er war Torhüter in der Schulmannschaft.

---

chasse [ʃas] *f*
Il va à la chasse tous les dimanches en automne.

Jagd *f*
Er geht im Herbst jeden Sonntag auf die Jagd.

course [kurs] *f* C'est bientôt la saison des courses de chevaux.	**Lauf** *m*, **Rennen** *n* Bald beginnt die Saison der Pferderennen.
équipe [ekip] *f* Il fait du basket dans une équipe de professionnels.	**Mannschaft** *f* Er spielt Basketball in einer Profimannschaft.
foot(ball) [fut(bol)] *m* On joue une fois par semaine au foot.	**Fußball** *m* Wir spielen einmal wöchentlich Fußball.
gagner [gaɲe] *v.* Ils ont gagné par trois buts à zéro.	**gewinnen** Sie haben mit drei zu null (Toren) gewonnen.
match [matʃ] *m* Les deux équipes ont fait match nul. Il a regardé le match de boxe à la télé.	**Spiel** *n*, **Wettkampf** *m* Die beiden Mannschaften haben unentschieden gespielt. Er hat den Boxkampf im Fernsehen angesehen.
nager [naʒe] *v.* (-ge-) Tu fais de la voile? – Non, je ne sais pas nager.	**schwimmen** Treibst du Segelsport? – Nein, ich kann nicht schwimmen.
natation [natasjõ] *f* Elle prend des leçons de natation à la piscine.	**Schwimmen** *n*, **Schwimmsport** *m* Sie nimmt Schwimmunterricht im Schwimmbad.
ping-pong [piŋpõg] *m* Ils viennent de s'acheter une table de ping-pong.	**Tischtennis** *n* Sie haben sich eine Tischtennisplatte gekauft.
piscine [pisin] *f* Elle préfère les piscines en plein air.	**Schwimmbad** *n* Sie mag Freibäder lieber.
ski [ski] *m* Ça coûte cher, une nouvelle paire de skis.	**Ski** *m*; **Skifahren** *n*, **Skilaufen** *n* Ein neues Paar Skier ist teuer.
faire du ski [fɛrdyski] À Noël, je vais faire du ski en Autriche.	**Ski laufen, Ski fahren** An Weihnachten fahre ich zum Skilaufen nach Österreich.
sport [spɔr] *m* Si tu veux rester en forme, il faut faire plus de sport.	**Sport** *m* Wenn du in Form bleiben willst, mußt du mehr Sport treiben.
stade [stad] *m* Je suis allé au stade voir le match de foot.	**Stadion** *n* Ich bin ins Stadion gegangen, um das Fußballspiel zu sehen.

tennis [tenis] *m*
Cet été, je veux apprendre à jouer au tennis.

Tennis *n*
Diesen Sommer will ich Tennis spielen lernen.

«2001–4000»

adversaire [advɛrsɛr] *m*
Il a facilement gagné: son adversaire n'était pas en forme.

Gegner *m*
Er hat leicht gewonnen: sein Gegner war nicht in Form.

battre [batrə] *v.* (*irr.* 4)
L'équipe allemande a été battue par trois à zéro.

schlagen
Die deutsche Mannschaft wurde drei zu null geschlagen.

boules [bul] *f/pl.*
Ils jouent tous les jours aux boules sur la plage.

Boulespiel *n*, **Boccia** *n*
Sie spielen täglich am Strand Boccia.

champion, -onne [ʃɑ̃pjõ, -ɔn] *m,f*
Le nouveau champion du monde de boxe est américain.

Meister(in) *m*(*f*)
Der neue Boxweltmeister ist Amerikaner.

chasser [ʃase] *v.*
Il est interdit de chasser sans permis de chasse.

jagen
Es ist verboten, ohne Jagdschein zu jagen.

chasseur [ʃasœr] *m*
Les chasseurs se sont mis en route avec leurs chiens.

Jäger *m*
Die Jäger machten sich mit ihren Hunden auf den Weg.

départ [depar] *m*
Il a donné le signal du départ avec un drapeau.

Start *m*
Er gab mit einer Flagge das Startzeichen.

s'entraîner [sɑ̃trɛne] *v.*
Si vous voulez gagner, il faudra vous entraîner plus.

trainieren
Wenn ihr gewinnen wollt, müßt ihr mehr trainieren.

forme [fɔrm] *f*
Depuis qu'il s'entraîne régulièrement, il est en forme.

Form *f*
Seit er regelmäßig trainiert, ist er in Form.

grimper [grɛ̃pe] *v.*
Les enfants grimpent aux arbres dans le jardin.

klettern
Die Kinder klettern im Garten auf die Bäume.

perdre [pɛrdrə] *v.*
L'équipe de France a perdu le match aller.

verlieren
Die französische Mannschaft hat das Hinspiel verloren.

plonger [plɔ̃ʒe] *v.* (-ge-) Il a plongé du tremplin de trois mètres.	**tauchen** Er machte einen Kopfsprung vom Dreimeterbrett.
record [rəkɔr] *m* Le record du monde du cent mètres vient d'être battu.	**Rekord** *m* Der Weltrekord im 100-Meter-Lauf wurde soeben gebrochen.
sauter [sote] *v.* Pour rester en forme, elle saute à la corde.	**springen, hüpfen** Um in Form zu bleiben, macht sie Seilhüpfen.
skieur, -euse [skjœr, -øz] *m,f* Les skieurs faisaient la queue au téléski.	**Skifahrer(in)** *m(f)* Die Skifahrer standen am Skilift Schlange.
sportif, -ive [spɔrtif, -iv] *adj.* Elle fait du cyclisme: elle est sportive.	**sportlich** Sie treibt Radsport: sie ist sportlich.
téléski [teleski] *m* Cette station d'hiver a de nombreux téléskis.	**Skilift** *m* Dieser Wintersportort hat zahlreiche Skilifte.
voile [vwal] *f* Cet été, je vais faire un stage de voile.	**Segel** *n*; **Segeln** *n* Diesen Sommer mache ich einen Segelkurs.

1.4 Öffentliches Leben

1.4.1 STAATSWESEN

1.4.1.1 STAAT UND POLITIK

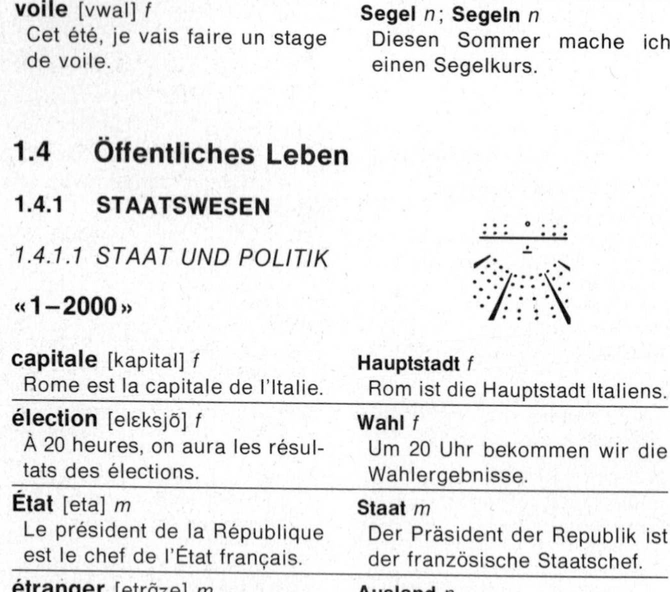

«1–2000»

capitale [kapital] *f* Rome est la capitale de l'Italie.	**Hauptstadt** *f* Rom ist die Hauptstadt Italiens.
élection [elɛksjɔ̃] *f* À 20 heures, on aura les résultats des élections.	**Wahl** *f* Um 20 Uhr bekommen wir die Wahlergebnisse.
État [eta] *m* Le président de la République est le chef de l'État français.	**Staat** *m* Der Präsident der Republik ist der französische Staatschef.
étranger [etrɑ̃ʒe] *m* C'était son premier voyage à l'étranger.	**Ausland** *n* Das war seine erste Auslandsreise.

étranger, -ère [etrɑ̃ʒe, -ɛr] *m,f* À Paris, il y a beaucoup d'étrangers.	**Ausländer(in)** *m(f)* In Paris gibt es viele Ausländer.
étranger, -ère [etrɑ̃ʒe, -ɛr] *adj.* Elle a un léger accent étranger.	**ausländisch, fremd** Sie hat einen leichten ausländischen Akzent.
frontière [frɔ̃tjɛr] *f* On a passé la frontière à Kehl.	**Grenze** *f* Wir haben in Kehl die Grenze passiert.
gouvernement [guvɛrnəmɑ̃] *m* Le Premier ministre est le chef du gouvernement.	**Regierung** *f* Der Ministerpräsident ist der Regierungschef.
international, -e [ɛ̃tɛrnasjɔnal] *adj.* (*m/pl.* -aux) La Croix-Rouge est un organisme international.	**international** Das Rote Kreuz ist eine internationale Organisation.
majorité [maʒɔrite] *f* Ce parti a maintenant la majorité absolue.	**Mehrheit** *f* Diese Partei hat jetzt die absolute Mehrheit.
manifester [manifɛste] *v.* Les paysans ont manifesté contre le gouvernement.	**demonstrieren** Die Bauern haben gegen die Regierung demonstriert.
ministre [ministrə] *m* Le ministre des Affaires étrangères vient d'arriver à Paris.	**Minister** *m* Der Außenminister ist soeben in Paris eingetroffen.
monde [mɔ̃d] *m* Le problème de la faim dans le monde devient de plus en plus grave.	**Welt** *f* Das Problem des Hungers in der Welt wird immer ernster.
nation [nasjɔ̃] *f* L'Organisation des Nations unies a son siège à New York.	**Nation** *f* Die Organisation der Vereinten Nationen hat ihren Sitz in New York.
national, -e [nasjɔnal] *adj.* (*m/pl.* -aux) Le Quatorze Juillet est la fête nationale française.	**national** Der 14. Juli ist der französische Nationalfeiertag.
opposition [ɔpozisjɔ̃] *f* Les partis de l'opposition recherchent des points communs.	**Opposition** *f* Die Oppositionsparteien suchen nach Gemeinsamkeiten.

parlement [parləmɑ̃] *m* En France, le Parlement se compose de l'Assemblée nationale et du Sénat.	**Parlament** *n* In Frankreich besteht das Parlament aus der Nationalversammlung und dem Senat.
parti [parti] *m* (!) Il est membre du parti socialiste.	**Partei** *f* Er ist Mitglied der Sozialistischen Partei.
pays [pei] *m* L'Allemagne est un pays industriel.	**Land** *n* Deutschland ist ein Industrieland.
peuple [pœplə] *m* L'ensemble du peuple constitue la nation.	**Volk** *n* Die Gesamtheit des Volkes stellt die Nation dar.
politique [pɔlitik] *adj.* Ils n'ont pas les mêmes opinions politiques.	**politisch** Sie haben nicht dieselben politischen Ansichten.
politique [pɔlitik] *f* Le gouvernement a modifié sa politique économique.	**Politik** *f* Die Regierung hat ihre Wirtschaftspolitik geändert.
pouvoir [puvwar] *m* Ce parti est au pouvoir depuis deux ans.	**Macht** *f* Diese Partei ist seit zwei Jahren an der Macht.
président [prezidɑ̃] *m* Le Président de la République française est élu pour sept ans.	**Präsident** *m* Der französische Staatspräsident ist auf sieben Jahre gewählt.
république [repyblik] *f* La République fédérale d'Allemagne existe depuis 1949.	**Republik** *f* Die Bundesrepublik Deutschland existiert seit 1949.

«2001–4000»

assemblée [asɑ̃ble] *f* Les députés de l'Assemblée nationale sont élus pour cinq ans.	**Versammlung** *f* Die Abgeordneten der Nationalversammlung werden für fünf Jahre gewählt.
commune [kɔmyn] *f* En France, il y a en moyenne 379 communes par département.	**Gemeinde** *f* In Frankreich gibt es im Durchschnitt 379 Gemeinden pro Departement.

conseil [kõsɛj] *m* Le Conseil des ministres se réunit à l'Élysée.	**Rat** *m* Der Ministerrat versammelt sich im Elyseepalast.
démocratie [demɔkrasi] *f* Dans une démocratie, le pouvoir appartient au peuple.	**Demokratie** *f* In einer Demokratie gehört die Macht dem Volk.
département [departəmɑ̃] *m* À la tête du département se trouve un préfet.	**Departement** *n* An der Spitze eines Departements steht ein Präfekt.
député [depyte] *m* De nombreux députés sont fonctionnaires.	**Abgeordneter** *m* Zahlreiche Abgeordnete sind Beamte.
drapeau [drapo] *m* (*pl.* -x) Les rues sont décorées de drapeaux tricolores.	**Fahne** *f* Die Straßen sind mit der Trikolore geschmückt.
droite [drwat] *f* La droite était contre l'abolition de la peine de mort.	**Rechte** *f* Die Rechte war gegen die Abschaffung der Todesstrafe.
élire [elir] *v.* (*irr.* 21) Le maire a été élu au premier tour.	**wählen** Der Bürgermeister wurde im ersten Wahlgang gewählt.
gauche [goʃ] *f* La gauche a soutenu le projet de loi.	**Linke** *f* Die Linke unterstützte den Gesetzesentwurf.
indépendant, -ante [ɛ̃depɑ̃dɑ̃, -ɑ̃t] *adj.* Les anciennes colonies sont aujourd'hui indépendantes.	**unabhängig** Die ehemaligen Kolonien sind heute unabhängig.
liberté [libɛrte] *f* Ce régime militaire a limité la liberté de la presse.	**Freiheit** *f* Dieses Militärregime hat die Pressefreiheit beschränkt.
manifestation [manifɛstasjõ] *f* On s'attend à des manifestations d'étudiants.	**Demonstration** *f* Es werden Studentendemonstrationen erwartet.
patrie [patri] *f* Les soldats défendent la patrie.	**Vaterland** *n* Die Soldaten verteidigen das Vaterland.
province [prɔvɛ̃s] *f* La Bretagne est une province française.	**Provinz** *f* Die Bretagne ist eine französische Provinz.

public, -ique [pyblik] *adj.* Les débats parlementaires sont publics.	**öffentlich** Die Parlamentsdebatten sind öffentlich.
puissance [pɥisɑ̃s] *f* Les grandes puissances participeront à la conférence.	**Macht** *f* Die Großmächte werden an der Konferenz teilnehmen.
puissant, -ante [pɥisɑ̃, -ɑ̃t] *adj.* Ce pays est menacé par la puissante armée de son voisin.	**mächtig** Dieses Land wird von der mächtigen Armee seines Nachbarn bedroht.
réforme [refɔrm] *f* Le gouvernement a proposé des réformes sociales.	**Reform** *f* Die Regierung hat soziale Reformen vorgeschlagen.
révolution [revɔlysjõ] *f* Beaucoup de gens ont fui lorsque la révolution a éclaté.	**Revolution** *f* Viele Leute flohen, als die Revolution ausbrach.
roi [rwa] *m* Les Belges ont encore un roi.	**König** *m* Die Belgier haben noch einen König.
traité [trɛte] *m* Les deux pays ont signé un traité.	**Vertrag** *m* Die beiden Länder haben einen Vertrag unterzeichnet.
vote [vɔt] *m* Les Françaises ont le droit de vote depuis 1945.	**Abstimmung** *f*, **Wahl** *f* Die Französinnen haben seit 1945 das Wahlrecht.
voter [vɔte] *v.* Il a voté pour le candidat de droite.	**abstimmen, wählen** Er hat für den Kandidaten der Rechten gestimmt.

1.4.1.2 KRIEG UND FRIEDEN

«1–2000»

arme [arm] *f* La limitation des armes nucléaires est un problème.	**Waffe** *f* Die Begrenzung der Kernwaffen ist ein Problem.
armée [arme] *f* Les Anglais ont une armée de métier.	**Armee** *f*, **Heer** *n* Die Engländer haben ein Berufsheer.
attaquer [atake] *v.* La ville a été attaquée par des avions.	**angreifen** Die Stadt wurde von Flugzeugen angegriffen.

se battre [səbatrə] *v.* (*irr.* 4) Les troupes se sont battues à la frontière.	**kämpfen** Die Truppen kämpften an der Grenze.
combat [kõba] *m* Les combats ont repris.	**Kampf** *m* Die Kämpfe wurden wiederaufgenommen.
défendre [defɑ̃drə] *v.* Ce peuple veut défendre son indépendance.	**verteidigen** Dieses Volk will seine Unabhängigkeit verteidigen.
défense [defɑ̃s] *f* On a réduit le budget du ministère de la Défense.	**Verteidigung** *f* Das Budget des Verteidigungsministeriums wurde herabgesetzt.
ennemi [ɛnmi] *m* Les troupes ont repoussé l'ennemi.	**Feind** *m* Die Truppen haben den Feind zurückgeworfen.
ennemi, -e [ɛnmi] *adj.* Il est impossible de voyager en pays ennemi.	**feindlich** Es ist unmöglich, im Feindesland zu reisen.
guerre [gɛr] *f* La Seconde Guerre mondiale a duré de 1939 à 1945.	**Krieg** *m* Der Zweite Weltkrieg dauerte von 1939 bis 1945.
officier [ɔfisje] *m* Il est devenu officier dans l'armée de l'air.	**Offizier** *m* Er wurde Offizier bei der Luftwaffe.
ordre [ɔrdrə] *m* Le général a donné l'ordre aux troupes d'attaquer.	**Befehl** *m* Der General gab den Truppen den Befehl zum Angriff.
paix [pɛ] *f* Le traité de paix n'a pas encore été signé.	**Frieden** *m* Der Friedensvertrag wurde noch nicht unterzeichnet.
service militaire [sɛrvismilitɛr] *m* Il a fait son service militaire en Allemagne.	**Militärdienst** *m*, **Wehrdienst** *m* Er hat seinen Wehrdienst in Deutschland abgeleistet.
soldat [sɔlda] *m* Il est resté simple soldat pendant la guerre.	**Soldat** *m* Er ist während des Krieges einfacher Soldat geblieben.
tirer [tire] *v.* Les soldats ont tiré sur tout ce qui bougeait.	**schießen** Die Soldaten schossen auf alles, was sich bewegte.

«2001–4000»

attaque [atak] *f* Les troupes ennemies sont passées à l'attaque.	**Angriff** *m* Die feindlichen Truppen gingen zum Angriff über.
bataille [bataj] *f* Napoléon a perdu la bataille de Waterloo.	**Schlacht** *f* Napoleon verlor die Schlacht von Waterloo.
bombe [bõb] *f* La première bombe atomique a été lancée sur Hiroshima.	**Bombe** *f* Die erste Atombombe wurde auf Hiroshima abgeworfen.
camp [kɑ̃] *m* La Croix-Rouge a pu visiter des camps de prisonniers.	**Lager** *n* Das Rote Kreuz konnte Gefangenenlager besuchen.
défaite [defɛt] *f* L'adversaire a subi une défaite.	**Niederlage** *f* Der Gegner hat eine Niederlage erlitten.
détruire [detrɥir] *v.* (*irr.* 6) La cathédrale a été détruite lors d'une attaque aérienne.	**zerstören** Die Kathedrale wurde bei einem Luftangriff zerstört.
fuite [fɥit] *f* Ils ont tiré sur les troupes en fuite.	**Flucht** *f* Sie haben auf die flüchtenden Truppen geschossen.
fusée [fyze] *f* La population refuse les fusées nucléaires.	**Rakete** *f* Die Bevölkerung lehnt die Atomraketen ab.
fusil [fysi] *m* Il a été blessé par un coup de fusil.	**Gewehr** *n* Er wurde durch einen Gewehrschuß verwundet.
général [ʒeneral] *m* (*pl.* **généraux** [ʒenero]) Le général a inspecté les troupes.	**General** *m* Der General hat die Truppen inspiziert.
gloire [glwar] *f* Il s'est couvert de gloire pendant cette campagne militaire.	**Ruhm** *m* Er hat bei diesem Feldzug Ruhm erlangt.
militaire [militɛr] *adj.* Un gouvernement militaire a pris le pouvoir.	**militärisch** Eine Militärregierung hat die Macht übernommen.
occuper [ɔkype] *v.* L'armée ennemie a occupé le pays.	**besetzen** Die feindliche Armee hat das Land besetzt.

résistance [rezistɑ̃s] *f* Le général de Gaulle a été le chef de la Résistance.	**Widerstand** *m* General de Gaulle war der Chef der Widerstandsbewegung.
troupes [trup] *f/pl.* Les troupes ennemies sont arrivées à la frontière.	**Truppen** *pl.* Die feindlichen Truppen sind an der Grenze angelangt.
vaincre [vɛ̃krə] *v.* (*irr.* 38) L'ennemi a été vaincu dans cette bataille.	**(be)siegen** Der Feind wurde in dieser Schlacht besiegt.
vainqueur [vɛ̃kœr] *m* Le vainqueur a annexé une partie du territoire.	**Sieger** *m* Der Sieger hat einen Teil des Gebietes annektiert.
victime [viktim] *f* La Seconde Guerre mondiale a fait des millions de victimes.	**Opfer** *n* Der Zweite Weltkrieg hat Millionen Opfer gekostet.
victoire [viktwar] *f* On a remporté la victoire grâce à l'aide des alliés.	**Sieg** *m* Dank der Hilfe der Alliierten wurde der Sieg errungen.

1.4.2 KIRCHE UND RELIGION

«1–2000»

catholique [katɔlik] *adj.* Ses parents l'ont élevé dans la religion catholique.	**katholisch** Seine Eltern haben ihn im katholischen Glauben erzogen.
chrétien, -ienne [kretjɛ̃, -jɛn] *m,f* En Afrique, les chrétiens forment environ dix pour cent de la population.	**Christ(in)** *m(f)* In Afrika machen die Christen etwa zehn Prozent der Bevölkerung aus.
chrétien, -ienne [kretjɛ̃, -jɛn] *adj.* Cette famille est attachée aux traditions chrétiennes.	**christlich** Diese Familie hängt an den christlichen Traditionen.
croire [krwar] *v.* (*irr.* 10) Les chrétiens croient en Jésus-Christ.	**glauben** Die Christen glauben an Jesus Christus.

curé [kyre] *m* Les curés sont nommés par les évêques.	**(katholischer) Pfarrer** *m* Die Pfarrer werden von den Bischöfen ernannt.
Dieu [djø] *m* Dieu sait pourquoi il a fait cela.	**Gott** *m* Weiß Gott, warum er das getan hat.
dieu [djø] *m* (*pl.* -x) Mars est le dieu de la guerre.	**Gott** *m* Mars ist der Gott des Krieges.
Église [egliz] *f* En France, la séparation de l'Église et de l'État date de 1905.	**Kirche** *f* In Frankreich besteht seit 1905 die Trennung von Kirche und Staat.
église [egliz] *f* L'église du village a été restaurée.	**Kirche** *f* (*Gebäude*) Die Dorfkirche ist restauriert worden.
Noël [nɔɛl] *m* Nous vous souhaitons un joyeux Noël.	**Weihnachten** Wir wünschen euch frohe Weihnachten.
Pâques [pɑk] *f/pl.* À Pâques, on offre des œufs et des cloches en chocolat.	**Ostern** An Ostern schenkt man Eier und Glocken aus Schokolade.
prêtre [prɛtrə] *m* Il s'est fait prêtre.	**Priester** *m* Er ist Priester geworden.
protestant, -ante [prɔtɛstɑ̃, -ɑ̃t] *adj.* Ils sont protestants.	**protestantisch, evangelisch** Sie sind evangelisch.
religion [rəliʒjõ] *f* Comme ils n'avaient pas la même religion, la famille était contre le mariage.	**Religion** *f*, **Glaube** *m* Da sie nicht denselben Glauben hatten, war die Familie gegen die Heirat.

«2001–4000»

âme [ɑm] *f* Faust avait vendu son âme au diable.	**Seele** *f* Faust hatte seine Seele an den Teufel verkauft.
ciel [sjɛl] *m* (*pl.* **cieux** [sjø]) Notre père qui es aux cieux.	**Himmel** *m* Vater unser im Himmel.
conscience [kõsjɑ̃s] *f* Il n'a pas la conscience tranquille.	**Gewissen** *n* Er hat kein sauberes Gewissen.

diable [djablə] *m*	**Teufel** *m*
Elle a le diable au corps.	Sie hat den Teufel im Leib.
enfer [ɑ̃fɛr] *m*	**Hölle** *f*
Leur vie commune était devenue un enfer.	Das Zusammenleben war für sie zur Hölle geworden.
foi [fwa] *f*	**Glaube** *m*
Il a gardé toute sa vie la foi de son enfance.	Er hat sein ganzes Leben den Glauben seiner Kindheit bewahrt.
juif, juive [ʒɥif, ʒɥiv] *m,f*	**Jude** *m*, **Jüdin** *f*
Les juifs ont subi de nombreuses persécutions.	Die Juden erlitten zahlreiche Verfolgungen.
messe [mɛs] *f*	**Messe** *f*
Elle va à la messe tous les dimanches.	Sie geht jeden Sonntag zur Messe (*oder* in die Kirche).
pape [pap] *m*	**Papst** *m*
Les cardinaux élisent le pape.	Die Kardinäle wählen den Papst.
pasteur [pastœr] *m*	**(evangelischer) Pfarrer** *m*
Les pasteurs ont le droit de se marier.	Die evangelischen Pfarrer dürfen heiraten.
Pentecôte [pɑ̃tkot] *f*	**Pfingsten**
On célèbre la Pentecôte le septième dimanche après Pâques.	Pfingsten wird am siebenten Sonntag nach Ostern gefeiert.
prier [prije] *v.*	**beten**
Elle a prié Dieu pour la guérison de sa fille.	Sie betete zu Gott für die Genesung ihrer Tochter.
prière [prijɛr] *f*	**Gebet** *n*
Il est allé à l'église faire ses prières.	Er ging in die Kirche, um zu beten.
religieux, -euse [rəliʒjø, -øz] *adj.*	**religiös, kirchlich**
Ils ont fait un mariage religieux.	Sie haben sich kirchlich trauen lassen.
saint, sainte [sɛ̃, sɛ̃t] *adj.*	**heilig**
Sainte Geneviève est la patronne de Paris.	Die heilige Genoveva ist die Schutzpatronin von Paris.

1.5 Umwelt

1.5.1 STADT UND DORF

«1–2000»

banlieue [bɑ̃ljø] *f* Il habite en banlieue et travaille à Paris.	**Vororte** *m/pl.* Er wohnt in einem Vorort und arbeitet in Paris.
bâtiment [bɑtimɑ̃] *m* Ce bâtiment abrite le musée de la chasse.	**Gebäude** *n* Dieses Gebäude beherbergt das Jagdmuseum.
boulevard [bulvar] *m* Le baron Haussmann a fait construire les grands boulevards parisiens.	**Boulevard** *m* Baron Haussmann hat die großen Pariser Boulevards bauen lassen.
campagne [kɑ̃paɲ] *f* Il est parti vivre à la campagne.	**Land** *n* Er ist weggezogen, um auf dem Land zu leben.
centre [sɑ̃trə] *m* Elle habite en plein centre.	**Zentrum** *n*, **Stadtmitte** *f* Sie wohnt mitten im Zentrum.
centre commercial [sɑ̃trəkɔmɛrsjal] *m* Il y a un centre commercial près de la gare.	**Einkaufszentrum** *n* In der Nähe des Bahnhofs ist ein Einkaufszentrum.
château [ʃato] *m* (*pl.* -x) Dimanche, on a visité le château de Versailles.	**Schloß** *n* Am Sonntag besichtigten wir das Schloß von Versailles.
ferme [fɛrm] *f* Ils ont loué une vieille ferme pour les vacances.	**Bauernhof** *m*, **Bauernhaus** *n* Sie haben für die Ferien ein altes Bauernhaus gemietet.
habitant [abitɑ̃] *m* (l'-) Le nombre d'habitants de cette ville a doublé.	**Einwohner** *m* Die Einwohnerzahl dieser Stadt hat sich verdoppelt.
place [plas] *f* Il y a une fontaine sur la place.	**Platz** *m* Auf dem Platz steht ein Springbrunnen.
pont [pɔ̃] *m* Pour sortir du centre ville, traversez le pont.	**Brücke** *f* Um aus dem Stadtzentrum herauszukommen, fahren Sie über die Brücke.

quartier [kartje] *m* — **(Stadt)Viertel** *n*, **Stadtteil** *m*
Je regrette, je ne suis pas du quartier. — Ich bedaure, ich bin nicht aus diesem Stadtteil.

route [rut] *f* — **(Land)Straße** *f*
La route est barrée à cause des inondations. — Die Straße ist wegen Überschwemmung gesperrt.

rue [ry] *f* — **Straße** *f* (*in einem Ort*)
La première rue à droite vous mène directement à la gare. — Die erste Straße rechts führt Sie direkt zum Bahnhof.

village [vilaʒ] *m* — **Dorf** *n*
Les habitants du village préparent une grande fête. — Die Dorfbewohner bereiten ein großes Fest vor.

ville [vil] *f* — **Stadt** *f*
Il a longtemps habité dans une petite ville. — Er wohnte lange in einer kleinen Stadt.

«2001–4000»

agricole [agrikɔl] *adj.* — **landwirtschaftlich, Agrar...**
La banque accorde des crédits pour l'achat de machines agricoles. — Die Bank gewährt Kredite für den Kauf landwirtschaftlicher Maschinen.

agriculture [agrikyltyr] *f* — **Landwirtschaft** *f*
Le ministre de l'Agriculture veut limiter les importations de vin. — Der Landwirtschaftsminister will die Weinimporte begrenzen.

avenue [avny] *f* — (*breite*) **Allee** *f*, **Prachtstraße** *f*
L'Opéra est au bout de l'avenue. — Die Oper ist am Ende der Allee.

cathédrale [katedral] *f* — **Kathedrale** *f*
La partie la plus ancienne de la cathédrale est de style roman. — Der älteste Teil der Kathedrale ist romanisch.

charrue [ʃary] *f* — **Pflug** *m*
Aujourd'hui, les charrues sont tirées par des tracteurs. — Heute werden die Pflüge von Traktoren gezogen.

cimetière [simtjɛr] *m* — **Friedhof** *m*
Le cimetière se trouve en dehors du village. — Der Friedhof befindet sich außerhalb des Dorfes.

cité [site] *f* — **(Innen)Stadt** *f*
Lyon a toujours été une cité commerçante. — Lyon war schon immer eine Handelsstadt.

clocher [klɔʃe] *m*	**Kirchturm** *m*, **Glockenturm** *m*
La foudre est tombée sur le clocher de l'église.	Der Blitz hat in den Kirchturm eingeschlagen.
entourer (de) [ɑ̃ture] *v.*	**umgeben** (mit)
La place de l'église est entourée de vieux arbres.	Der Kirchplatz ist von alten Bäumen umgeben.
environs [ɑ̃virõ] *m/pl.*	**Umgebung** *f*
Il possède une ferme dans les environs de Grenoble.	Er besitzt ein Bauernhaus in der Umgebung von Grenoble.
fontaine [fõtɛn] *f*	**(Spring)Brunnen** *m*
Les femmes du village vont chercher de l'eau à la fontaine.	Die Frauen des Dorfes holen Wasser am Brunnen.
hôtel de ville [otɛldəvil] *m* (l'-)	**Rathaus** *n*
Le syndicat d'initiative est à côté de l'hôtel de ville.	Das Verkehrsbüro ist neben dem Rathaus.
monument [mɔnymɑ̃] *m*	**Denkmal** *n*; **Bauwerk** *n*
Cette église est classée monument historique.	Diese Kirche steht unter Denkmalschutz.
moulin [mulɛ̃] *m*	**Mühle** *f*
Il reste encore quelques moulins à vent dans la région.	Es gibt noch einige Windmühlen in der Gegend.
municipal, -e [mynisipal] *adj.* (*m/pl.* -aux)	**städtisch, Stadt...**
Le conseil municipal a décidé de créer une zone piétonne.	Der Stadtrat beschloß, eine Fußgängerzone zu schaffen.
puits [pɥi] *m*	**Brunnen** *m*
L'eau du puits est potable.	Das Wasser aus dem Brunnen ist trinkbar.
tour [tur] *f*	**Turm** *m*
La tour Eiffel est le monument le plus célèbre de Paris.	Der Eiffelturm ist das berühmteste Bauwerk von Paris.

1.5.2 LANDSCHAFT

«1–2000»

bois [bwa] *m*	**Wald** *m*
La ferme est à vendre avec un petit bois.	Der Bauernhof mit einem Wäldchen steht zum Verkauf.

au bord de la mer [obɔrdəlamɛr] Ils ont choisi un terrain de camping au bord de la mer.	**am Meer, an der See** Sie haben sich einen Campingplatz am Meer ausgesucht.
champ [ʃɑ̃] *m* En Beauce, il y a d'immenses champs de blé.	**Feld** *n* In der Beauce gibt es unendliche Weizenfelder.
chemin [ʃəmɛ̃] *m* Il a demandé son chemin au pompiste.	**Weg** *m* Er hat den Tankwart nach dem Weg gefragt.
côte [kot] *f* Ils ont longé la côte en bateau.	**Küste** *f* Sie fuhren im Schiff an der Küste entlang.
forêt [fɔrɛ] *f* L'imprudence des touristes a provoqué des incendies de forêt.	**Wald** *m* Die Unvorsichtigkeit der Touristen hat zu Waldbränden geführt.
île [il] *f* On est resté un mois sur l'île.	**Insel** *f* Wir sind einen Monat auf der Insel geblieben.
lac [lak] *m* Elle vient d'une petite ville au bord du lac Léman.	**See** *m* Sie kommt aus einer kleinen Stadt am Genfer See.
montagne [mõtaɲ] *f* Nous avons fait de belles excursions en montagne.	**Berg** *m* Wir haben schöne Ausflüge ins Gebirge gemacht.
paysage [peizaʒ] *m* J'ai beaucoup aimé les paysages sauvages de Norvège.	**Landschaft** *f* Die wilden Landschaften Norwegens gefielen mir sehr.
plage [plaʒ] *f* Ils sont allés à la plage pour se baigner.	**Strand** *m* Sie sind an den Strand gegangen, um zu baden.
région [reʒjõ] *f* J'aimerais bien connaître cette région.	**Gegend** *f* Ich würde diese Gegend gern kennenlernen.
rivière [rivjɛr] *f* On peut pêcher des truites dans la rivière.	**Fluß** *m* Man kann im Fluß Forellen fangen.
vallée [vale] *f* On peut remonter une partie de la vallée de la Loire en bateau.	**Tal** *n* Man kann einen Teil des Loiretals mit dem Schiff hinauffahren.

vue [vy] *f* — **Aussicht** *f*, **Ausblick** *m*
Ils ont réservé une chambre avec vue sur la mer. — Sie haben ein Zimmer mit Blick aufs Meer reserviert.

«2001–4000»

canal [kanal] *m* (*pl.* **canaux** [kano]) — **Kanal** *m*
En France, il existe tout un réseau de canaux. — In Frankreich gibt es ein ganzes Netz von Kanälen.

col [kɔl] *m* — **(Gebirgs)Paß** *m*
Le col est fermé à la circulation. — Der Paß ist für den Verkehr gesperrt.

colline [kɔlin] *f* — **Hügel** *m*
Du haut de la colline, on a une belle vue. — Von dem Hügel aus hat man eine schöne Aussicht.

courant [kurɑ̃] *m* — **Strömung** *f*
Il est dangereux de se baigner dans le fleuve à cause des courants. — Wegen der Strömungen ist es gefährlich, im Fluß zu baden.

désert [dezɛr] *m* — **Wüste** *f*
Ils ont traversé le désert en jeep. — Sie haben die Wüste im Jeep durchquert.

fleuve [flœv] *m* — **Fluß** *m*, **Strom** *m*
Au printemps, le fleuve est sorti de son lit. — Im Frühjahr ist der Fluß über die Ufer getreten.

fossé [fose] *m* — **Graben** *m*
La voiture est tombée dans le fossé. — Das Auto ist in den Graben gefallen.

parc [park] *m* — **Park** *m*
Ils se sont promenés dans le parc. — Sie sind im Park spazierengegangen.

pente [pɑ̃t] *f* — **Abhang** *m*
Le terrain est trop en pente pour planter une tente. — Das Gelände ist zu abschüssig, um ein Zelt aufzustellen.

plaine [plɛn] *f* — **Ebene** *f*
La plaine du Pô est souvent inondée. — Die Poebene wird oft überschwemmt.

prairie [prɛri] *f* — **Wiese** *f*, **Grünland** *n*
Un troupeau de vaches était dans la prairie. — Auf der Weide war eine Kuhherde.

pré [pre] *m* On a ramassé des champignons dans les prés.	(*kleine*) **Wiese** *f* Wir haben auf den Wiesen Pilze gesammelt.
sol [sɔl] *m* Le sol ici n'est pas assez fertile.	**Boden** *m* Der Boden hier ist nicht fruchtbar genug.
sommet [sɔmɛ] *m* Arrivés au sommet, nous avons été surpris par l'orage.	**Gipfel** *m* Auf dem Gipfel wurden wir vom Gewitter überrascht.
source [surs] *f* Le Rhin prend sa source dans les Alpes.	**Quelle** *f* Der Rhein entspringt in den Alpen.
terrain [tɛrɛ̃] *m* Ils ont acheté un terrain pour faire construire une maison.	**Grundstück** *n*, **Gelände** *n* Sie haben ein Grundstück gekauft, um ein Haus zu bauen.

1.5.3 NATUR

1.5.3.1 ALLGEMEINES

«1–2000»

air [ɛr] *m* Il est sorti prendre l'air.	**Luft** *f* Er ging an die frische Luft.
ciel [sjɛl] *m* Le ciel est nuageux: il va pleuvoir.	**Himmel** *m* Der Himmel ist bewölkt: es wird regnen.
eau [o] *f* (*pl.* -x) La truite est un poisson d'eau douce.	**Wasser** *n* Die Forelle ist ein Süßwasserfisch.
environnement [ɑ̃virɔnmɑ̃] *m* La protection de l'environnement est un problème actuel.	**Umwelt** *f* Der Umweltschutz ist ein aktuelles Problem.
étoile [etwal] *f* Le temps est clair: on peut voir beaucoup d'étoiles.	**Stern** *m* Das Wetter ist klar: man kann viele Sterne sehen.
feu [fø] *m* (*pl.* -x) Le feu a détruit plusieurs hectares de forêt.	**Feuer** *n* Das Feuer vernichtete mehrere Hektar Wald.
lumière [lymjɛr] *f* Il préfère travailler à la lumière du jour.	**Licht** *n* Er arbeitet lieber bei Tageslicht.

lune [lyn] *f* — **Mond** *m*
Il y a un beau clair de lune cette nuit. — Es ist heller Mondschein heute nacht.

mer [mɛr] *f* — **Meer** *n*, **See** *f*
Il préfère la mer du Nord à la Méditerranée. — Er mag die Nordsee lieber als das Mittelmeer.

nature [natyr] *f* — **Natur** *f*
On s'est promené en pleine nature. — Wir sind in der freien Natur spazierengegangen.

soleil [sɔlɛj] *m* — **Sonne** *f*
Il fait (du) soleil. — Die Sonne scheint.

Terre [tɛr] *f* — **Erde** *f*
La Lune est un satellite de la Terre. — Der Mond ist ein Trabant der Erde.

terre [tɛr] *f* — **Erde** *f*, **(Erd)Boden** *m*
Ne laisse pas traîner tes affaires par terre. — Laß deine Sachen nicht auf der Erde herumliegen.

terre [tɛr] *f* — **Erde** *f*, **Boden** *m*
Cette terre est trop grasse pour tes cactus. — Diese Erde ist zu schwer für deine Kakteen.

terre [tɛr] *f* — **Land** *n*
Du bateau, on aperçut enfin la terre. — Vom Schiff aus sah man endlich das Land.

«2001–4000»

briller [brije] *v.* — **glänzen; scheinen** (*Sonne*)
Il fait beau aujourd'hui; le soleil brille. — Es ist heute schön; die Sonne scheint.
Tout ce qui brille n'est pas or (*Sprichwort*). — Es ist nicht alles Gold, was glänzt.

élément [elemɑ̃] *m* — **Element** *n*
Les quatre éléments sont la terre, l'eau, l'air, le feu. — Die vier Elemente sind Erde, Wasser, Luft und Feuer.

espace [ɛspas] *m* — **Weltraum** *m*
Les astronautes explorent l'espace. — Die Astronauten erforschen den Weltraum.

fumée [fyme] *f* — **Rauch** *m*
De loin, on voyait des nuages de fumée. — Von weitem sah man Rauchwolken.

gaz [gɑz] *m* On a découvert des gisements de gaz naturel dans la région.	**Gas** *n* In der Gegend wurden Erdgasvorkommen entdeckt.
horizon [ɔrizõ] *m* (l'-) Le soleil a disparu à l'horizon.	**Horizont** *m* Die Sonne verschwand am Horizont.
marée [mare] *f* On a ramassé des coquillages à marée basse.	**Ebbe** *f* **und Flut** *f* Wir haben bei Ebbe Muscheln gesammelt.
naturel, -elle [natyrɛl] *adj.* Ces montagnes constituent une frontière naturelle.	**natürlich** Dieses Gebirge stellt eine natürliche Grenze dar.
obscurité [ɔpskyrite] *f* Elle a peur de l'obscurité.	**Dunkelheit** *f* Sie hat Angst vor der Dunkelheit.
ombre [õbrə] *f* Par cette chaleur, je préfère rester à l'ombre.	**Schatten** *m* Bei dieser Hitze bleibe ich lieber im Schatten.
pollution [pɔlysjõ] *f* Les problèmes de pollution de l'air se multiplient.	**Umweltverschmutzung** *f* Die Probleme der Luftverschmutzung häufen sich.
rayon [rɛjõ] *m* Dès le premier rayon de soleil, elle se fait bronzer.	**Strahl** *m* Gleich beim ersten Sonnenstrahl läßt sie sich bräunen.
sombre [sõbrə] *adj.* Il fait trop sombre pour faire des photos.	**dunkel, finster** Es ist zu dunkel, um Fotos machen zu können.
vapeur [vapœr] *f* Attention! Tu peux te brûler avec la vapeur.	**Dampf** *m* Vorsicht! Du kannst dich am Dampf verbrennen.

1.5.3.2 TIERE

«1–2000»

âne [ɑn] *m* Ils ont transporté le matériel à dos d'âne.	**Esel** *m* Sie transportierten das Material auf Eseln.
animal [animal] *m* (*pl.* **animaux** [animo]) Il aime les animaux.	**Tier** *n* Er mag Tiere.

bête [bɛt] *f* On a déjà eu un chien: je ne veux plus de bête!	**Tier** *n* Wir haben schon einen Hund gehabt: ich will kein Tier mehr!
bœuf [bœf] *m* (*pl.* **bœufs** [bø]) Autrefois, on utilisait des bœufs pour labourer.	**Ochse** *m* Früher verwendete man Ochsen zum Pflügen.
chat [ʃa] *m* Son chat ronronne dès qu'on le caresse.	**Katze** *f* Ihre Katze schnurrt, sobald man sie streichelt.
cheval [ʃəval] *m* (*pl.* **chevaux** [ʃəvo]) Elle fait du cheval une fois par semaine.	**Pferd** *n* Sie reitet einmal pro Woche.
chèvre [ʃɛvrə] *f* La France exporte beaucoup de fromage de chèvre.	**Ziege** *f* Frankreich exportiert viel Ziegenkäse.
chien [ʃjɛ̃] *m* Attention, chien méchant!	**Hund** *m* Warnung vor dem Hunde!
cochon [kɔʃõ] *m* Les enfants veulent avoir un cochon d'Inde.	**Schwein** *n* Die Kinder möchten ein Meerschweinchen haben.
coq [kɔk] *m* Le chant du coq nous réveillait tous les matins.	**Hahn** *m* Das Krähen des Hahns weckte uns jeden Morgen.
insecte [ɛ̃sɛkt] *m* Cette pommade est bonne contre les piqûres d'insectes.	**Insekt** *n* Diese Salbe ist gut gegen Insektenstiche.
mouton [mutõ] *m* Le berger garde les moutons.	**Schaf** *n* Der Schäfer hütet die Schafe.
oiseau [wazo] *m* (*pl.* -x) J'ai trouvé un nid d'oiseau au bord de la route.	**Vogel** *m* Ich habe am Straßenrand ein Vogelnest gefunden.
poule [pul] *f* La poule chante: elle vient de pondre un œuf.	**Huhn** *n*, **Henne** *f* Die Henne gackert: sie hat soeben ein Ei gelegt.
vache [vaʃ] *f* Il y a beaucoup de vaches en Normandie.	**Kuh** *f* In der Normandie gibt es viele Kühe.
veau [vo] *m* (*pl.* -x) Les Italiens importent beaucoup de viande de veau.	**Kalb** *n* Die Italiener importieren viel Kalbfleisch.

«2001–4000»

agneau [aɲo] *m* (*pl.* -x) Il est doux comme un agneau.	**Lamm** *n* Er ist sanft wie ein Lamm.
aigle [ɛglə] *m* Les aigles sont en voie de disparition.	**Adler** *m* Die Adler sind vom Aussterben bedroht.
aile [ɛl] *f* L'oiseau avait une aile cassée.	**Flügel** *m* Der Vogel hatte einen gebrochenen Flügel.
bec [bɛk] *m* L'aigle a un bec crochu.	**Schnabel** *m* Der Adler hat einen gekrümmten Schnabel.
canard [kanar] *m* Dans la région, on pratique la chasse aux canards.	**Ente** *f* In der Gegend wird Entenjagd betrieben.
élever [elve] *v.* (-è-) Ils élèvent des lapins angoras.	**züchten** Sie züchten Angorakaninchen.
femelle [fəmɛl] *f* La femelle du chien s'appelle la chienne.	**Weibchen** *n* Das Hundeweibchen heißt Hündin.
gueule [gœl] *f* Le chat est revenu avec un oiseau dans la gueule.	**Maul** *n* Die Katze ist mit einem Vogel im Maul zurückgekommen.
lapin [lapɛ̃] *m* La viande de lapin est maigre.	**Kaninchen** *n* Kaninchenfleisch ist mager.
lièvre [ljɛvrə] *m* Le lièvre atteint une vitesse de 60 kilomètres à l'heure.	**Hase** *m* Der Hase erreicht eine Geschwindigkeit von 60 km/h.
lion [ljõ] *m* Le lion rugit à la vue du dompteur.	**Löwe** *m* Der Löwe brüllte beim Anblick des Dompteurs.
loup [lu] *m* Les loups ne se mangent pas entre eux (*Sprichwort*).	**Wolf** *m* Eine Krähe hackt der anderen kein Auge aus.
mâle [mɑl] *m* Ils ont acheté un couple de lapins : un mâle et une femelle.	**Männchen** *n* Sie haben ein Kaninchenpärchen gekauft: ein Männchen und ein Weibchen.
mordre [mɔrdrə] *v.* Le facteur s'est fait mordre par un chien.	**beißen** Der Briefträger wurde von einem Hund gebissen.

mouche [muʃ] *f* Il ne ferait pas de mal à une mouche.	**Fliege** *f* Er tut keiner Fliege etwas zuleide.
moustique [mustik] *m* Avant de se coucher, on a fait la chasse aux moustiques.	**(Stech)Mücke** *f* Vor dem Schlafengehen haben wir Jagd auf Mücken gemacht.
nid [ni] *m* Il a trouvé un jeune oiseau tombé du nid.	**Nest** *n* Er fand einen jungen Vogel, der aus dem Nest gefallen war.
papillon [papijõ] *m* Des papillons de nuit volaient autour de la lampe.	**Schmetterling** *m* Nachtschmetterlinge flogen um die Lampe.
patte [pat] *f* Elle a appris à son chien à donner la patte.	**Pfote** *f* Sie hat ihrem Hund beigebracht, Pfötchen zu geben.
pigeon [piʒõ] *m* Il élève des pigeons voyageurs pour son plaisir.	**Taube** *f* Er züchtet Brieftauben zu seinem Vergnügen.
piquer [pike] *v.* J'ai été piqué par un moustique.	**stechen** Ich wurde von einer Mücke gestochen.
plume [plym] *f* Ton canari est malade: il perd ses plumes.	**Feder** *f* Dein Kanarienvogel ist krank: er verliert seine Federn.
queue [kø] *f* Si tu tires la queue du chat, il va te griffer!	**Schwanz** *m* Wenn du die Katze am Schwanz ziehst, wird sie dich kratzen!
sauvage [sovaʒ] *adj.* Le lion et le tigre sont des animaux sauvages.	**wild** Der Löwe und der Tiger sind wilde Tiere.
serpent [sɛrpɑ̃] *m* Une piqûre de serpent peut être mortelle.	**Schlange** *f* Ein Schlangenbiß kann tödlich sein.
singe [sɛ̃ʒ] *m* Le singe imite l'homme.	**Affe** *m* Der Affe ahmt den Menschen nach.
souris [suri] *f* On utilise les souris blanches pour des expériences.	**Maus** *f* Die weißen Mäuse verwendet man für Versuche.

trace [tras] *f*
Le chien de chasse a retrouvé la trace du lièvre.

Spur *f*
Der Jagdhund hat die Spur des Hasen wiedergefunden.

1.5.3.3 PFLANZEN

«1–2000»

arbre [arbrə] *m*
On a planté des arbres fruitiers dans le jardin.

Baum *m*
Wir haben im Garten Obstbäume gepflanzt.

---

blé [ble] *m*
Dans cette région, les paysans cultivent le blé.

Weizen *m*
In dieser Gegend bauen die Bauern Weizen an.

---

branche [brɑ̃ʃ] *f*
Il a coupé les branches mortes.

Zweig *m*, **Ast** *m*
Er hat die dürren Zweige abgeschnitten.

---

feuille [fœj] *f*
Les feuilles de cette plante tombent.

Blatt *n*
Die Blätter dieser Pflanze fallen ab.

---

fleur [flœr] *f*
On va lui offrir un bouquet de fleurs.

Blume *f*
Wir schenken ihr einen Blumenstrauß.

---

fleur [flœr] *f*
En mai, les pommiers sont en fleurs.

Blüte *f*
Im Mai blühen die Apfelbäume.

---

herbe [ɛrb] *f* (l'-)
L'herbe est trop haute: il faudra tondre le gazon.

Gras *n*
Das Gras ist zu hoch: man muß den Rasen mähen.

---

moisson [mwasõ] *f*
Les paysans ont commencé à faire la moisson.

(Getreide)Ernte *f*
Die Bauern haben mit der Ernte begonnen.

---

plante [plɑ̃t] *f*
Pour son anniversaire, je lui ai offert une plante verte.

Pflanze *f*
Zu ihrem Geburtstag habe ich ihr eine Blattpflanze geschenkt.

---

récolte [rekɔlt] *f*
Cette année, la récolte de pêches a été abondante.

Ernte *f*
Dieses Jahr war die Pfirsichernte reichlich.

---

rose [roz] *f*
Il est arrivé, une rose à la boutonnière.

Rose *f*
Er kam mit einer Rose im Knopfloch.

«2001–4000»

bouquet [bukɛ] *m* Il m'a offert un bouquet de roses.	**Strauß** *m* Er hat mir einen Rosenstrauß geschenkt.
champignon [ʃɑ̃piɲɔ̃] *m* Il a plu: on peut aller ramasser des champignons.	**Pilz** *m* Es hat geregnet: man kann zum Pilzesammeln gehen.
chêne [ʃɛn] *m* Les truffes poussent au pied des chênes.	**Eiche** *f* Die Trüffeln wachsen am Fuß der Eichen.
cueillir [kœjir] *v.* (*irr.* 11) Les cerises sont mûres: il faut les cueillir.	**pflücken** Die Kirschen sind reif: man muß sie pflücken.
cultiver [kyltive] *v.* En Bourgogne, on cultive la vigne.	**anbauen** In Burgund wird Wein angebaut.
planter [plɑ̃te] *v.* Cette année, j'ai planté des rosiers dans mon jardin.	**pflanzen** Dieses Jahr habe ich in meinem Garten Rosen gepflanzt.
pousser [puse] *v.* Les tomates poussent aussi très bien en serre.	**wachsen** Tomaten wachsen auch im Gewächshaus sehr gut.
racine [rasin] *f* Ne cueille pas les épinards avec la racine.	**Wurzel** *f* Pflück den Spinat nicht mit der Wurzel.
récolter [rekɔlte] *v.* À cause du gel, on a récolté peu de fraises.	**ernten** Wegen des Frostes haben wir wenig Erdbeeren geerntet.
sapin [sapɛ̃] *m* Comme arbre de Noël, on a acheté un sapin.	**Tanne** *f* Als Weihnachtsbaum haben wir eine Tanne gekauft.
semer [səme] *v.* (-è-) Les radis que j'ai semés n'ont pas poussé.	**säen** Die Radieschen, die ich gesät habe, sind nicht gewachsen.
vigne [viɲ] *f* La culture de la vigne a reculé dans cette région.	**Weinstock** *m* Der Weinbau ist in dieser Gegend zurückgegangen.

1.5.3.4 WETTER UND KLIMA

«1–2000»

brouillard [brujar] *m* Avec ce brouillard, on n'y voit pas à cent mètres.	**Nebel** *m* Bei diesem Nebel sieht man keine hundert Meter weit.
chaleur [ʃalœr] *f* Il supporte très mal la chaleur.	**Wärme** *f*, **Hitze** *f* Er verträgt Hitze sehr schlecht.
chaud, chaude [ʃo, ʃod] *adj.* Il fait trop chaud pour travailler.	**warm, heiß** Es ist zu heiß, um zu arbeiten.
climat [klima] *m* Le climat breton est doux et humide.	**Klima** *n* Das Klima der Bretagne ist mild und feucht.
faire [fɛr] *v.* (*irr.* 18) Il a fait très beau au week-end.	**sein** (*vom Wetter*) Es war sehr schön am Wochenende.
froid, froide [frwa, frwad] *adj.* Dans les Alpes, il a fait très froid cet hiver.	**kalt** In den Alpen war es diesen Winter sehr kalt.
neige [nɛʒ] *f* Cette nuit, il est tombé beaucoup de neige.	**Schnee** *m* Heute nacht ist viel Schnee gefallen.
orage [ɔraʒ] *m* Le temps est à l'orage.	**Gewitter** *n* Es ist gewittrig.
pleuvoir [pløvwar] *v.* (*irr.* 29) Prends un parapluie: il pleut.	**regnen** Nimm einen Schirm: es regnet.
pluie [plɥi] *f* C'est une pluie d'orage qui ne durera pas longtemps.	**Regen** *m* Das ist ein Gewitterregen, der nicht lange dauert.
temps [tɑ̃] *m* Après la pluie le beau temps (*Sprichwort*).	**Wetter** *n* Auf Regen folgt Sonnenschein.
vent [vɑ̃] *m* Le vent du nord souffle depuis hier.	**Wind** *m* Der Nordwind weht seit gestern.

«2001–4000»

boue [bu] *f* Tu as de la boue sur tes chaussures.	**Dreck** *m*, **Schmutz** *m* Du hast Dreck an deinen Schuhen.
doux, douce [du, dus] *adj.* Les températures deviendront bientôt plus douces.	**mild** Die Temperaturen werden bald milder.
éclair [eklɛr] *m* L'orage a commencé par des éclairs.	**Blitz** *m* Das Gewitter begann mit Blitzen.
fondre [fõdrə] *v.* La neige a fondu.	**schmelzen** Der Schnee ist geschmolzen.
frais, fraîche [frɛ, frɛʃ] *adj.* Il fait frais ce matin.	**kühl, frisch** Es ist kühl heute morgen.
froid [frwa] *m* Avec ses rhumatismes, elle supporte mal le froid.	**Kälte** *f* Bei ihrem Rheuma verträgt sie Kälte schlecht.
geler [ʒəle] *v.* (-è-) Il a fait si froid que le lac a gelé.	**(ge)frieren** Es war so kalt, daß der See zugefroren ist.
glace [glas] *f* La couche de glace est encore très mince.	**Eis** *n* Die Eisschicht ist noch sehr dünn.
humide [ymid] *adj.* (*h muet*) Le temps sera humide sur l'ensemble de la France.	**feucht** Das Wetter wird über ganz Frankreich feucht sein.
météo [meteo] *f* La météo annonce du beau temps pour demain.	**Wetterbericht** *m* Der Wetterbericht sagt für morgen schönes Wetter an.
mouillé, -e [muje] *adj.* Il a plu sur le balcon: le linge est tout mouillé.	**naß** Es hat auf den Balkon geregnet: die Wäsche ist ganz naß.
neiger [nɛʒe] *v.* (-ge-) Il neige depuis deux jours.	**schneien** Es schneit seit zwei Tagen.
nuage [nɥaʒ] *m* Les nuages noirs annoncent l'orage.	**Wolke** *f* Die dunklen Wolken deuten auf ein Gewitter hin.
sec, sèche [sɛk, sɛʃ] *adj.* L'air est trop sec dans cette pièce.	**trocken** Die Luft in diesem Zimmer ist zu trocken.

température [tɑ̃peratyr] *f* Pour un mois de juillet, les températures sont très basses.	**Temperatur** *f* Für den Juli sind die Temperaturen sehr niedrig.
tempête [tɑ̃pɛt] *f* Avec cette tempête, les bateaux ne peuvent pas sortir du port.	**Sturm** *m* Bei diesem Sturm können die Schiffe nicht auslaufen.
tonnerre [tɔnɛr] *m* Tu as entendu le tonnerre? Rentrons avant l'orage.	**Donner** *m* Hast du den Donner gehört? Kehren wir vor dem Gewitter heim.
verglas [vɛrgla] *m* La voiture a dérapé sur le verglas.	**Glatteis** *n* Das Auto ist auf dem Glatteis gerutscht.

1.6 Technik und Materialien

1.6.1 TECHNIK

«1–2000»

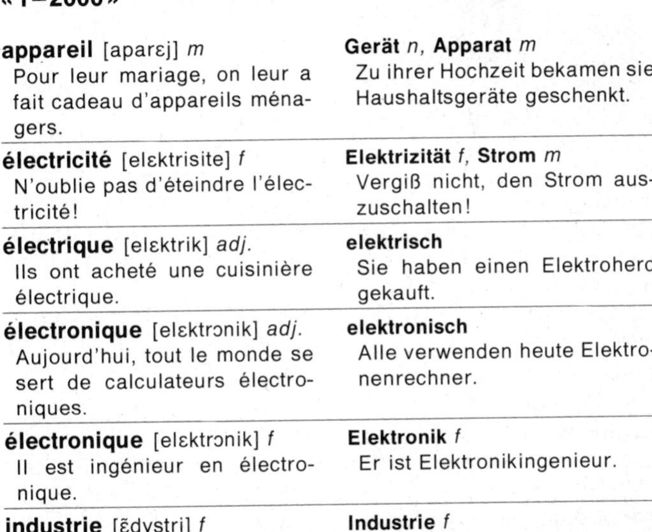

appareil [aparɛj] *m* Pour leur mariage, on leur a fait cadeau d'appareils ménagers.	**Gerät** *n*, **Apparat** *m* Zu ihrer Hochzeit bekamen sie Haushaltsgeräte geschenkt.
électricité [elɛktrisite] *f* N'oublie pas d'éteindre l'électricité!	**Elektrizität** *f*, **Strom** *m* Vergiß nicht, den Strom auszuschalten!
électrique [elɛktrik] *adj.* Ils ont acheté une cuisinière électrique.	**elektrisch** Sie haben einen Elektroherd gekauft.
électronique [elɛktrɔnik] *adj.* Aujourd'hui, tout le monde se sert de calculateurs électroniques.	**elektronisch** Alle verwenden heute Elektronenrechner.
électronique [elɛktrɔnik] *f* Il est ingénieur en électronique.	**Elektronik** *f* Er ist Elektronikingenieur.
industrie [ɛ̃dystri] *f* L'industrie automobile européenne est en crise.	**Industrie** *f* Die europäische Autoindustrie steckt in einer Krise.

industriel, -elle [ɛ̃dystrijɛl] *adj.* — **industriell**
Il a longtemps habité dans une région industrielle. — Er hat lange in einem Industriegebiet gewohnt.

invention [ɛ̃vɑ̃sjɔ̃] *f* — **Erfindung** *f*
Le moteur Diesel est une invention allemande. — Der Dieselmotor ist eine deutsche Erfindung.

machine [maʃin] *f* — **Maschine** *f*
La machine à laver est en panne. — Die Waschmaschine ist kaputt (*oder* defekt).

marcher [marʃe] *v.* — **laufen, funktionieren**
Je n'arrive pas à faire marcher ta chaîne stéréo. — Ich schaffe es nicht, deine Stereoanlage in Gang zu setzen.

ordinateur [ɔrdinatœr] *m* — **Computer** *m*
Les bureaux modernes sont équipés d'ordinateurs. — Die modernen Büros sind mit Computern ausgestattet.

réparer [repare] *v.* — **reparieren**
Il a réparé ma bicyclette. — Er hat mein Fahrrad repariert.

technique [tɛknik] *f* — **Technik** *f*
Je n'y connais rien en technique. — Ich verstehe nichts von Technik.

technique [tɛknik] *adj.* — **technisch**
Il a une formation technique. — Er hat eine technische Ausbildung.

«2001–4000»

automatique [otomatik] *adj.* — **automatisch**
Attention! la fermeture des portes est automatique. — Achtung, die Türen schließen automatisch!

centrale [sɑ̃tral] *f* — **Kraftwerk** *n*
La construction de centrales nucléaires pose des problèmes. — Der Bau von Atomkraftwerken wirft Probleme auf.

chantier [ʃɑ̃tje] *m* — **Baustelle** *f*
L'accès au chantier est interdit. — Das Betreten der Baustelle ist verboten.

construction [kɔ̃stryksjɔ̃] *f* — **Bau** *m*, **Konstruktion** *f*
La construction de l'autoroute doit commencer en mai. — Der Bau der Autobahn soll im Mai beginnen.

courant [kurɑ̃] *m* Avant de faire cette réparation, coupe le courant!	**Strom** *m* Schalte den Strom aus, bevor du diese Reparatur ausführst!
énergie [enɛrʒi] *f* L'énergie solaire est encore très peu utilisée.	**Energie** *f* Die Sonnenenergie wird noch sehr wenig verwendet.
fil [fil] *m* Fais attention aux fils électriques!	**Draht** *m*; **Leitung** *f* Paß auf die elektrischen Leitungen auf!
fonctionner [fɔ̃ksjɔne] *v.* Il m'a expliqué comment fonctionne un ordinateur.	**funktionieren** Er hat mir erklärt, wie ein Computer funktioniert.
installer [ɛ̃stale] *v.* On vient demain nous installer le téléphone.	**einrichten, installieren** Morgen wird bei uns das Telefon eingerichtet.
mine [min] *f* Beaucoup de mines de charbon ne sont plus exploitées.	**Bergwerk** *n* Viele Kohlebergwerke werden nicht mehr ausgebeutet.
modèle [mɔdɛl] *m* Votre appareil est un modèle courant.	**Modell** *n* Ihr Apparat ist ein übliches Modell.
monter [mɔ̃te] *v.* Il est venu me monter ma lampe.	**montieren** Er kam und hat meine Lampe montiert.
nucléaire [nykleɛr] *adj.* La production d'énergie nucléaire a beaucoup augmenté.	**Kern..., Atom...** Die Erzeugung von Kernenergie hat stark zugenommen.
pile [pil] *f* Il faudra remplacer les piles du transistor.	**Batterie** *f* Man muß die Batterien des Transistorgeräts auswechseln.
pression [prɛsjɔ̃] *f* Vous pouvez vérifier la pression des pneus?	**Druck** *m* Können Sie den Reifendruck überprüfen?
réparation [reparasjɔ̃] *f* Je vais vendre ma voiture: j'ai trop de réparations à y faire.	**Reparatur** *f* Ich verkaufe meinen Wagen: ich habe zu viele Reparaturen.
robot [rɔbo] *m* On utilise de plus en plus de robots sur les chaînes de montage.	**Roboter** *m* Es werden immer mehr Roboter an den Fließbändern eingesetzt.

série [seri] *f* La fabrication en série de ce modèle commencera le mois prochain.	**Serie** *f*, **Reihe** *f* Die Serienfertigung dieses Modells beginnt nächsten Monat.
tuyau [tɥijo] *m* (*pl.* -x) Il faudra changer le tuyau du gaz: il fuit.	**Rohr** *n* Man muß das Gasrohr auswechseln: es ist undicht.

1.6.2 MATERIALIEN

«1–2000»

bois [bwa] *m* Le bois se travaille facilement.	**Holz** *n* Holz läßt sich leicht bearbeiten.
charbon [ʃarbõ] *m* Ils n'ont plus de chauffage au charbon.	**Kohle** *f* Sie haben keine Kohlenheizung mehr.
coton [kɔtõ] *m* Il ne porte que des chemises en coton.	**Baumwolle** *f* Er trägt nur Baumwollhemden.
cuir [kɥir] *m* Elle s'est acheté un sac en cuir.	**Leder** *n* Sie hat sich eine Lederhandtasche gekauft.
dur, dure [dyr] *adj.* Le granit est une pierre très dure.	**hart** Granit ist ein sehr harter Stein.
en [ɑ̃] *prép.* Le balcon de la ferme est en bois.	**aus** Der Balkon des Bauernhauses ist aus Holz.
fer [fɛr] *m* Le minerai de fer est transformé en acier.	**Eisen** *n* Eisenerz wird zu Stahl verarbeitet.
matière plastique [matjɛrplastik] *f oder* **plastique** [plastik] *m* La vendeuse m'a donné un sac en plastique.	**Kunststoff** *m*, **Plastik** *n* Die Verkäuferin hat mir eine Plastiktüte gegeben.
métal [metal] *m* (*pl.* **métaux** [meto]) L'argent et l'or sont des métaux précieux.	**Metall** *n* Silber und Gold sind Edelmetalle.

or [ɔr] *m* L'Afrique du Sud est un grand producteur d'or.	**Gold** *n* Südafrika ist ein großer Goldproduzent.
papier [papje] *m* Les prix du papier vont augmenter.	**Papier** *n* Die Papierpreise werden steigen.
pétrole [petrɔl] *m* On vient de découvrir de nouveaux gisements de pétrole.	**Erdöl** *n* Man hat neue Ölvorkommen entdeckt.
pierre [pjɛr] *f* Ils ont fait bâtir une maison en pierre.	**Stein** *m* Sie haben ein Steinhaus gebaut.
tissu [tisy] *m* Elle a choisi un tissu en coton pour ses rideaux.	**Stoff** *m*, **Gewebe** *n* Sie hat für ihre Gardinen einen Baumwollstoff ausgesucht.

«2001–4000»

acier [asje] *m* La production d'acier a diminué en France.	**Stahl** *m* In Frankreich ist die Stahlerzeugung zurückgegangen.
argent [arʒɑ̃] *m* Il a vendu les couverts d'argent de sa grand-mère.	**Silber** *n* Er hat die silbernen Bestecke seiner Großmutter verkauft.
béton [betõ] *m* Il habite dans un grand immeuble en béton.	**Beton** *m* Er wohnt in einem großen Betongebäude.
brique [brik] *f* On a démoli la vieille maison de brique.	**Ziegel(stein)** *m*, **Backstein** *m* Das alte Backsteinhaus wurde abgebrochen.
caoutchouc [kautʃu] *m* Il pleut: mets tes bottes en caoutchouc.	**Gummi** *m, n* Es regnet: zieh deine Gummistiefel an.
cuivre [kɥivrə] *m* Le cuivre est un bon conducteur électrique.	**Kupfer** *n* Kupfer ist ein guter elektrischer Leiter.
fragile [fraʒil] *adj.* Attention! Ces verres sont très fragiles.	**zerbrechlich** Vorsicht! Die Gläser sind sehr zerbrechlich.

laine [lɛn] *f* Mon pull est en laine.	**Wolle** *f* Mein Pullover ist aus Wolle.
liquide [likid] *adj.* Ce gaz est à l'état liquide.	**flüssig** Dieses Gas befindet sich im flüssigen Zustand.
matière [matjɛr] *f* Nous importons beaucoup de matières premières.	**Stoff** *m*, **Material** *n* Wir importieren viele Rohstoffe.
mélanger [melɑ̃ʒe] *v.* (-ge-) C'est de la laine mélangée avec du coton.	**mischen** Das ist Wolle mit Baumwolle gemischt.
mou, molle [mu, mɔl] *adj.* Tu as laissé le beurre au soleil: il est tout mou.	**weich** Du hast die Butter in der Sonne stehen lassen: sie ist ganz weich.
nylon [nilõ] *m* Beaucoup préfèrent le coton au nylon.	**Nylon** *n* Viele mögen lieber Baumwolle als Nylon.
paille [paj] *f* On a emballé la vaisselle dans de la paille.	**Stroh** *n* Wir haben das Geschirr in Stroh verpackt.
pur, -e [pyr] *adj.* Elle ne porte que des vêtements en pur coton.	**rein** Sie trägt nur Kleidung aus reiner Baumwolle.
sable [sablə] *m* Les enfants jouent dans le sable.	**Sand** *m* Die Kinder spielen im Sand.
soie [swa] *f* Elle lui a offert une chemise en soie naturelle.	**Seide** *f* Sie hat ihm ein naturseidenes Hemd geschenkt.
solide [sɔlid] *adj.* Les murs en granit sont solides.	**fest, solid** Mauern aus Granit sind solid.
toile [twal] *f* Il a commencé à peindre sur toile.	**Leinen** *n*, **Leinwand** *f* Er hat damit begonnen, auf Leinwand zu malen.
verre [vɛr] *m* On a acheté des étagères en verre et en métal.	**Glas** *n* Wir haben Regale aus Glas und Metall gekauft.

1.7 Reise und Verkehr

1.7.1 REISE

«1–2000»

aller [ale] *v.* (*irr.* 1, être) Il va en France chaque année à Pâques.	**gehen, fahren** Er geht (*oder* fährt) jedes Jahr an Ostern nach Frankreich.
arrivée [arive] *f* J'irai t'attendre à l'arrivée du train.	**Ankunft** *f* Ich erwarte dich bei der Ankunft des Zuges.
bagages [bagaʒ] *m/pl.* Il a mis les bagages à la consigne.	**Gepäck** *n* Er hat das Gepäck zur Aufbewahrung gegeben.
correspondance [kɔrɛspõdɑ̃s] *f* Vous avez deux heures d'attente pour la correspondance.	**Anschluß** *m* Sie müssen zwei Stunden auf den Anschluß warten.
départ [depar] *m* Il attend avec impatience le jour du départ en vacances.	**Abreise** *f*, **Abfahrt** *f*, **Abflug** *m* Er erwartet mit Ungeduld den Tag der Abreise in die Ferien.
guide [gid] *m* Notre guide parlait couramment allemand. Avant notre départ, je vais acheter un guide sur Rome.	**(Reise)Führer** *m* (*Person und Buch*) Unser Führer sprach fließend Deutsch. Vor unserer Abreise kaufe ich einen Führer von Rom.
hôtel [otɛl] *m* (l'-) Sur demande, le syndicat d'initiative vous enverra une liste des hôtels.	**Hotel** *n* Auf Anfrage schickt Ihnen das Verkehrsbüro eine Liste der Hotels.
partir (pour) [partir] *v.* (*irr.* 26, être) Nous attendons notre visa pour partir pour les États-Unis.	**(ab)reisen, (ab)fahren, (ab)fliegen** (nach) Wir warten auf unser Visum, um in die USA zu reisen.
pension [pɑ̃sjõ] *f* Ils prennent pension complète à l'hôtel.	**Pension** *f*, **Unterkunft und Verpflegung** *f* Sie nehmen Vollpension im Hotel.
plan [plɑ̃] *m* J'ai acheté un plan de la ville pour mieux m'orienter.	**Plan** *m* Ich habe einen Stadtplan gekauft, um mich besser orientieren zu können.

rentrée [rɑ̃tre] *f* À cause des bouchons, la rentrée sera difficile.	**Heimreise** *f*, **Heimfahrt** *f* Wegen der Staus wird die Heimreise schwierig sein.
réserver [rezɛrve] *v.* Téléphone à l'hôtel pour réserver une chambre.	**reservieren, vorbestellen, buchen** Ruf das Hotel an, um ein Zimmer zu reservieren.
retard [rətar] *m* Sur cette ligne, le train a toujours du retard.	**Verspätung** *f* Auf dieser Linie hat der Zug immer Verspätung.
retour [rətur] *m* Je vous téléphonerai dès que je serai de retour.	**Rückreise** *f*, **Rückkehr** *f* Ich werde euch telefonieren, sobald ich zurück bin.
tourisme [turismə] *m* Le tourisme a créé de nouveaux emplois.	**Fremdenverkehr** *m* Der Fremdenverkehr hat neue Arbeitsplätze geschaffen.
valise [valiz] *f* Dépêche-toi de faire tes valises.	**Koffer** *m* Beeil dich, deine Koffer zu packen.
visiter [vizite] *v.* Profitez de nos vols week-end pour visiter Paris.	**besuchen, besichtigen** Nutzen Sie unsere Wochenendflüge, um Paris zu besuchen.
voyage [vwajaʒ] *m* Le directeur est en voyage d'affaires jusqu'à mardi.	**Reise** *f* Der Direktor ist bis Dienstag auf Geschäftsreise.

«2001–4000»

agence de voyages [aʒɑ̃sdəvwajaʒ] *f* Cette agence de voyages s'occupe aussi des demandes de visa.	**Reisebüro** *n* Dieses Reisebüro befaßt sich auch mit den Visumsanträgen.
auberge de jeunesse [obɛrʒdəʒœnɛs] *f* Les auberges de jeunesse sont des lieux de rencontre pour les jeunes de tous les pays.	**Jugendherberge** *f* Die Jugendherbergen sind Orte der Begegnung für die Jugendlichen aller Länder.

(auto-)stop [(oto)stɔp] *m*	**Fahren** *n* **per Anhalter, Trampen** *n*
Il fait souvent de l'auto-stop (*oder* du stop).	Er fährt oft per Anhalter.
camping [kɑ̃piŋ] *m*	**Camping** *n*
Toute la famille part en Corse faire du camping.	Die ganze Familie fährt nach Korsika zum Camping.
carte [kart] *f*	**(Land)Karte** *f*
Regarde la carte: je crois qu'on s'est trompé de route.	Sieh auf der Karte nach: ich glaube, wir haben uns verfahren.
circuit [sirkɥi] *m*	**Rundreise** *f*, **Rundfahrt** *f*
Nous ferons le circuit des châteaux de la Loire.	Wir machen eine Rundreise zu den Loire-Schlössern.
complet, -ète [kõplɛ, -ɛt] *adj.*	**besetzt, belegt, voll**
Nous regrettons, l'hôtel est complet.	Wir bedauern, es ist kein Zimmer mehr frei.
détour [detur] *m*	**Umweg** *m*
Ne connaissant pas le chemin, nous avons fait un grand détour.	Da wir den Weg nicht kannten, haben wir einen großen Umweg gemacht.
distance [distɑ̃s] *f*	**Entfernung** *f*, **Strecke** *f*
La distance entre Paris et Lyon est de 500 kilomètres.	Die Entfernung zwischen Paris und Lyon beträgt 500 km.
manquer [mɑ̃ke] *v.*	**verpassen, versäumen**
Nous avons manqué notre train.	Wir haben unseren Zug versäumt.
note [nɔt] *f*	**(Hotel)Rechnung** *f*
J'ai réglé la note à la réception.	Ich habe die Rechnung am Empfang bezahlt.
prospectus [prɔspɛktys] *m*	**Prospekt** *m*
Les informations données par ce prospectus sont insuffisantes.	Die Informationen, die dieser Prospekt gibt, sind unzureichend.
réveiller [revɛje] *v.*	**(auf)wecken**
Vous pouvez nous réveiller demain matin à six heures?	Können Sie uns morgen früh um sechs Uhr wecken?
séjour [seʒur] *m*	**Aufenthalt** *m*
Nous avons prolongé notre séjour d'une semaine.	Wir haben unseren Aufenthalt um eine Woche verlängert.

souvenir [suvnir] *m* Il nous a ramené un souvenir de Venise.	**Andenken** *n*, **Souvenir** *n* Er hat uns ein Souvenir aus Venedig mitgebracht.
syndicat d'initiative [sɛ̃dika-dinisjativ] *m* Le syndicat d'initiative organise des circuits en autocar.	**Verkehrsbüro** *n* Das Verkehrsbüro veranstaltet Busrundfahrten.
tente [tɑ̃t] *f* Pendant les vacances, nous avons dormi sous la tente.	**Zelt** *n* In den Ferien haben wir im Zelt geschlafen.
tour [tur] *m* Au week-end, on est allé faire un tour au lac de Constance.	**(Ausflugs)Fahrt** *f* Am Wochenende machten wir eine Fahrt zum Bodensee.
touriste [turist] *m,f* Le festival de théâtre a attiré de nombreux touristes.	**Tourist(in)** *m(f)* Das Theaterfestival hat zahlreiche Touristen angelockt.
visite [vizit] *f* La visite du musée est prévue au programme.	**Besuch** *m*, **Besichtigung** *f* Der Besuch des Museums ist im Programm vorgesehen.
voyager [vwajaʒe] *v.* (-ge-) Il ne voyage jamais par avion.	**reisen** Er reist nie im Flugzeug.
voyageur [vwajaʒœr] *m* Messieurs les voyageurs sont priés de faire attention à leurs bagages.	**Reisender** *m* Die Reisenden werden gebeten, auf ihr Gepäck zu achten.

1.7.2 VERKEHR

1.7.2.1 STRASSENVERKEHR

«1–2000»

accident [aksidɑ̃] *m* Il est mort dans un accident de voiture.	**Unfall** *m* Er ist bei einem Autounfall ums Leben gekommen.
arrêt [arɛ] *m* Vous devez descendre au prochain arrêt.	**Haltestelle** *f* Sie müssen an der nächsten Haltestelle aussteigen.
s'arrêter [sarɛte] *v.* Ils se sont arrêtés en route.	**(an)halten** Sie haben unterwegs gehalten.

autoroute [otorut] *f* À partir de Strasbourg, tu peux prendre l'autoroute.	**Autobahn** *f* Ab Straßburg kannst du die Autobahn nehmen.
bicyclette [bisiklɛt] *f* Depuis qu'il n'a plus de voiture, il va en bicyclette au travail.	**Fahrrad** *n* Seit er kein Auto mehr hat, fährt er mit dem Rad zur Arbeit.
bruit [brɥi] *m* Dans cette rue, on est réveillé par le bruit des camions.	**Lärm** *m*; **Geräusch** *n* In dieser Straße wird man vom Lastwagenlärm aufgeweckt.
circulation [sirkylasjõ] *f* On signale une circulation dense sur l'autoroute du Sud.	**Verkehr** *m* Von der Südautobahn wird dichter Verkehr gemeldet.
feu [fø] *m* (*pl.* -x) Attendez que le feu soit au vert!	**Ampel** *f* Wartet, bis die Ampel Grün zeigt!
passer [pase] *v.* (être) Laisse-le passer, il a la priorité.	**vorbeifahren** Laß ihn fahren, er hat Vorfahrt.
piéton [pjetõ] *m* À cent mètres d'ici, vous avez un passage pour piétons.	**Fußgänger** *m* Hundert Meter von hier haben Sie einen Fußgängerüberweg.
rouler [rule] *v.* Il a roulé à 150 à l'heure sur l'autoroute.	**fahren** Er fuhr mit 150 auf der Autobahn.
tourner [turne] *v.* Tournez à gauche et continuez tout droit.	**abbiegen** Biegen Sie nach links ab und fahren Sie dann geradeaus weiter.
traverser [travɛrse] *v.* Il faut une heure pour traverser la ville.	**überqueren, durchqueren** Man braucht eine Stunde, um die Stadt zu durchqueren.
vélo [velo] *m* Cet été, ils ont fait du vélo en Normandie.	**Fahrrad** *n* Diesen Sommer sind sie in der Normandie radgefahren.
vitesse [vitɛs] *f* La limitation de vitesse sur l'autoroute est très controversée.	**Geschwindigkeit** *f*, **Tempo** *n* Die Geschwindigkeitsbeschränkung auf der Autobahn ist sehr umstritten.

«2001–4000»

bouchon [buʃõ] *m* On s'attend à de nombreux bouchons sur les autoroutes.	**(Verkehrs)Stau** *m* Man erwartet zahlreiche Staus auf den Autobahnen.
carrefour [karfur] *m* Ce carrefour est dangereux: il n'y a pas de feu rouge.	**(Straßen)Kreuzung** *f* Diese Kreuzung ist gefährlich: es gibt keine Ampel.
chaussée [ʃose] *f* Attention! Chaussée déformée sur deux kilomètres.	**Fahrbahn** *f* Achtung! Unebene Fahrbahn auf zwei Kilometern.
cycliste [siklist] *m,f* Le cycliste a été renversé par une voiture.	**Radfahrer(in)** *m(f)* Der Radfahrer wurde von einem Auto umgefahren.
démarrer [demare] *v.* Ce fou du volant a démarré à l'orange.	**anfahren, starten** Dieser verrückte Fahrer ist bei Gelb losgefahren.
dépasser [depase] *v.* Il a dépassé le camion en plein virage.	**überholen** Er überholte den Lastwagen mitten in der Kurve.
déviation [devjasjõ] *f* À cause des travaux, vous devez prendre une déviation.	**Umleitung** *f* Wegen der Bauarbeiten müssen Sie eine Umleitung fahren.
écraser [ekrɑze] *v.* Il s'est fait écraser en traversant au rouge.	**überfahren** Er wurde überfahren, als er bei Rot über die Straße ging.
foule [ful] *f* À cette heure-ci, il y a foule dans le métro.	**(Menschen)Menge** *f* Um diese Zeit fahren eine Menge Leute mit der U-Bahn.
panneau [pano] *m* (*pl.* -x) Il n'avait pas vu le panneau.	**(Verkehrs)Schild** *n*, **Verkehrszeichen** *n* Er hatte das Verkehrszeichen nicht gesehen.
passage [pasaʒ] *m* Empruntez le passage souterrain.	**Durchfahrt** *f*; **Übergang** *f* Benutzen Sie die Unterführung.
péage [peaʒ] *m* Cette autoroute est à péage.	**Autobahngebühr** *f* Diese Autobahn ist gebührenpflichtig.
priorité [prijɔrite] *f* La voiture venant de gauche n'a pas respecté la priorité.	**Vorfahrt** *f* Das von links kommende Auto hat die Vorfahrt nicht beachtet.

ralentir [ralɑ̃tir] *v.*
Il a ralenti à cause des travaux.

langsamer fahren
Er ist wegen der Bauarbeiten langsamer gefahren.

trottoir [trɔtwar] *m*
Il y a trop de voitures garées sur les trottoirs.

Gehsteig *m*
Zu viele Autos sind auf den Gehsteigen abgestellt.

virage [viraʒ] *m*
Le panneau annonce des virages.

Kurve *f*
Das Schild weist auf Kurven hin.

1.7.2.2 KRAFTFAHRZEUGE

«1–2000»

auto(mobile) [oto(mɔbil)] *f* (!)
Le Salon de l'auto a lieu tous les ans à Paris.

Auto(mobil) *n*
Die Automobilschau findet jedes Jahr in Paris statt.

(auto)bus [(oto)bys] *m*
Après dix heures, les bus ne circulent plus.

(Auto)Bus *m*
Nach zehn Uhr verkehren die Busse nicht mehr.

(auto)car [(oto)kar] *m*
Ils ont fait un voyage en car.

(Reise)Bus *m*
Sie machten eine Busreise.

camion [kamjõ] *m*
Il y avait beaucoup de camions sur l'autoroute.

Lastwagen *m*
Es waren viele Lastwagen auf der Autobahn.

conduire [kõdɥir] *v.* (*irr.* 6)
Elle ne sait pas conduire.

fahren (*steuern, lenken*)
Sie kann nicht Auto fahren.

essence [esɑ̃s] *f*
Prends de l'essence avant l'autoroute: c'est moins cher.

Benzin *n*
Tank vor der Autobahn: das ist billiger.

garage [garaʒ] *m* (!)
En hiver, il rentre toujours sa voiture au garage.

Garage *f*
Im Winter fährt er seinen Wagen immer in die Garage.

garage [garaʒ] *m* (!)
Il faut conduire la voiture au garage.

Werkstatt *f*
Man muß den Wagen in die Werkstatt bringen.

moteur [mɔtœr] *m*
Le moteur ne démarre pas.

Motor *m*
Der Motor springt nicht an.

moto [mɔto] *f*
Beaucoup de jeunes font de la moto.

Motorrad *n*
Viele Jugendliche fahren Motorrad.

panne [pan] *f*	**Panne** *f*
Elle est tombée en panne sur l'autoroute.	Sie hat auf der Autobahn eine Panne gehabt.
pneu [pnø] *m*	**Reifen** *m*
Dans cette région, on a besoin de pneus d'hiver.	In dieser Gegend braucht man Winterreifen.
roue [ru] *f*	**Rad** *n*
La roue de secours se trouve dans le coffre.	Das Reserverad befindet sich im Kofferraum.
station-service [stasjõsɛrvis] *f* (*pl.* stations-service)	**Tankstelle** *f*
C'est la dernière station-service avant la frontière.	Das ist die letzte Tankstelle vor der Grenze.
taxi [taksi] *m*	**Taxi** *n*
On est allé à la gare en taxi.	Wir sind im Taxi zum Bahnhof gefahren.
voiture [vwatyr] *f*	**Wagen** *m*, **Auto** *n*
Il s'est acheté une voiture d'occasion.	Er hat sich einen Gebrauchtwagen gekauft.

«2001–4000»

chauffeur [ʃofœr] *m*	**Fahrer** *m*
Le chauffeur de taxi m'a indiqué un bon hôtel.	Der Taxifahrer hat mir ein gutes Hotel genannt.
conducteur, -trice [kõdyktœr, -tris] *m,f*	**Fahrer(in)** *m*(*f*)
Le conducteur a freiné trop tard.	Der Fahrer hat zu spät gebremst.
frein [frɛ̃] *m*	**Bremse** *f*
Ta voiture a de bons freins.	Dein Wagen hat gute Bremsen.
freiner [frɛne] *v.*	**bremsen**
Il a freiné pour éviter le cycliste.	Er bremste, um dem Radfahrer auszuweichen.
garer [gare] *v.*	**abstellen, parken**
Je n'ai pas trouvé de place pour garer ma voiture.	Ich fand keinen Platz, um meinen Wagen abzustellen.
huile [ɥil] *f* (l'-)	**Öl** *n*
Vous pourriez vérifier le niveau d'huile, s'il vous plaît?	Könnten Sie bitte den Ölstand prüfen?

parking [parkiŋ] *m*
L'hôtel a un parking pour les clients.

Parkplatz *m*
Das Hotel hat einen Parkplatz für die Gäste.

passager [pasaʒe] *m*
Dans cet accident, les passagers n'ont rien eu.

Fahrgast *m*
Bei dem Unfall ist den Fahrgästen nichts passiert.

permis (de conduire) [pɛrmi (dkõdɥir)] *m*
Elle vient de passer son permis de conduire.

Führerschein *m*
Sie hat soeben ihren Führerschein gemacht.

faire le plein [fɛrləplɛ̃]
Il faudrait faire le plein avant la frontière.

volltanken
Man sollte vor der Grenze volltanken.

poids lourd [pwalur] *m*
Les chauffeurs de poids lourds sont en grève.

Lkw *m*
Die Lkw-Fahrer streiken.

pompiste [põpist] *m*
Le pompiste a vérifié la pression des pneus.

Tankwart *m*
Der Tankwart hat den Reifendruck geprüft.

scooter [skutɛr] *m*
Pour faire du scooter, il faut porter un casque.

(Motor)Roller *m*
Zum Rollerfahren muß man einen Helm tragen.

siège [sjɛʒ] *m*
Mettez-vous avec le bébé sur le siège arrière.

Sitz *m*
Setzen Sie sich mit dem Baby auf den Rücksitz.

stationnement [stasjɔnmɑ̃] *m*
C'est ma troisième contravention pour stationnement interdit.

Parken *n*
Das ist mein dritter Strafzettel wegen unerlaubten Parkens.

stationner [stasjɔne] *v.*
J'étais obligé de stationner en double file.

parken
Ich war gezwungen, in der zweiten Reihe zu parken.

super [sypɛr] *m*
Le plein, s'il vous plaît! – Ordinaire ou super?

Super *n*
Voll, bitte! – Normal oder Super?

vélomoteur [velomɔtœr] *m*
Il va au lycée en vélomoteur.

Moped *n*
Er fährt mit dem Moped ins Gymnasium.

volant [vɔlɑ̃] *m*
Je suis fatigué: tu peux prendre le volant?

Steuer *n*, **Lenkrad** *n*
Ich bin müde: kannst du dich ans Steuer setzen?

1.7.2.3 EISENBAHN

«1–2000»

billet [bijɛ] *m* Un billet de seconde pour Paris, s'il vous plaît.	**Fahrkarte** *f* Eine Fahrkarte zweiter Klasse nach Paris bitte.
carnet [karnɛ] *m* Achète un carnet de tickets de métro: c'est plus pratique.	**Fahrscheinheft** *n*, **Fahrkartenblock** *m* Kauf einen Block U-Bahn-Fahrscheine: das ist praktischer.
changer (de train) [ʃɑ̃ʒe (dətrɛ̃)] *v.* (-ge-) Ce train n'est pas direct; il faut changer à Nancy.	**umsteigen** Dies ist kein direkter Zug; man muß in Nancy umsteigen.
chemin de fer [ʃəmɛ̃dfɛr] *m* Les tarifs de chemin de fer ont augmenté.	**(Eisen)Bahn** *f* Die Bahntarife sind gestiegen.
gare [gar] *f* Il est venu me chercher à la gare.	**Bahnhof** *m* Er hat mich am Bahnhof abgeholt.
ligne [liɲ] *f* Cette ligne de métro va à la gare de l'Est.	**Linie** *f*, **Strecke** *f* Diese U-Bahn-Linie fährt zum Ostbahnhof.
métro [metro] *m* (!) Cette station de métro est fermée après 22 heures.	**U-Bahn** *f* Diese U-Bahn-Station ist nach 22 Uhr geschlossen.
quai [ke] *m* Vous avez une correspondance sur le même quai.	**Bahnsteig** *m* Sie haben auf demselben Bahnsteig Anschluß.
station [stasjõ] *f* Pour l'Opéra, descendez à la prochaine station.	**Station** *f* Zur Oper steigen Sie an der nächsten Station aus.
ticket [tikɛ] *m* Vous pouvez acheter vos tickets au conducteur.	**Fahrschein** *m* Sie können Ihre Fahrscheine beim Fahrer kaufen.
train [trɛ̃] *m* Il a pris le train de nuit.	**Zug** *m* Er nahm den Nachtzug.
voie [vwa] *f* Il est interdit de traverser les voies.	**Gleis** *n* Das Überschreiten der Gleise ist verboten.

wagon [vagõ] *m*
Attention! ce wagon sera décroché à la frontière.

Waggon *m*
Achtung, dieser Wagen wird an der Grenze abgehängt!

«2001–4000»

aller [ale] *m*
J'ai fait l'aller en train et le retour en voiture.

Hinfahrt *f*
Auf der Hinfahrt bin ich mit dem Zug, auf der Rückfahrt mit dem Auto gefahren.

---

aller et retour [aleertur] *m*
Un aller et retour pour Lyon, s'il vous plaît.

Rückfahrkarte *f*
Eine Rückfahrkarte nach Lyon bitte.

---

consigne [kõsiɲ] *f*
J'ai besoin de monnaie pour la consigne automatique.

Gepäckaufbewahrung *f*
Ich brauche Kleingeld für die Schließfächer.

---

contrôleur [kõtrolœr] *m*
Le contrôleur lui a fait payer un supplément.

Schaffner *m*
Der Schaffner verlangte von ihm einen Zuschlag.

---

couchette [kuʃɛt] *f*
Réservez vos couchettes à l'avance.

Liegewagen(platz) *m*
Buchen Sie Ihre Liegewagenplätze im voraus.

---

express [ɛksprɛs] *m*
Sur cette ligne, il y a un express par jour.

Schnellzug *m*
Auf dieser Strecke gibt es einen Schnellzug am Tag.

---

horaire [ɔrɛr] *m* (l'-)
L'agence de voyages m'a donné l'horaire des trains pour Genève.

Fahrplan *m*
Das Reisebüro hat mir den Fahrplan der Züge nach Genf gegeben.

---

omnibus [ɔmnibys] *m*
Ne prends pas l'omnibus: il s'arrête à toutes les stations.

Personenzug *m*
Nimm nicht den Personenzug: er hält an allen Stationen.

---

rapide [rapid] *m*
Ce train est un rapide à supplément.

(Fern)Schnellzug *m*
Das ist ein zuschlagpflichtiger Schnellzug.

S.N.C.F. [ɛsɛnseɛf] *f* (= Société nationale des chemins de fer français)
Vous pouvez prendre le car S.N.C.F.

Französische Eisenbahn *f*
Sie können den Bahnbus nehmen.

supplément [syplemɑ̃] *m*	**Zuschlag** *m*
Vous devez payer un supplément pour ce train.	Sie müssen für diesen Zug einen Zuschlag zahlen.
téléférique [teleferik] *m*	**Seil(schwebe)bahn** *f*
Nous sommes montés au sommet en téléférique.	Wir sind mit der Seilbahn zum Gipfel hinaufgefahren.
terminus [tɛrminys] *m*	**Endstation** *f*
Terminus, tout le monde descend!	Endstation, alles aussteigen!
T.G.V. [teʒeve] *m* (= train à grande vitesse)	**Hochgeschwindigkeitszug** *m*
Le T.G.V. fait Paris–Lyon en deux heures.	Der T.G.V. schafft Paris–Lyon in zwei Stunden.
tramway [tramwɛ] *m*	**Straßenbahn** *f*
On a remplacé beaucoup de tramways par des autobus.	Man hat viele Straßenbahnen durch Busse ersetzt.
wagon-lit [vagɔ̃li] *m* (*pl.* wagons-lits)	**Schlafwagen** *m*
Les wagons-lits se trouvent au milieu du train.	Die Schlafwagen befinden sich in der Mitte des Zuges.
wagon-restaurant [vagɔ̃rɛstɔrɑ̃] *m* (*pl.* wagons-restaurants)	**Speisewagen** *m*
Il y a un wagon-restaurant en tête du train.	An der Spitze des Zuges ist ein Speisewagen.

1.7.2.4 FLUGZEUG, SCHIFF

«1–2000»

aéroport [aeropɔr] *m*	**Flughafen** *m*
J'ai pris un taxi pour aller à l'aéroport.	Ich habe ein Taxi genommen, um zum Flughafen zu fahren.
avion [avjɔ̃] *m*	**Flugzeug** *n*
C'est la première fois que vous prenez l'avion?	Fliegen Sie zum ersten Mal?
bateau [bato] *m* (*pl.* -x)	**Schiff** *n*
Pour aller en Corse, on prend le bateau à Marseille.	Um nach Korsika zu fahren, nimmt man das Schiff in Marseille.
à bord [abɔr] *adv.*	**an Bord**
Dès que je monte à bord d'un bateau, j'ai le mal de mer.	Sowie ich an Bord eines Schiffes gehe, werde ich seekrank.

passager [pasaʒe] *m* Les passagers sont priés d'attacher leurs ceintures.	**Passagier** *m*, **Fluggast** *m* Die Fluggäste werden gebeten, sich anzuschnallen.
port [pɔr] *m* Marseille est un grand port de commerce.	**Hafen** *m* Marseille ist ein großer Handelshafen.
voler [vɔle] *v.* En ce moment, on vole au-dessus de Malte.	**fliegen** Im Augenblick fliegen wir über Malta.

«2001–4000»

aérien, -ienne [aerjɛ̃, -jɛn] *adj.* Cette compagnie aérienne ne dessert pas Berlin.	**Flug..., Luft...** Diese Fluggesellschaft fliegt Berlin nicht an.
atterrir [aterir] *v.* Nous allons atterrir dans quelques instants.	**landen** Wir landen in wenigen Augenblicken.
capitaine [kapitɛn] *m* Le capitaine du bateau était Grec.	**Kapitän** *m* Der Kapitän des Schiffes war Grieche.
décoller [dekɔle] *v.* L'avion a décollé avec du retard.	**starten, abheben** Das Flugzeug ist mit Verspätung gestartet.
hélicoptère [elikɔptɛr] *m* (l'-) Les blessés ont été transportés par hélicoptère.	**Hubschrauber** *m* Die Verletzten wurden mit dem Hubschrauber transportiert.
hôtesse de l'air [otɛsdəlɛr] *f* (l'-) L'hôtesse de l'air parle couramment anglais et français.	**Stewardeß** *f* Die Stewardeß spricht fließend Englisch und Französisch.
marin [marɛ̃] *m* Beaucoup de Bretons sont marins.	**Seemann** *m*, **Matrose** *m* Viele Bretonen sind Seeleute.
navire [navir] *m* Les dockers déchargent les navires.	**Schiff** *n* Die Hafenarbeiter entladen die Schiffe.
pont [põ] *m* Les passagers étaient tous sur le pont.	**Deck** *n* Die Passagiere waren alle an Deck.
quai [ke] *m* Le navire est à quai depuis huit jours.	**Kai** *m* Das Schiff liegt seit acht Tagen am Kai.

vol [vɔl] *m* Il préfère prendre un vol de ligne.	**Flug** *m* Er nimmt lieber einen Linienflug.

1.8 Länder und Völker

1.8.1 GEOGRAPHISCHE NAMEN

«1–2000»

Afrique [afrik] (l') *f* Nous savons trop peu sur l'Afrique. Il a vécu longtemps en Afrique.	**Afrika** *n* Wir wissen zu wenig über Afrika. Er hat lange in Afrika gelebt.
Allemagne [almaɲ] (l') *f*	**Deutschland** *n*
Amérique [amerik] (l') *f*	**Amerika** *n*
Angleterre [ɑ̃glətɛr] (l') *f*	**England** *n*
Autriche [otriʃ] (l') *f*	**Österreich** *n*
Belgique [bɛlʒik] (la)	**Belgien** *n*
Chine [ʃin] (la)	**China** *n*
États-Unis [etazyni] (les) *m/pl.* aux États-Unis	**Vereinigten Staaten** (die) *pl.* in den Vereinigten Staaten
Europe [ørɔp] (l') *f*	**Europa** *n*
France [frɑ̃s] (la)	**Frankreich** *n*
Grande-Bretagne [grɑ̃dbrətaɲ] (la)	**Großbritannien** *n*
Japon [ʒapõ] (le) au Japon	**Japan** *n* in Japan
Luxembourg [lyksɑ̃bur] (le)	**Luxemburg** *n*
Méditerranée [mediterane] (la)	**Mittelmeer** (das)
Midi [midi] (le) dans le Midi	**Südfrankreich** *n* in Südfrankreich
R.D.A. [ɛrdea] (la) (= République démocratique allemande)	**DDR** (die)
R.F.A. [ɛrɛfɑ] (la) (= République fédérale d'Allemagne) en R.F.A.	**Bundesrepublik (Deutschland)** (die) in der Bundesrepublik
Rhin [rɛ̃] (le)	**Rhein** (der)
Russie [rysi] (la)	**Rußland** *n*
Suisse [sɥis] (la)	**Schweiz** (die)
U.R.S.S. [yɛrɛsɛs, yrs] (l') *f* (= Union des républiques socialistes soviétiques)	**UdSSR** (die)

«2001–4000»

Algérie [alʒeri] (l') *f*	**Algerien** *n*
Alsace [alzas] (l') *f*	**Elsaß** (das)
Asie [azi] (l') *f*	**Asien** *n*
Australie [ostrali] (l') *f*	**Australien** *n*
Bourgogne [burgɔɲ] (la)	**Burgund** *n*
Brésil [brezil] (le)	**Brasilien** *n*
Canada [kanada] (le)	**Kanada** *n*
Corse [kɔrs] (la)	**Korsika** *n*
Danemark [danmark] (le)	**Dänemark** *n*
Danube [danyb] (le)	**Donau** (die)
Espagne [ɛspaɲ] (l') *f*	**Spanien** *n*
Grèce [grɛs] (la)	**Griechenland** *n*
Hollande [ɔlɑ̃d] (la)	**Holland** *n*
Hongrie [ɔ̃gri] (la)	**Ungarn** *n*
Inde [ɛ̃d] (l') *f*	**Indien** *n*
Italie [itali] (l') *f*	**Italien** *n*
Lorraine [lɔrɛn] (la)	**Lothringen** *n*
Manche [mɑ̃ʃ] (la)	**Ärmelkanal** (der)
Maroc [marɔk] (le)	**Marokko** *n*
Mexique [mɛksik] (le)	**Mexiko** *n*
Norvège [nɔrvɛʒ] (la)	**Norwegen** *n*
Pays-Bas [peibɑ] (les) *m/pl.*	**Niederlande** (die) *pl.*
Pologne [pɔlɔɲ] (la)	**Polen** *n*
Portugal [pɔrtygal] (le)	**Portugal** *n*
Roumanie [rumani] (la)	**Rumänien** *n*
Suède [sɥɛd] (la)	**Schweden** *n*
Tchécoslovaquie [tʃekɔslɔvaki] (la)	**Tschechoslowakei** (die)
Tunisie [tynizi] (la)	**Tunesien** *n*
Turquie [tyrki] (la)	**Türkei** (die)
Vosges [voʒ] (les) *f/pl.*	**Vogesen** (die) *pl.*
Yougoslavie [jugoslavi] (la)	**Jugoslawien** *n*

1.8.2 NATIONALITÄTEN, BEWOHNER, SPRACHEN

«1–2000»

allemand, -ande [almɑ̃, -ɑ̃d] *adj.*	**deutsch**
Allemand *m*, **-ande** *f*	**Deutscher** *m*, **Deutsche** *f*
allemand *m*	**Deutsch** *n*, (das) **Deutsche**
Comment dit-on en allemand?	Wie sagt man im Deutschen (*oder* auf deutsch)?

Il apprend, comprend l'allemand.	Er lernt, versteht Deutsch.
Parlez-vous allemand?	Sprechen Sie Deutsch?
américain, -aine [amerikɛ̃, -ɛn] *adj.*	**amerikanisch**
Américain *m*, **-aine** *f*	**Amerikaner(in)** *m(f)*
anglais, -aise [ɑ̃glɛ, -ɛz] *adj.*	**englisch**
Anglais *m*, **-aise** *f*	**Engländer(in)** *m(f)*
anglais *m*	**Englisch** *n*, (das) **Englische**
autrichien, -enne [otriʃjɛ̃, -ɛn] *adj.*	**österreichisch**
Autrichien *m*, **-enne** *f*	**Österreicher(in)** *m(f)*
belge [bɛlʒ] *adj.*	**belgisch**
Belge *m,f*	**Belgier(in)** *m(f)*
européen, -enne [ørɔpeɛ̃, -ɛn] *adj.*	**europäisch**
Européen *m*, **-enne** *f*	**Europäer(in)** *m(f)*
français, -aise [frɑ̃sɛ, -ɛz] *adj.*	**französisch**
Français *m*, **-aise** *f*	**Franzose** *m*, **Französin** *f*
français *m*	**Französisch** *n*, (das) **Französische**
franco-allemand [frɑ̃koalmɑ̃] *adj.*	**deutsch-französisch**
suisse [sɥis] *adj.*	**schweizerisch**
Suisse *m,f*	**Schweizer(in)** *m(f)*

«2001–4000»

africain, -aine [afrikɛ̃, -ɛn] *adj.*	**afrikanisch**
chinois, -oise [ʃinwa, -waz] *adj.*	**chinesisch**
espagnol, -e [ɛspaɲɔl] *adj.*	**spanisch**
Espagnol *m*, **-e** *f*	**Spanier(in)** *m(f)*
espagnol *m*	**Spanisch** *n*, (das) **Spanische**
grec, grecque [grɛk] *adj.*	**griechisch**
hollandais, -aise [ɔlɑ̃dɛ, -ɛz] *adj.* (*h aspiré*)	**holländisch**
italien, -enne [italjɛ̃, -ɛn] *adj.*	**italienisch**
Italien *m*, **-enne** *f*	**Italiener(in)** *m(f)*
italien *m*	**Italienisch** *n*, (das) **Italienische**
japonais, -aise [ʒapɔnɛ, -ɛz] *adj.*	**japanisch**
luxembourgeois, -oise [lyksɑ̃burʒwa, -waz] *adj.*	**luxemburgisch**
Luxembourgeois *m*, **-oise** *f*	**Luxemburger(in)** *m(f)*

néerlandais, -aise [neɛrlɑ̃dɛ, -ɛz] *adj.*	**niederländisch**
polonais, -aise [pɔlɔnɛ, -ɛz] *adj.*	**polnisch**
portugais, -aise [pɔrtygɛ, -ɛz] *adj.*	**portugiesisch**
russe [rys] *adj.*	**russisch**
Russe *m,f*	**Russe** *m*, **Russin** *f*
russe *m*	**Russisch** *n*, (das) **Russische**
turc, turque [tyrk] *adj.*	**türkisch**

2 ALLGEMEINE BEGRIFFE

2.1 Zeit

2.1.1 JAHRESEINTEILUNG

«1–2000»

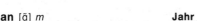

an [ɑ̃] *m* Tous les ans, ils partent en vacances en Italie.	**Jahr** *n* Sie fahren jedes Jahr in Ferien nach Italien.
année [ane] *f* L'année prochaine, j'irai au Canada.	**Jahr** *n* Nächstes Jahr gehe ich nach Kanada.
automne [otɔn] *m* Cette année, je prendrai des vacances en automne.	**Herbst** *m* Dieses Jahr nehme ich im Herbst Urlaub.
été [ete] *m* Il ne faut pas semer ces fleurs en été: c'est trop tard.	**Sommer** *m* Diese Blumen darf man nicht im Sommer säen: das ist zu spät.
hiver [ivɛr] *m* En hiver, il fait nuit tôt.	**Winter** *m* Im Winter wird es früh Nacht.
jour [ʒur] *m* Elle gagne à peu près cent marks par jour.	**Tag** *m* Sie verdient etwa hundert Mark pro Tag.
journée [ʒurne] *f* Je n'ai pas envie de rester enfermé toute la journée.	**Tag** *m* Ich habe keine Lust, den ganzen Tag eingesperrt zu bleiben.

mois [mwa] *m* — **Monat** *m*
Tous les trois mois, il doit subir un contrôle médical. — Alle drei Monate (*oder* jedes Vierteljahr) muß er sich einer ärztlichen Kontrolle unterziehen.
Il est né au mois d'octobre. — Er ist im (Monat) Oktober geboren.

---

printemps [prɛ̃tɑ̃] *m* — **Frühling** *m*, **Frühjahr** *n*
J'espère que nous irons en Bretagne au printemps. — Ich hoffe, daß wir im Frühjahr in die Bretagne fahren.

---

saison [sɛzõ] *f* — **Jahreszeit** *f*
L'automne est sa saison préférée. — Der Herbst ist ihm die liebste Jahreszeit.

---

semaine [səmɛn] *f* — **Woche** *f*
La semaine dernière, on a eu la visite de nos amis. — Letzte Woche hatten wir den Besuch unserer Freunde.

«2001–4000»

annuel, -elle [anɥɛl] *adj.* — **jährlich**
La fête annuelle des pompiers aura lieu le 15 juillet. — Das jährliche Feuerwehrfest findet am 15. Juli statt.

---

hebdomadaire [ɛbdɔmadɛr] *adj.* — **wöchentlich**
On a décidé au club d'avoir des réunions hebdomadaires. — Wir haben im Verein beschlossen, einmal wöchentlich zusammenzukommen.

---

mensuel, -elle [mɑ̃sɥɛl] *adj.* — **monatlich**
Cette revue scientifique est mensuelle. — Diese wissenschaftliche Zeitschrift erscheint monatlich.

---

quotidien, -enne [kɔtidjɛ̃, -ɛn] *adj.* — **täglich**
Ma vie quotidienne n'est pas très variée. — Mein Alltag ist nicht sehr abwechslungsreich.

---

trimestre [trimɛstrə] *m* — **Trimester** *n*, **Quartal** *n*
L'année scolaire française est partagée en trimestres. — Das französische Schuljahr ist in Trimester eingeteilt.

---

week-end [wikɛnd] *m* — **Wochenende** *n*
Ce week-end, je pars à Vienne. — Dieses Wochenende fahre ich nach Wien.

2.1.2 MONATSNAMEN, DATUM

«1–2000»

janvier [ʒɑ̃vje] *m* — **Januar** *m*
Le premier janvier, on se souhaite la bonne année. — Am ersten Januar wünscht man sich ein gutes neues Jahr.
Il est né le deux janvier 1955. — Er ist am zweiten Januar 1955 geboren.
Je vais faire du ski en janvier. — Ich gehe im Januar zum Skilaufen.

février [fevrije] *m* — **Februar** *m*
mars [mars] *m* — **März** *m*
avril [avril] *m* — **April** *m*
mai [mɛ] *m* — **Mai** *m*
juin [ʒɥɛ̃] *m* — **Juni** *m*
juillet [ʒɥijɛ] *m* — **Juli** *m*
août [u(t)] *m* — **August** *m*
septembre [sɛptɑ̃brə] *m* — **September** *m*
octobre [ɔktɔbrə] *m* — **Oktober** *m*
novembre [nɔvɑ̃brə] *m* — **November** *m*
décembre [desɑ̃brə] *m* — **Dezember** *m*

«2001–4000»

le combien [ləkõbjɛ̃] — **der Wievielte**
Le combien sommes-nous aujourd'hui? — Den Wievielten haben wir heute?

---

date [dat] *f* (!) — **Datum** *n*
Quelle est ta date de naissance? — Welches ist dein Geburtsdatum?

2.1.3 WOCHENTAGE

«1–2000»

lundi [lɛ̃di] *m* — **Montag** *m*
Lundi, on est allé au cinéma. — (Am) Montag gingen wir ins Kino.
Le lundi, il fait du tennis. — Montags (*oder* am Montag) spielt er Tennis.
Tous les lundis, ils se rencontrent pour jouer aux cartes. — Jeden Montag treffen sie sich zum Kartenspielen.

Lundi soir, on a regardé le match de foot à la télévision. — Montag abend haben wir im Fernsehen das Fußballspiel angesehen.

mardi [mardi] *m* — **Dienstag** *m*
mercredi [mɛrkrədi] *m* — **Mittwoch** *m*
jeudi [ʒødi] *m* — **Donnerstag** *m*
vendredi [vɑ̃drədi] *m* — **Freitag** *m*
samedi [samdi] *m* — **Samstag** *m*, **Sonnabend** *m*
dimanche [dimɑ̃ʃ] *m* — **Sonntag** *m*

2.1.4 TAGESZEIT

«1–2000»

après-midi [aprɛmidi] *m* — **Nachmittag** *m*
Cet après-midi, j'ai rendez-vous chez le médecin. — Heute nachmittag habe ich einen Termin beim Arzt.

---

jour [ʒur] *m* — **Tag** *m*
Je préfère conduire le (*oder* de) jour. — Ich fahre lieber am Tag Auto.

---

matin [matɛ̃] *m* — **Morgen** *m*, **Vormittag** *m*
Le matin, il lit son journal dans le métro. — Morgens liest er in der U-Bahn seine Zeitung.
Demain matin, je dois aller à la poste. — Morgen früh muß ich zur Post.

---

matinée [matine] *f* — **Morgen** *m*, **Vormittag** *m*
Passe me voir dans la matinée. — Komm im Laufe des Vormittags bei mir vorbei.

---

midi [midi] *m* — **Mittag** *m*
J'étais tellement fatigué que j'ai dormi jusqu'à midi. — Ich war so müde, daß ich bis Mittag geschlafen habe.

---

minuit [minɥi] *m* — **Mitternacht** *f*
On est sorti du théâtre à minuit. — Wir kamen um Mitternacht aus dem Theater.

---

nuit [nɥi] *f* — **Nacht** *f*
La nuit, elle a peur de rester seule dans la maison. — Nachts (*oder* bei Nacht) hat sie Angst, allein in dem Haus zu bleiben.

---

soir [swar] *m* — **Abend** *m*
Je regrette, ce soir je ne suis pas libre. — Ich bedaure, heute abend bin ich nicht frei.
Hier soir, j'ai écrit une longue lettre. — Gestern abend habe ich einen langen Brief geschrieben.

soirée [sware] *f*
Je te rapporterai tes disques dans la soirée.

Abend *m*
Ich bringe dir deine Platten im Laufe des Abends zurück.

2.1.5 UHRZEIT

(Siehe auch GRUNDZAHLEN 2.3.2)

«1–2000»

à [a] *prép.*
Le concert commence à huit heures.

um
Das Konzert beginnt um acht (Uhr).

---

demie [dəmi] *adj.*
Je finis de travailler à cinq heures et demie.

halb
Ich höre um halb sechs (Uhr) mit der Arbeit auf.

---

demi-heure [dəmiœr] *f*
Le train a une demi-heure de retard.

halbe Stunde *f*
Der Zug hat eine halbe Stunde Verspätung.

---

heure [œr] *f* (l'-)
J'ai mis deux heures.

Stunde *f*
Ich brauchte zwei Stunden.

---

heure(s) [œr] *f(pl.)*
Tu arrives à quelle heure?
Quelle heure est-il? – Il est deux heures.
Le train pour Strasbourg part à une heure dix.

Uhr
Um wieviel Uhr kommst du an?
Wieviel Uhr (*oder* wie spät) ist es? – Es ist zwei (Uhr).
Der Zug nach Straßburg fährt um ein Uhr zehn.

---

midi [midi] *m*
Nous avons rendez-vous à midi vingt.

zwölf Uhr (mittags)
Wir sind um zwanzig nach zwölf verabredet.

---

minute [minyt] *f*
Il devrait arriver d'une minute à l'autre.

Minute *f*
Er müßte jede Minute eintreffen.

---

quart [kar] *m*
On devait se rencontrer à deux heures et quart (*oder* deux heures un quart): il est arrivé à trois heures moins le quart.

Viertel *n*
Wir sollten uns um Viertel nach zwei treffen: er kam um Viertel vor drei.

---

quart d'heure [kardœr] *m*
Le bus pour l'aéroport part tous les quarts d'heure.

Viertelstunde *f*
Der Bus zum Flughafen fährt jede Viertelstunde.

---

seconde [səgõd] *f*
Il a battu son concurrent de deux secondes.

Sekunde *f*
Er schlug seinen Konkurrenten um zwei Sekunden.

2.1.6 SONSTIGE ZEITBEGRIFFE

2.1.6.1 SUBSTANTIVE

«1–2000»

début [deby] *m* J'ai raté le début du film.	**Anfang** *m*, **Beginn** *m* Ich habe den Anfang des Films verpaßt.
époque [epɔk] *f* À notre époque, l'informatique joue un rôle important.	**Epoche** *f*, **Zeit** *f* In der heutigen Zeit spielt die Informatik eine wichtige Rolle.
fin [fɛ̃] *f* À la fin, j'ai perdu patience.	**Ende** *n*, **Schluß** *m* Am Ende habe ich die Geduld verloren.
fois [fwa] *f* Vous venez en France pour la première fois? Combien de fois as-tu passé ton permis de conduire? – Deux fois.	**Mal** *n* Kommen Sie zum ersten Mal nach Frankreich? Wie oft hast du die Fahrprüfung gemacht? – Zweimal.
lendemain [lɑ̃dmɛ̃] *m* Le lendemain de la fête, il ne se rappelait de rien. Nous arriverons le lendemain matin.	**Tag** *m* **danach, nächster Tag** *m* Am Tag nach dem Fest erinnerte er sich an nichts. Wir kommen am folgenden Morgen an.
moment [mɔmɑ̃] *m* En ce moment, j'ai trop de travail. À ce moment-là, il était à Paris.	**Augenblick** *m*, **Moment** *m* Im Augenblick habe ich zuviel Arbeit. Zu dem Zeitpunkt war er in Paris.
siècle [sjɛklə] *m* De nombreux Européens ont émigré au siècle dernier.	**Jahrhundert** *n* Zahlreiche Europäer sind im letzten Jahrhundert ausgewandert.
temps [tɑ̃] *m* Tu viens? – Désolé, je n'ai pas le temps.	**Zeit** *f* Kommst du? – Tut mir leid, ich habe keine Zeit.
veille [vɛj] *f* Je l'ai rencontré la veille de son départ en Afrique.	**Tag** *m* **zuvor, Vortag** *m* Ich traf ihn am Tag vor seiner Abreise nach Afrika.

«2001–4000»

avenir [avnir] *m* — **Zukunft** *f*
À l'avenir, tu te débrouilleras tout seul. — In Zukunft mußt du allein zurechtkommen.

commencement [kɔmɑ̃smɑ̃] *m* — **Anfang** *m*, **Beginn** *m*
Son discours était ennuyeux du commencement à la fin. — Seine Rede war von Anfang bis Ende langweilig.

durée [dyre] *f* — **Dauer** *f*
La durée du voyage est d'environ huit jours. — Die Reisedauer beträgt etwa acht Tage.

instant [ɛ̃stɑ̃] *m* — **Augenblick** *m*, **Moment** *m*
Si vous voulez bien attendre un instant. — Wenn Sie bitte einen Augenblick warten wollen.

passé [pase] *m* — **Vergangenheit** *f*
Elle vit uniquement dans le passé. — Sie lebt nur in der Vergangenheit.

période [perjɔd] *f* — **Zeitraum** *m*, **Periode** *f*
Il faut compter une période de trois mois pour la guérison. — Man muß für die Heilung mit einem Zeitraum von drei Monaten rechnen.

présent [prezɑ̃] *m* — **Gegenwart** *f*
À mon avis, c'est le présent qui compte. — Meiner Meinung nach zählt die Gegenwart.

stade [stad] *m* — **Stadium** *n*
Ce projet en est encore au stade expérimental. — Dieses Projekt ist noch im Versuchsstadium.

suite [sɥit] *f* — **Fortsetzung** *f*, **Folge** *f*
La suite au prochain numéro. — Fortsetzung folgt.

2.1.6.2 VERBEN

«1–2000»

(s')arrêter [(s)arɛte] — **aufhören**
Il est fatiguant: il n'arrête pas de parler. — Er wird einem lästig: er hört nicht auf zu reden.
Tu vas finir par te faire mal, arrête! — Du tust dir noch weh, hör auf!

commencer [kɔmɑ̃se] (-ç-) — **anfangen, beginnen**
Son fils a commencé à parler à trois ans. — Sein Sohn hat mit drei Jahren zu sprechen angefangen.

continuer [kõtinɥe]	**fortsetzen, weitermachen**
À 65 ans, il continue à faire du tennis.	Mit 65 Jahren spielt er weiterhin Tennis.
Elle n'a pas pu continuer ses études de médecine.	Sie konnte ihr Medizinstudium nicht fortsetzen.
durer [dyre]	**dauern**
Je te préviens: le film dure trois heures.	Ich warne dich: der Film dauert drei Stunden.
être à l'heure [ɛtralœr]	**pünktlich sein**
J'essaierai d'être à l'heure.	Ich werde versuchen, pünktlich zu sein.
être en retard [ɛtrɑ̃rtar]	**zu spät kommen, Verspätung haben**
Dépêche-toi, on est en retard!	Beeil dich, wir sind zu spät dran!
finir [finir]	**(be)enden**
Il a fini son travail.	Er ist mit seiner Arbeit fertig.
Le concert finira à dix heures.	Das Konzert ist um zehn Uhr zu Ende.
Alors, cette dispute, c'est fini!	Ist jetzt endlich Schluß mit dem Streit!
passer [pase]	**verbringen**
Elle passe son temps à téléphoner.	Sie verbringt ihre Zeit mit Telefonieren.
passer [pase] (être)	**vergehen**
Comme le temps passe vite!	Wie schnell die Zeit vergeht!
recommencer [rəkɔmɑ̃se] (-ç-)	**wieder anfangen, beginnen**
Il recommence à pleuvoir.	Es fängt wieder an zu regnen.
suivre (qch.) [sɥivrə] (*irr.* 37)	**folgen** (auf etwas)
La famine a suivi la sécheresse.	Auf die Dürre folgte eine Hungersnot.

«2001–4000»

cesser [sɛse]	**aufhören**
Il a cessé de pleuvoir.	Es hat aufgehört zu regnen.
être en train de [ɛtrɑ̃trɛ̃də]	**im Begriff sein zu**
Quand tu as appelé, j'étais en train de prendre un bain.	Als du angerufen hast, nahm ich gerade ein Bad.
être pressé, -e [ɛtrəprɛse]	**in Eile sein**
Je m'excuse de vous interrompre, mais je suis pressé.	Entschuldigung, daß ich Sie unterbreche, aber ich habe es eilig.

interrompre [ɛ̃tɛrõprə] (*irr.* 20) Laisse-le donc finir; tu l'interromps sans cesse!	**unterbrechen** Laß ihn doch ausreden; du unterbrichst ihn ständig!
mettre [mɛtrə] (*irr.* 22) On a mis dix minutes pour changer le pneu.	**brauchen** Wir brauchten zehn Minuten, um den Reifen zu wechseln.
se mettre (à) [səmɛtrə] (*irr.* 22) Il s'est mis à boire à la mort de sa femme.	**anfangen, beginnen** (zu, mit) Nach dem Tod seiner Frau begann er zu trinken.
prolonger [prɔlõʒe] (-ge-) Nous avons prolongé notre séjour d'une semaine.	**verlängern** Wir haben unseren Aufenthalt um eine Woche verlängert.
remettre [rəmɛtrə] (*irr.* 22) Nous avons remis ce voyage à plus tard.	**verschieben** Wir haben diese Reise auf später verschoben.
terminer [tɛrmine] On a terminé la soirée dans une discothèque.	**beenden** Wir haben den Abend in einer Diskothek beendet.

2.1.6.3 ADJEKTIVE

«1–2000»

actuel, -elle [aktɥɛl] Ce documentaire montre des problèmes actuels.	**gegenwärtig, aktuell** Dieser Dokumentarfilm zeigt Gegenwartsprobleme.
ancien, -enne [ɑ̃sjɛ̃, -ɛn] L'ancien ministre est devenu directeur de banque.	**früher, ehemalig** Der ehemalige Minister ist Bankdirektor geworden.
bref, brève [brɛf, brɛv] Je lui ai fait un bref résumé de la conférence.	**kurz** Ich gab ihm eine kurze Zusammenfassung des Vortrags.
lent, lente [lɑ̃, lɑ̃t] Elle est lente à se décider.	**langsam** Es dauert lange, bis sie sich entscheidet.
long, longue [lõ, lõg] Il a fait un long séjour à l'étranger.	**lang** Er hat sich lange im Ausland aufgehalten.
moderne [mɔdɛrn] Cette maison est équipée de tout le confort moderne.	**modern, neuzeitlich** Dieses Haus ist mit allem modernen Komfort ausgestattet.

neuf, neuve [nœf, nœv]
Je m'achèterai une voiture d'occasion, plus de voiture neuve.

neu
Ich kaufe mir einen Gebrauchtwagen, keinen Neuwagen mehr.

---

nouveau, nouvel, nouvelle [nuvo, nuvɛl]
Ce nouveau modèle consomme très peu d'essence.

neu
Dieses neue Modell verbraucht sehr wenig Benzin.

---

prêt, prête (à) [prɛ, prɛt]
Tu es prête? On va encore être en retard!
Je suis prêt à t'aider.

bereit (zu); fertig
Bist du fertig? Wir kommen wieder zu spät!
Ich bin bereit, dir zu helfen.

---

rapide [rapid]
Donnez-moi une réponse rapide.

schnell, rasch
Geben Sie mir rasch Antwort.

---

vieux, vieil, vieille [vjø, vjɛj]
Il a vendu sa vieille voiture.

alt
Er hat sein altes Auto verkauft.

«2001–4000»

éternel, -elle [etɛrnɛl]
J'en ai assez de tes éternels reproches.

ewig
Ich habe deine ewigen Vorwürfe satt.

---

futur, -e [fytyr]
Ce sera un problème pour les générations futures.

zukünftig
Das ist ein Problem für die kommenden Generationen.

---

passé, -e [pase]
Dans les années passées, elle ne donnait plus de concerts.

vergangen
In den vergangenen Jahren gab sie keine Konzerte mehr.

---

permanent, -ente [pɛrmɑ̃, -ɑ̃t]
Il est correspondant permanent à New York.

ständig
Er ist ständiger Korrespondent in New York.

---

récent, -ente [resɑ̃, -ɑ̃t]
Je n'ai pas de nouvelles récentes de Jeanne.

neu (*seit kurzem*)
Ich habe keine neueren Nachrichten von Jeanne.

---

urgent, -ente [yrʒɑ̃, -ɑ̃t]
Ce travail est urgent.

dringend
Diese Arbeit ist dringend.

2.1.6.4 ADVERBIEN

«1–2000»

alors [alɔr] Alors il m'a dit la vérité.	**dann, da** Da sagte er mir die Wahrheit.
alors [alɔr] Il était alors employé chez Peugeot.	**damals** Er war damals Angestellter bei Peugeot.
après [aprɛ] J'irai après à la banque.	**danach, nachher** Ich gehe nachher zur Bank.
après-demain [aprɛdmɛ̃] On se reverra après-demain.	**übermorgen** Wir sehen uns übermorgen wieder.
aujourd'hui [oʒurdɥi] C'est mon anniversaire aujourd'hui.	**heute** Heute habe ich Geburtstag.
avant [avɑ̃] Avant je lui faisais confiance, maintenant c'est fini.	**vorher** Vorher vertraute ich ihm, jetzt ist es aus damit.
avant-hier [avɑ̃tjɛr] Je l'ai rencontrée avant-hier dans le métro.	**vorgestern** Ich traf sie vorgestern in der U-Bahn.
bientôt [bjɛ̃to] Je vais bientôt partir en Espagne.	**bald** Ich fahre bald nach Spanien.
d'abord [dabɔr] On va d'abord au concert, puis au restaurant.	**zuerst** Wir gehen zuerst ins Konzert, dann ins Restaurant.
déjà [deʒa] Elle est déjà allée trois fois en France.	**schon** Sie ist schon dreimal nach Frankreich gefahren.
demain [dəmɛ̃] Qu'est-ce que tu fais demain?	**morgen** Was machst du morgen?
encore [ɑ̃kɔr] Quand je me lève, il fait encore nuit.	**noch** Wenn ich aufstehe, ist es noch Nacht.
encore [ɑ̃kɔr] Vous vous êtes encore trompé.	**wieder, nochmals** Sie haben sich wieder geirrt.
enfin [ɑ̃fɛ̃] Te voilà enfin!	**endlich** Da bist du ja endlich!

ensuite [ɑ̃sɥit] — **dann, darauf**
Passe d'abord ton bac, ensuite tu verras. — Mach zuerst dein Abitur, dann wirst du schon sehen.

hier [ijɛr, jɛr] — **gestern**
Le chauffage est tombé hier en panne. — Die Heizung ist gestern ausgefallen.

(ne ...) jamais [(nə...) ʒamɛ] — **nie, niemals**
Je n'aurais jamais pensé qu'il parte seul. — Ich hätte nie gedacht, daß er allein wegfährt.
Tu aimerais sauter en parachute? – Jamais de la vie! — Würdest du gern Fallschirm springen? – Nie im Leben.

lentement [lɑ̃tmɑ̃] — **langsam**
Vous pouvez répéter lentement, s'il vous plaît? — Können Sie bitte langsam wiederholen?

longtemps [lõtɑ̃] — **lange**
Ça fait longtemps que tu n'es pas venu me voir. — Du hast mich lange nicht besucht.

maintenant [mɛ̃tnɑ̃] — **jetzt, nun**
Maintenant, c'est trop tard. — Jetzt ist es zu spät.

ne ... plus [nə...ply] — **nicht mehr**
Depuis son opération, il ne peut plus manger de graisse. — Seit seiner Operation kann er kein Fett mehr essen.

puis [pɥi] — **dann**
Je ne peux pas y aller, et puis je n'en ai aucune envie. — Ich kann nicht hin, und dann habe ich auch keine Lust dazu.

quand? [kɑ̃] — **wann?**
Quand est-ce que tu auras tes résultats? — Wann bekommst du deine Ergebnisse?

quelquefois [kɛlkəfwa] — **manchmal**
Quelquefois, je me demande à quoi tu t'intéresses vraiment. — Manchmal frage ich mich, wofür du dich eigentlich interessierst.

rarement [rarmɑ̃] — **selten**
Depuis qu'il est marié, on se voit rarement. — Seit er verheiratet ist, sehen wir uns selten.

souvent [suvɑ̃] — **oft**
J'ai souvent pensé à toi. — Ich habe oft an dich gedacht.

tard [tar] — **spät**
Je dois rentrer, il est tard. — Ich muß nach Hause, es ist spät.
Je t'expliquerai mes raisons plus tard. — Ich erkläre dir meine Gründe später.

tôt [to] Six heures! C'est trop tôt! Si tu étais venu plus tôt, tu aurais pu le rencontrer.	**früh** Sechs Uhr! Das ist zu früh! Wenn du früher (*oder* eher) gekommen wärst, hättest du ihn treffen können.
toujours [tuʒur] Tu veux toujours avoir raison.	**immer** Du willst immer recht haben.
toujours [tuʒur] Tu l'aimes toujours?	**immer noch** Liebst du ihn immer noch?
tout à coup [tutaku] Tout à coup, elle s'est mise à pleurer.	**plötzlich, auf einmal** Plötzlich begann sie zu weinen.
tout à l'heure [tutalœr] Elle était là tout à l'heure.	**(so)eben, gerade** Sie war eben da.
tout à l'heure [tutalœr] On se verra tout à l'heure pour l'apéritif.	**gleich** Wir sehen uns gleich beim Aperitif.
tout de suite [tutsɥit] Le dentiste m'a prise tout de suite.	**sofort, gleich** Der Zahnarzt hat mich gleich drangenommen.
vite [vit] J'ai peur: tu conduis trop vite!	**schnell** Ich habe Angst: du fährst zu schnell!

«2001–4000»

actuellement [aktɥɛlmɑ̃] Actuellement, je suis au chômage.	**gegenwärtig, zur Zeit** Zur Zeit bin ich arbeitslos.
sans arrêt [sɑ̃zarɛ] Il parle sans arrêt.	**unaufhörlich** Er redet unaufhörlich.
en attendant [ɑ̃natɑ̃dɑ̃] Mon train partait une heure plus tard; en attendant, j'ai déjeuné.	**inzwischen, unterdessen** Mein Zug fuhr eine Stunde später; inzwischen habe ich zu Mittag gegessen.
aussitôt [osito] Je l'ai reconnu aussitôt à son accent.	**(so)gleich, sofort** Ich erkannte ihn gleich an seinem Akzent.
autrefois [otrəfwa] Autrefois, les voyages étaient réservés aux riches.	**früher, einst** Früher war das Reisen den Reichen vorbehalten.

d'avance, à l'avance [davɑ̃s, alavɑ̃s]	**im voraus**
Merci d'avance pour vos renseignements.	Danke im voraus für Ihre Auskünfte.
en avance [ɑ̃navɑ̃s]	**zu früh**
Vous êtes en avance; je ne suis pas encore prêt.	Sie sind zu früh dran; ich bin noch nicht fertig.
brusquement [bryskəmɑ̃]	**plötzlich**
Il est parti brusquement sans explications.	Er ging plötzlich ohne eine Erklärung weg.
finalement [finalmɑ̃]	**schließlich**
J'étais très nerveux, mais finalement tout s'est bien passé.	Ich war sehr nervös, aber schließlich ging alles gut.
à la fois [alafwa]	**zugleich, auf einmal**
Je ne peux pas tout faire à la fois.	Ich kann nicht alles auf einmal tun.
de bonne heure [dəbɔnœr]	**früh(zeitig)**
Je lui ai promis de rentrer de bonne heure.	Ich habe ihm versprochen, früh nach Hause zu kommen.
immédiatement [imedjatmɑ̃]	**unverzüglich, sofort**
Demandez au docteur de venir immédiatement.	Bitten Sie den Arzt, sofort zu kommen.
l'autre jour [lotrəʒur]	**neulich, vor kurzem**
L'autre jour, j'ai téléphoné à votre père.	Neulich habe ich mit Ihrem Vater telefoniert.
quinze jours [kɛ̃zʒur]	**vierzehn Tage**
C'est quand Noël? – Dans quinze jours.	Wann ist Weihnachten? – In vierzehn Tagen.
justement [ʒystəmɑ̃]	**(so)eben, gerade**
Tu as vu Juliette? – Oui, elle vient justement de partir.	Hast du Juliette gesehen? – Ja, sie ist gerade weggegangen.
à la longue [alalɔ̃g]	**auf die Dauer**
À la longue, cet appartement est trop petit.	Auf die Dauer ist diese Wohnung zu klein.
de nouveau [dənuvo]	**wieder, nochmals**
Il a fait de nouveau la même bêtise.	Er hat wieder dieselbe Dummheit gemacht.
parfois [parfwa]	**gelegentlich, manchmal**
Il a parfois des accès d'asthme.	Er bekommt gelegentlich Asthmaanfälle.

peu à peu [pøapø]	**nach und nach, allmählich**
Le temps s'améliore peu à peu.	Das Wetter wird allmählich besser.
ne ... que [nə ... kə]	**erst**
Elle ne pourra venir qu'après neuf heures.	Sie kann erst nach neun Uhr kommen.
récemment [resamɑ̃]	**kürzlich, neulich**
J'ai retrouvé récemment une photo de mariage de mes parents.	Ich habe kürzlich ein Hochzeitsfoto meiner Eltern wiedergefunden.
soudain [sudɛ̃]	**plötzlich**
Soudain, ses freins ont lâché.	Plötzlich haben seine Bremsen versagt.
à temps [atɑ̃]	**rechtzeitig**
On l'a hospitalisé à temps.	Man hat ihn rechtzeitig ins Krankenhaus eingeliefert.
en même temps [ɑ̃mɛmtɑ̃]	**gleichzeitig**
Nous sommes arrivés en même temps.	Wir sind zur gleichen Zeit eingetroffen.
la plupart du temps [laplypardytɑ̃]	**die meiste Zeit, meist(ens)**
La plupart du temps, ils vont à la campagne le dimanche.	Meist gehen sie sonntags aufs Land.
tout le temps [tultɑ̃]	**die ganze Zeit, ständig**
Ton téléphone est tout le temps occupé.	Dein Telefon ist ständig besetzt.

2.1.6.5 PRÄPOSITIONEN

«1–2000»

à [a]	**an, zu, um, bei**
Je pars faire du ski à Noël.	Ich fahre (an *oder* zu) Weihnachten zum Skilaufen.
D'accord, rendez-vous devant le cinéma à 8 heures.	Einverstanden, Treffpunkt um acht (Uhr) vor dem Kino.
Je réglerai cette affaire à mon retour.	Ich werde diese Sache bei meiner Rückkehr regeln.
après [aprɛ]	**nach**
Après 18 heures, je ne serai plus là pour personne.	Nach 18 Uhr bin ich für niemanden mehr zu sprechen.

avant [avɑ̃]
Il est arrivé avant moi.
vor
Er ist vor mir angekommen.

dans [dɑ̃]
Dans trois jours, elle sortira de l'hôpital.
in
In drei Tagen wird sie aus dem Krankenhaus entlassen.

depuis [dəpɥi]
Depuis ton départ, j'ai vu très peu de gens.
seit
Seit deiner Abreise habe ich sehr wenige Leute gesehen.

en [ɑ̃]
Il a réussi à terminer ses études en trois ans.
Elle est née en 1950.
in, innerhalb von
Er schaffte es, sein Studium in drei Jahren abzuschließen.
Sie ist (im Jahre) 1950 geboren.

entre [ɑ̃trə]
Demain, je suis libre entre deux et trois heures.
zwischen
Morgen bin ich zwischen zwei und drei Uhr frei.

il y a [ilja]
Son mari est mort il y a trois ans.
vor
Ihr Mann ist vor drei Jahren gestorben.

jusqu'à [ʒyska]
J'ai attendu jusqu'à huit heures.
bis
Ich habe bis acht Uhr gewartet.

pendant [pɑ̃dɑ̃]
Elle a grossi pendant les vacances.
während
Sie ist in den Ferien dicker geworden.

vers [vɛr]
Je pense être rentré vers sept heures.
gegen
Ich denke, daß ich gegen sieben Uhr zurück bin.

«2001–4000»

au bout de [obudə]
Je suis parti au bout d'une demi-heure.
nach (Ablauf von)
Ich bin nach einer halben Stunde gegangen.

au cours de [okurdə]
Il a connu beaucoup d'artistes au cours de sa carrière.
im Laufe von
Er hat im Laufe seiner Karriere viele Künstler kennengelernt.

de ... à [də ... a]
Nos bureaux sont fermés de midi à deux heures.
von ... bis
Unsere Büros sind von zwölf bis zwei Uhr geschlossen.

dès [dɛ] Dès le début, on l'avait soupçonné.	**schon von ... an** Man hatte ihn schon von Anfang an verdächtigt.
durant [dyrɑ̃] Il travaille à la ferme de ses parents durant l'été.	**während** Er arbeitet den Sommer über auf dem Hof seiner Eltern.
lors de [lɔrdə] J'ai fait sa connaissance lors d'un voyage d'études.	**bei, während** Ich habe ihn auf einer Studienreise kennengelernt.
à partir de [apartirdə] L'essence augmentera à partir de la semaine prochaine.	**von ... an, (von ...) ab** Das Benzin wird ab nächster Woche teurer.

2.1.6.6 KONJUNKTIONEN

«1–2000»

après que [aprɛkə] Je ne veux plus l'aider après qu'il a refusé ma proposition.	**nachdem** Ich will ihm nicht mehr helfen, nachdem er meinen Vorschlag abgelehnt hat.
après [aprɛ] (*mit Infinitiv*) Après avoir mangé, il est allé se coucher.	**nachdem** Nachdem er gegessen hatte, ging er schlafen.
avant que [avɑ̃kə] (*mit Subjonctif*) J'aimerais bien rentrer avant qu'il (ne) fasse nuit.	**bevor** Ich würde gern heimkehren, bevor es Nacht wird.
avant de [avɑ̃də] (*mit Infinitiv*) N'oublie pas de fermer le gaz avant de partir.	**bevor** Vergiß nicht, das Gas abzudrehen, bevor du weggehst.
depuis que [dəpɥikə] Depuis qu'il ne fume plus, il a grossi.	**seit(dem)** Seit er nicht mehr raucht, ist er dicker geworden.
pendant que [pɑ̃dɑ̃kə] Il a regardé la télévision pendant que je faisais la cuisine.	**während** Er hat ferngesehen, während ich kochte.
quand [kɑ̃] Quand tu as téléphoné, j'étais en ville. Quand j'aurai visité l'Italie, j'irai au Portugal.	**als; wenn** Als du angerufen hast, war ich in der Stadt. Wenn ich Italien bereist habe, gehe ich nach Portugal.

«2001–4000»

aussitôt que [ositokə]	**sobald, sowie**
Je l'ai reconnue à son sourire aussitôt que je l'ai vue.	Ich erkannte sie an ihrem Lächeln, sobald ich sie sah.
comme [kɔm]	**(gerade) als**
Je l'ai rencontré comme je sortais du métro.	Ich traf ihn, als ich aus der U-Bahn kam.
dès que [dɛkə]	**sobald, sowie**
Passe-moi un coup de fil dès que tu seras rentré.	Ruf mich an, sowie du zu Hause bist.
jusqu'à ce que [ʒyskaskə] (*mit Subjonctif*)	**bis**
Ne réponds pas au téléphone jusqu'à ce que je revienne.	Geh nicht ans Telefon, bis ich zurückkomme.
lorsque [lɔrskə]	**als; wenn**
Lorsque je lui ai annoncé ta venue, elle a sauté de joie.	Als ich ihr deine Ankunft mitteilte, hüpfte sie vor Freude.
tant que [tɑ̃kə]	**solange**
Tant que tu seras aussi timide, tu n'arriveras pas à t'imposer.	Solange du so schüchtern bist, wirst du dich nicht durchsetzen können.

2.2 Räumliche Begriffe

2.2.1 SUBSTANTIVE

«1–2000»

centre [sɑ̃trə] *m*	**Mittelpunkt** *m*, **Mitte** *f*
Est-ce que tu connais le joueur au centre du terrain?	Kennst du den Spieler in der Mitte des Platzes?
côté [kote] *m*	**Seite** *f*
L'arrêt du bus est de l'autre côté de la rue.	Die Bushaltestelle ist auf der anderen Straßenseite.
direction [dirɛksjõ] *f*	**Richtung** *f*
Prenez cette rue direction centre ville.	Gehen Sie diese Straße in Richtung Stadtmitte.
endroit [ɑ̃drwa] *m*	**Stelle** *f*
Vous avez mal à quel endroit?	An welcher Stelle tut es Ihnen weh?

est [ɛst] *m* Le bois se trouve à l'est de la ville.	**Osten** *m* Der Wald liegt im Osten (*oder* östlich) der Stadt.
lieu [ljø] *m* (*pl.* -x) N'oubliez pas d'indiquer votre lieu de naissance.	**Ort** *m*, **Stelle** *f* Vergessen Sie nicht, Ihren Geburtsort anzugeben.
nord [nɔr] *m* Vous connaissez le nord de la France?	**Norden** *m* Kennen Sie den Norden Frankreichs?
ouest [wɛst] *m* Les rapports entre l'Est et l'Ouest sont tendus.	**Westen** *m* Die Beziehungen zwischen dem Osten und dem Westen sind gespannt.
place [plas] *f* Je n'ai pas assez de place pour cette armoire. Si vous voulez bien prendre place.	**Platz** *m*, **Stelle** *f* Ich habe nicht genug Platz für diesen Schrank. Wenn Sie bitte Platz nehmen wollen.
sud [syd] *m* L'appartement est en plein sud. Je préfère la côte sud de la Bretagne.	**Süden** *m* Die Wohnung liegt genau nach Süden. Ich bevorzuge die Südküste der Bretagne.

«2001–4000»

bord [bɔr] *m* On ne voyait plus le bord de la route.	**Rand** *m* Man konnte nicht mehr den Straßenrand sehen.
bout [bu] *m* Elle m'attendait à l'autre bout du quai.	**Ende** *n* Sie wartete am andern Ende des Bahnsteigs auf mich.
épaisseur [epɛsœr] *f* Prends des planches de deux centimètres d'épaisseur.	**Dicke** *f* Nimm Bretter von zwei Zentimetern Dicke.
espace [ɛspas] *m* À quatre dans ces deux pièces, nous manquons d'espace.	**Raum** *m* Zu viert in diesen beiden Zimmern fehlt es uns an Raum.
hauteur [otœr] *f* Il y a 2 mètres 50 de hauteur de plafond.	**Höhe** *f* Die Plafondhöhe beträgt 2 Meter 50.

largeur [larʒœr] *f* — **Breite** *f*
Cette table n'ira pas en largeur dans ta cuisine. — Dieser Tisch geht nicht der Breite nach in deine Küche.

longueur [lõgœr] *f* — **Länge** *f*
La longueur de ta jupe n'est plus à la mode. — Deine Rocklänge ist nicht mehr modisch.

milieu [miljø] *m* (*pl.* -x) — **Mitte** *f*
De ces trois vases, prends celui du milieu. — Nimm die mittlere von den drei Vasen.

point [pwɛ̃] *m* — **Punkt** *m*
La fusée ne fut plus qu'un point lumineux à l'horizon. — Die Rakete war nur noch ein Lichtpunkt am Horizont.

profondeur [prɔfõdœr] *f* — **Tiefe** *f*
La profondeur de tes étagères n'est pas pratique. — Die Tiefe deiner Regale ist nicht praktisch.

sens [sɑ̃s] *m* — **Richtung** *f*, **Sinn** *m*
Tournez le bouton dans le sens des aiguilles d'une montre. — Drehen Sie den Schalter im Uhrzeigersinn.

surface [syrfas] *f* — **Oberfläche** *f*
Les poissons morts flottaient à la surface de l'eau. — Die toten Fische trieben an der Wasseroberfläche.

trou [tru] *m* — **Loch** *n*
Ton chien a encore creusé des trous dans mon jardin. — Dein Hund hat wieder Löcher in meinem Garten gegraben.

2.2.2 ADJEKTIVE

«1–2000»

bas, basse [bɑ, bɑs] — **niedrig**
Ta table est trop basse pour taper à la machine. — Dein Tisch ist zu niedrig zum Maschinenschreiben.

court, courte [kur, kurt] — **kurz**
En athlétisme, il est meilleur sur les courtes distances. — In Leichtathletik ist er in den Kurzstrecken besser.

droit, droite [drwa, drwat] — **rechte**
Le musée est sur la rive droite du fleuve. — Das Museum ist auf dem rechten Flußufer.

droit, droite [drwa, drwat] — **gerade**
Tu peux faire de la vitesse: la route est toute droite. — Du kannst schnell fahren: die Straße ist ganz gerade.

épais, épaisse [epɛ, epɛs]	**dick, dicht**
Les murs ne sont pas assez épais: on entend tout.	Die Wände sind nicht dicht genug: man hört alles.
étroit, étroite [etrwa, etrwat]	**eng, schmal**
Ne double pas maintenant, la route est étroite!	Überhol jetzt nicht, die Straße ist schmal!
Ce pull est trop étroit.	Dieser Pulli ist zu eng.
gauche [goʃ]	**linke**
Elle fait tout de la main gauche.	Sie macht alles mit der linken Hand.
grand, grande [grɑ̃, grɑ̃d]	**groß**
Notre rue est bordée de grands arbres.	Unsere Straße ist von großen Bäumen gesäumt.
gros, grosse [gro, gros]	**groß** (*massig*)
Elle est arrivée avec deux grosses valises.	Sie kam mit zwei großen Koffern.
haut, haute [o, ot] (*h aspiré*)	**hoch**
Comment peux-tu marcher avec des talons aussi hauts?	Wie kannst du mit so hohen Absätzen gehen?
Cette porte a deux mètres de haut.	Diese Tür ist zwei Meter hoch.
large [larʒ]	**breit, weit**
Elle préfère porter des vêtements larges.	Sie trägt lieber weite Kleidung.
Je me suis acheté un lit de 90 cm de large.	Ich habe mir ein 90 cm breites Bett gekauft.
long, longue [lõ, lõg]	**lang**
À l'Opéra, beaucoup de femmes portaient des robes longues.	In der Oper trugen viele Frauen lange Kleider.
petit, -ite [pəti, -it]	**klein**
Les chaussures que j'ai achetées en solde sont trop petites.	Die Schuhe, die ich im Ausverkauf kaufte, sind zu klein.
profond, -onde [prɔfõ, -õd]	**tief**
À cet endroit, la rivière est profonde.	An dieser Stelle ist der Fluß tief.

«2001–4000»

central, -e [sɑ̃tral] (*m/pl.* -aux)	**zentral, Mittel...**
Le Mexique est le plus grand pays d'Amérique centrale.	Mexiko ist das größte Land Mittelamerikas.

creux, creuse [krø, krøz]	**hohl**
Il avait caché l'arme dans un arbre creux.	Er hatte die Waffe in einem hohlen Baum versteckt.
direct, -e [dirɛkt]	**direkt**
C'est le chemin le plus direct pour la plage.	Das ist der kürzeste Weg zum Strand.
énorme [enɔrm]	**enorm, riesig**
Un rocher énorme bloquait la route.	Ein riesiger Felsbrocken blokkierte die Straße.
extérieur, -e [ɛksterjœr]	**äußere**
L'aspect extérieur de l'hôtel n'est pas très engageant.	Der äußere Anblick des Hotels ist nicht gerade verlockend.
fin, fine [fɛ̃, fin]	**fein**
Ce fil n'est pas assez fin.	Dieser Faden ist nicht fein (*oder* dünn) genug.
inférieur, -e [ɛ̃ferjœr]	**untere**
Le cours inférieur du fleuve est navigable.	Der Unterlauf des Flusses ist schiffbar.
intérieur, -e [ɛ̃terjœr]	**innere**
Cette veste n'a pas de poches intérieures.	Diese Jacke hat keine Innentaschen.
lointain, -aine [lwɛ̃tɛ̃, -ɛn]	**fern**
Elle aimerait visiter des pays lointains.	Sie möchte gern ferne Länder besuchen.
mince [mɛ̃s]	**dünn**
Ne coupe pas des tranches aussi minces!	Schneid keine so dünnen Scheiben ab!
proche [prɔʃ]	**nah(e)**
On l'a transporté d'urgence à l'hôpital le plus proche.	Man brachte ihn sofort ins nächste Krankenhaus.
supérieur, -e [syperjœr]	**obere**
L'incendie a détruit les étages supérieurs.	Der Brand hat die oberen Stockwerke verwüstet.

2.2.3 ADVERBIEN

«1–2000»

ailleurs [ajœr]	**anderswo(hin)**
Je n'ai pas ce livre, mais vous le trouverez ailleurs.	Ich habe dieses Buch nicht, aber Sie finden es anderswo.

dedans [dədɑ̃]	**drinnen, darin, hinein**
Regarde dans le tiroir si mes lunettes sont dedans.	Schau in der Schublade, ob meine Brille drin ist.
Il n'a pas pu freiner et m'est rentré dedans.	Er konnte nicht mehr bremsen und ist mir reingefahren.
dehors [dəɔr]	**draußen, hinaus**
Attendez-moi dehors.	Warten Sie draußen auf mich.
Paul l'a mis dehors.	Paul hat ihn rausgeworfen.
derrière [dɛrjɛr]	**hinten**
En taxi, je préfère monter derrière.	Im Taxi steige ich lieber hinten ein.
devant [dəvɑ̃]	**vorn(e)**
Toutes les places (de) devant sont occupées.	Vorne sind alle Plätze besetzt. (*Oder*: Alle vorderen Plätze ...)
dessous [dəsu]	**darunter**
Le prix de cette chaise est indiqué dessous.	Der Preis dieses Stuhls steht auf der Unterseite.
dessus [dəsy]	**darüber, darauf**
Attention, ne vous asseyez pas dessus!	Achtung, setzen Sie sich nicht darauf!
tout droit [tudrwa]	**geradeaus**
Continuez tout droit; c'est à 500 mètres.	Fahren Sie geradeaus weiter; es sind noch 500 Meter.
à droite [adrwat]	**rechts**
La poste? C'est la première rue à droite.	Zur Post? Die erste Straße rechts.
à gauche [agoʃ]	**links**
Les Anglais roulent à gauche.	Die Engländer fahren links.
en bas [ɑ̃bɑ]	**unten**
Il y a une dame en bas qui vous demande.	Eine Dame ist unten, die Sie zu sprechen wünscht.
en haut [ɑ̃o]	**oben**
Où sont les serviettes? – Dans l'armoire, en haut à droite.	Wo sind die Handtücher? – Im Schrank oben rechts.
ici [isi]	**hier, hierher**
Elle n'est pas d'ici.	Sie ist nicht von hier.
Viens ici!	Komm (hier)her!
là [la]	**da, dort, dahin, dorthin**
Où est le journal? – Là, sur la chaise.	Wo ist die Zeitung? – Da auf dem Stuhl.
Asseyez-vous là!	Setzen Sie sich dahin!

là-bas [labɑ] Le boulanger est là-bas, au bout de la rue.	**da drüben, da hinten** Der Bäcker ist da drüben am Ende der Straße.
loin [lwɛ̃] La poste, c'est encore loin?	**weit (weg)** Ist es noch weit zur Post?
où [u] Je ne sais pas où il habite. Où faut-il descendre?	**wo, wohin** Ich weiß nicht, wo er wohnt. Wo muß man aussteigen?
partout [partu] Il la suit partout: ça l'énerve.	**überall(hin)** Er folgt ihr überallhin: das macht sie nervös.
près [prɛ] Jean habite tout près.	**nah(e), in der Nähe** Jean wohnt ganz in der Nähe.
y [i] Tu repars à Nice? – Oui, j'y vais lundi.	**da, dort, dahin, dorthin** Fährst du wieder nach Nizza? – Ja, ich fahre Montag dorthin.

«2001–4000»

en arrière [ɑ̃narjɛr] Il fit un pas en arrière.	**rückwärts** Er trat einen Schritt zurück.
autour [otur] Les verres sont fragiles: mets plus de papier autour!	**darum herum** Die Gläser sind zerbrechlich: tu mehr Papier drum herum!
en avant [ɑ̃navɑ̃] Ne te penche pas trop en avant!	**vorwärts** Beug dich nicht zu weit nach vorn!
à côté [akote] Vous voyez la gare? La poste est juste à côté.	**nebenan, daneben** Sehen Sie den Bahnhof? Die Post ist gleich daneben.
à l'extérieur [alɛksterjœr] Ne laissez pas vos vélos à l'extérieur!	**außen, draußen** Laßt eure Fahrräder nicht draußen!
en face [ɑ̃fas] L'arrêt du bus est en face.	**gegenüber** Die Bushaltestelle ist gegenüber.
à l'intérieur [alɛ̃terjœr] Il fait plus chaud à l'intérieur.	**innen, im Innern** Drinnen ist es wärmer.
là-haut [lao] Regarde, là-haut sur le toit, il y a un ramoneur.	**da oben** Schau, da oben auf dem Dach ist ein Kaminkehrer.

de loin [dəlwɛ̃]	**aus der Ferne, von weitem**
Je l'ai reconnu de loin à son béret basque.	Ich habe ihn von weitem an seiner Baskenmütze erkannt.
autre part [otrəpar]	**anderswo(hin)**
Il faut que tu cherches autre part.	Du mußt anderswo suchen.
nulle part [nylpar]	**nirgends**
Tu as vu mes clés? Je ne les trouve nulle part.	Hast du meine Schlüssel gesehen? Ich finde sie nirgends.
quelque part [kɛlkəpar]	**irgendwo(hin)**
Il me semble que nous nous sommes déjà rencontrés quelque part.	Mir scheint, wir haben uns schon irgendwo getroffen.

2.2.4 PRÄPOSITIONEN

«1–2000»

à [a]	**an, in, nach, zu**
Elles ont passé une semaine à Paris.	Sie haben eine Woche in Paris verbracht.
Nous allons faire un voyage à Berlin.	Wir machen eine Fahrt nach Berlin.
Où vas-tu? – À la gare.	Wo gehst du hin? – Zum Bahnhof.
Je me suis blessé à la main.	Ich habe mich an der Hand verletzt.
autour de [oturdə]	**um (... herum)**
Il y a un jardin autour de la maison.	Um das Haus ist ein Garten.
à côté de [akotedə]	**neben**
Viens t'asseoir à côté de moi.	Komm, setz dich neben mich.
dans [dɑ̃]	**in**
Il t'attend dans la voiture.	Er wartet im Auto auf dich.
Je l'ai rencontré dans la rue.	Ich traf ihn auf der Straße.
de [də]	**von, aus**
Je viens de Berlin.	Ich komme von (*oder* aus) Berlin.
J'ai mis cinq heures de Lyon à Marseille.	Von Lyon bis Marseille habe ich fünf Stunden gebraucht.
derrière [dɛrjɛr]	**hinter**
Il s'est caché derrière la porte.	Er versteckte sich hinter der Tür.

devant [dəvɑ̃] — **vor**
On a une file de voitures devant nous. — Wir haben eine Autoschlange vor uns.

en [ɑ̃] — **in, nach**
Je préfère voyager en train. — Ich reise lieber mit dem Zug.
Vous êtes déjà allé en France? — Sind Sie schon einmal nach Frankreich gefahren?

entre [ɑ̃trə] — **zwischen**
Combien de kilomètres y a-t-il entre Paris et Lyon? — Wieviel Kilometer sind es zwischen Paris und Lyon?

en face de [ɑ̃fasdə] — **gegenüber**
La maison en face de l'école est à vendre. — Das Haus gegenüber der Schule ist zu verkaufen.

au milieu de [omiljødə] — **mitten in**
Il se sentait perdu au milieu de cette foule. — Er kam sich inmitten dieser Menschenmenge verloren vor.

par [par] — **durch**
On est passé par Strasbourg pour rentrer. — Wir kamen auf der Rückfahrt durch (*oder* über) Straßburg.

près de [prɛdə] — **nahe bei, in der Nähe von**
Ils habitent près de l'autoroute. — Sie wohnen nahe bei der Autobahn.

sous [su] — **unter**
Elle avait un gros paquet sous le bras. — Sie hatte ein großes Paket unter dem Arm.

sur [syr] — **auf**
Il y avait du verglas sur la route. — Es war Glatteis auf der Straße.
Je n'ai pas d'argent sur moi. — Ich habe kein Geld bei mir.

vers [vɛr] — **gegen, nach**
Il est venu vers moi. — Er kam auf mich zu.

«2001–4000»

au-delà de [odladə] — **jenseits von**
Au-delà de cette limite, votre ticket n'est plus valable. — Von dieser Linie ab ist Ihre Fahrkarte nicht mehr gültig.

au-dessous de [odsudə] — **unter(halb)**
Ce village est au-dessous de Digne. — Dieses Dorf liegt unterhalb von Digne.

au-dessus de [odsydə] — **oberhalb, über**
Il m'a installé une lampe au-dessus du lit. — Er hat mir eine Lampe über dem Bett angebracht.

auprès de [oprɛdə] — **bei**
Il est resté auprès de lui jusqu'à l'arrivée du médecin. — Er blieb bei ihm, bis der Arzt kam.

contre [kõtrə] — **gegen, an**
Pousse la table contre le mur. — Rück den Tisch an die Wand.

du côté de [dykotedə] — **in Richtung auf**
Elle habite dans un village du côté de Menton. — Sie wohnt in einem Dorf in der Nähe von Menton.

à droite de [adrwatdə] — **rechts von**
À droite de l'église, vous voyez une fontaine. — Rechts von der Kirche sehen Sie einen Brunnen.

à gauche de [agoʃdə] — **links von**
Prenez la rue à gauche de la gare. — Gehen Sie die Straße links vom Bahnhof.

loin de [lwɛ̃də] — **weit weg von**
Ils habitent loin de l'école. — Sie wohnen weit weg von der Schule.

le long de [ləlõdə] — **an ... entlang**
On a planté des arbres le long de la route. — An der Straße entlang wurden Bäume gepflanzt.

pour [pur] — **nach**
À quelle heure part le train pour Paris, s'il vous plaît? — Um wieviel Uhr fährt bitte der Zug nach Paris?

à travers [atravɛr] — **(quer) durch**
Le poisson est passé à travers les mailles du filet. — Der Fisch ist durch die Maschen des Netzes geschlüpft.

2.3 Menge und Maß

(*Siehe auch UNBESTIMMTE PRONOMEN 3.2.6*)

2.3.1 MENGENBEGRIFFE

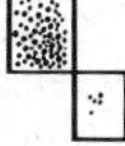

2.3.1.1 SUBSTANTIVE, ADJEKTIVE, VERBEN

«1–2000»

demi, -e [dəmi] *adj.* — **halb**
Il m'en faut un kilo et demi. — Ich brauche anderthalb Kilo.
Elle travaille trois demi-journées par semaine. — Sie arbeitet drei halbe Tage in der Woche.

double [dublə] *adj.*	**doppelt**
Remplissez ce formulaire en double exemplaire.	Füllen Sie dieses Formular in doppelter Ausfertigung aus.
J'ai mis le double de temps.	Ich habe doppelt soviel Zeit gebraucht.
grand, grande [grɑ̃, grɑ̃d] *adj.*	**groß**
On a donné une trop grande importance aux détails.	Man hat den Einzelheiten eine zu große Bedeutung beigemessen.
gros, grosse [gro, gros] *adj.*	**groß, stark, schwer**
La tempête a fait de gros dégâts.	Der Sturm hat schwere Schäden angerichtet.
léger, -ère [leʒe, -ɛr] *adj.*	**leicht**
Cette fois-ci, tu es venu avec des bagages légers.	Diesmal bist du mit leichtem Gepäck gekommen.
Tu n'as fait que deux fautes légères.	Du hast nur zwei leichte Fehler gemacht.
lourd, lourde [lur, lurd] *adj.*	**schwer**
Tu es trop lourd: je ne peux plus te porter.	Du bist zu schwer: ich kann dich nicht mehr tragen.
Vous avez pris une lourde responsabilité.	Sie haben eine schwere Verantwortung übernommen.
moitié [mwatje] *f*	**Hälfte** *f*
On a déjà fait la moitié de la route.	Wir haben schon die Hälfte der (*oder* die halbe) Strecke hinter uns.
Remplis mon verre à moitié.	Mach mein Glas zur Hälfte (*oder* halb) voll.
nombre [nõbrə] *m*	**Zahl** *f*, **Anzahl** *f*
Le nombre des habitants de cette ville a augmenté.	Die Einwohnerzahl dieser Stadt hat zugenommen.
numéro [nymero] *m*	**Nummer** *f*
Je n'habite plus au numéro deux de la rue Lepic.	Ich wohne nicht mehr Rue Lepic (Hausnummer) zwei.
petit, -ite [pəti, -it] *adj.*	**klein**
Je ne joue que des petites sommes au loto.	Ich spiele nur für kleine Summen im Lotto.
plein, pleine [plɛ̃, plɛn] *adj.*	**voll**
Ta valise est trop pleine.	Dein Koffer ist zu voll.
Sa dictée est pleine de fautes.	Sein Diktat ist voller Fehler.
quantité [kɑ̃tite] *f*	**Menge** *f*
Ils ont jeté une grande quantité de bouteilles vides.	Sie haben eine große Menge leerer Flaschen weggeworfen.

quart [kar] *m*	**Viertel** *n*
Je prends un quart de vin rouge.	Ich nehme ein Viertel Rotwein.
rare [rar] *adj.*	**selten**
Ce timbre est très rare.	Diese Briefmarke ist sehr selten.
remplir (de) [rɑ̃plir] *v.*	**füllen** (mit)
Tu as rempli les bouteilles à moitié; c'est exprès?	Du hast die Flaschen halb gefüllt; ist das Absicht?
suffire [syfir] *v.* (*irr.* 36)	**genügen, reichen**
Deux kilos de pain suffiront largement.	Zwei Kilo Brot reichen bei weitem.
tas [tɑ] *m*	**Haufen** *m*
J'ai gardé tout un tas de vieux journaux.	Ich habe einen ganzen Haufen alter Zeitungen behalten.
tiers [tjɛr] *m*	**Drittel** *n*
C'est lui qui fait les deux tiers du travail.	Zwei Drittel der Arbeit erledigt er.
vide [vid] *adj.*	**leer**
Il est venu à mon anniversaire les mains vides.	Er kam mit leeren Händen zu meinem Geburtstag.

«2001–4000»

abondant, -ante [abɔ̃dɑ̃, -ɑ̃t] *adj.*	**reichlich**
À l'hôtel, la nourriture était abondante.	Das Essen im Hotel war reichlich.
pour cent [pursɑ̃]	**Prozent** *n*
On a eu une réduction de dix pour cent.	Wir bekamen eine Ermäßigung von zehn Prozent.
centaine [sɑ̃tɛn] *f*	**(etwa) hundert**
Plusieurs centaines de personnes sont mortes de cette épidémie.	Mehrere hundert Personen starben bei dieser Epidemie.
charge [ʃarʒ] *f*	**Last** *f*
Ce camion a une charge maximale de trois tonnes.	Dieser Lkw hat eine Höchstlast von drei Tonnen.
chiffre [ʃifrə] *m* (!)	**Ziffer** *f*
J'ai un numéro de téléphone à sept chiffres.	Ich habe eine siebenstellige Telefonnummer.

complet, -ète [kõplɛ, -ɛt] *adj.* Il s'est acheté les œuvres complètes de Victor Hugo.	**vollständig** Er hat sich sämtliche Werke Victor Hugos gekauft.
considérable [kõsiderablə] *adj.* Il a dépensé une somme considérable pour le chauffage.	**beträchtlich** Er hat eine beträchtliche Summe für Heizung ausgegeben.
contenir [kõtnir] *v.* (*irr.* 40) Cette salle peut contenir mille spectateurs.	**enthalten** Dieser Saal faßt tausend Zuschauer.
dizaine [dizɛn] *f* Je serai de retour dans une dizaine de jours.	**(etwa) zehn** Ich bin in ungefähr zehn Tagen wieder zurück.
douzaine [duzɛn] *f* Pense à acheter une douzaine d'œufs.	**Dutzend** *n* Denk daran, ein Dutzend Eier zu kaufen.
entier, -ière [ɑ̃tje, -jɛr] *adj.* Ça fait une heure entière que je t'attends.	**ganz** Ich warte schon eine ganze (*oder* volle) Stunde auf dich.
extrême [ɛkstrɛm] *adj.* Il est d'une extrême gentillesse envers moi.	**äußerste, höchste** Er ist äußerst freundlich zu mir.
goutte [gut] *f* Encore du vin? – Juste une goutte.	**Tropfen** *m* Noch etwas Wein? – Nur ein Schlückchen.
masse [mas] *f* Il a des livres en masse.	**Masse** *f* Er hat massenhaft Bücher.
maximum [maksimɔm] *m* On mettra trois heures au maximum.	**Maximum** *n*, **Höchstmaß** *n* Wir brauchen höchstens drei Stunden.
millier [milje] *m* Des milliers de personnes assistèrent à l'enterrement.	**(etwa) tausend** Tausende von Menschen nahmen an der Beerdigung teil.
minimum [minimɔm] *m* Il a voulu prendre le minimum de risques.	**Minimum** *n*, **Mindestmaß** *n* Er wollte ein möglichst geringes Risiko eingehen.
moyenne [mwajɛn] *f* J'ai roulé à une moyenne de 80 kilomètres-heure.	**Durchschnitt** *m* Ich fuhr mit einem Schnitt von 80 Stundenkilometern.

nombreux, -euse [nõbrø, -øz] *adj.*	**zahlreich**
Les familles nombreuses ont des problèmes de logement.	Kinderreiche Familien haben Wohnungsprobleme.
paire [pɛr] *f*	**Paar** *n*
Je voudrais deux paires de chaussettes.	Ich möchte zwei Paar Socken.
suffisant, -ante [syfizɑ̃, -ɑ̃t] *adj.*	**genügend, ausreichend**
Je ne dispose pas d'une somme d'argent suffisante.	Ich verfüge über keine ausreichende Geldsumme.
triple [triplə] *adj.*	**dreifach**
Fais un triple nœud!	Mach einen dreifachen Knoten!
vider [vide] *v.*	**(ent)leeren**
Il n'a pas vidé son verre.	Er hat sein Glas nicht leergetrunken.

2.3.1.2 ADVERBIEN

«1–2000»

assez (de) [ase]	**genug**
J'ai assez mangé.	Ich habe genug gegessen.
Il y a assez de pain pour ce soir.	Es ist genug Brot da für heute abend.
beaucoup (de) [boku]	**viel(e)**
Elle lit beaucoup.	Sie liest viel.
Des timbres polonais? Je n'en ai pas beaucoup.	Polnische Briefmarken? Davon habe ich nicht viele.
Ils se sont fait beaucoup d'amis.	Sie haben viele Freunde gewonnen.
combien (de) [kõbjɛ̃]	**wieviel, wie viele**
Combien de personnes vont venir?	Wie viele Personen werden kommen?
Ce livre coûte combien?	Wieviel kostet dieses Buch?
en [ɑ̃]	**davon, welche;** *oft unübersetzt*
Tu as combien de disques de Bach? – J'en ai une dizaine.	Wie viele Platten von Bach hast du? – Ich habe etwa zehn.
J'ai des bonbons; tu en veux?	Ich habe Bonbons; willst du welche (*oder* davon)?

moins (de) [mwɛ̃]	**weniger**
J'ai encore moins de vacances que toi!	Ich habe noch weniger Ferien als du!
le moins (de) [ləmwɛ̃]	**am wenigsten**
C'est lui qui a eu le moins de chance.	Am wenigsten Glück hat er gehabt.
(ne...) pas de [(nə...) padə]	**kein**
Non merci, pas d'alcool pour moi.	Nein danke, keinen Alkohol für mich.
Je n'avais pas mangé de poisson depuis longtemps.	Ich hatte seit langem keinen Fisch gegessen.
peu (de) [pø]	**wenig(e)**
On nous a donné peu de renseignements sur l'Albanie.	Man gab uns wenige Auskünfte über Albanien.
un peu (de) [ɛ̃pø]	**ein wenig, ein bißchen**
Je pourrais avoir un peu d'eau?	Könnte ich ein wenig Wasser kriegen?
Mange donc un peu!	Iß doch ein wenig!
la plupart (des) [laplypar]	**die meisten**
La plupart de ses amis ont émigré au Canada.	Die meisten seiner Freunde wanderten nach Kanada aus.
plus (de) [plys]	**mehr**
J'ai travaillé beaucoup plus que lui.	Ich habe viel mehr gearbeitet als er.
Ils ont plus d'argent que nous.	Sie haben mehr Geld als wir.
le plus (de) [ləplys]	**am meisten**
C'est toi qui as le plus de patience.	Du hast am meisten (*oder* die meiste) Geduld.
trop (de) [tro]	**zuviel, zu viele**
Je n'irai pas dans le Midi: il y a trop de monde.	Ich gehe nicht in den Süden: es sind zu viele Menschen dort.
Il a trop mangé.	Er hat zuviel gegessen.

«2001–4000»

bien des [bjɛ̃de]	**(sehr) viele**
Depuis bien des années, elle prend des somnifères.	Seit vielen Jahren nimmt sie Schlafmittel.
davantage (de) [davɑ̃taʒ]	**mehr**
Tu veux en savoir davantage?	Willst du mehr darüber wissen?
Chaque année, il y a davantage de voitures.	Jedes Jahr gibt es noch mehr Autos.

pas mal (de) [pɑmal] Il y avait pas mal de monde.	**ziemlich viel(e)** Es waren ziemlich viele Leute da.
au moins [omwɛ̃] Il gagne au moins 10000 francs par mois.	**mindestens, wenigstens** Er verdient mindestens 10000 Franc im Monat.
au plus [oplys] On était une vingtaine de personnes au plus.	**höchstens** Wir waren höchstens zwanzig Leute.
de plus en plus [dəplyzɑ̃ply(s)] Il travaille de plus en plus et gagne moins d'argent.	**immer mehr** Er arbeitet immer mehr und verdient weniger Geld.
tant (de) [tɑ̃] J'ai écrit tant de lettres que j'ai mal à la main.	**so viel(e)** Ich habe so viele Briefe geschrieben, daß mir die Hand weh tut.
tellement (de) [tɛlmɑ̃] Il a tellement de soucis!	**so viel(e)** Er hat so viele Sorgen!

2.3.2 GRUNDZAHLEN

«1–2000»

0 **zéro** [zero]
1 **un, une** [ɛ̃, yn]
2 **deux** [dø]
3 **trois** [trwa]
4 **quatre** [katrə]
5 **cinq** [sɛ̃k, *vor Konsonant meist* sɛ̃]
6 **six** [sis, *vor Konsonant* si, *vor Vokal* siz]
7 **sept** [sɛt]
8 **huit** [ɥit, *vor Konsonant* ɥi]
9 **neuf** [nœf]
10 **dix** [dis, *vor Konsonant* di, *vor Vokal* diz]
11 **onze** [õz]
12 **douze** [duz]
13 **treize** [trɛz]
14 **quatorze** [katɔrz]
15 **quinze** [kɛ̃z]
16 **seize** [sɛz]
17 **dix-sept** [disɛt]
18 **dix-huit** [dizɥit]
19 **dix-neuf** [diznœf]
20 **vingt** [vɛ̃]
21 **vingt et un** [vɛ̃teɛ̃]
22 **vingt-deux** [vɛ̃tdø]
23 **vingt-trois** [vɛ̃ttrwa]
30 **trente** [trɑ̃t]
40 **quarante** [karɑ̃t]
50 **cinquante** [sɛ̃kɑ̃t]
60 **soixante** [swasɑ̃t]
70 **soixante-dix** [swasɑ̃tdis]
71 **soixante et onze** [swasɑ̃teõz]
72 **soixante-douze** [swasɑ̃tduz]
80 **quatre-vingt(s)** [katrəvɛ̃] (quatre-vingts ans, quatre-vingt mille)

81 **quatre-vingt-un** [katrəvɛ̃ɛ̃]	200 **deux cent(s)** [døsɑ̃] (deux cents élèves, deux cent dix)
90 **quatre-vingt-dix** [katrəvɛ̃dis]	1000 **mille** [mil]
91 **quatre-vingt-onze** [katrəvɛ̃õz]	2000 **deux mille** [dømil]
100 **cent** [sɑ̃]	**un million** [ɛ̃miljõ]
101 **cent un** [sɑ̃ɛ̃]	**un milliard** [ɛ̃miljar]

«2001–4000»

diviser [divize] *v.* 8 divisé par 4 font 2	**dividieren, teilen** 8 (geteilt) durch 4 ist 2
faire [fɛr] *v.* (*irr.* 18) 3 et 4 font 7 10 moins 8 font 2	**sein, machen** 3 und 4 ist 7 10 minus (*oder* weniger) 8 ist 2
multiplier [myltiplije] *v.* 5 multiplié par 2 font 10	**multiplizieren, malnehmen** 5 mal 2 ist 10

2.3.3 MASSE UND GEWICHTE

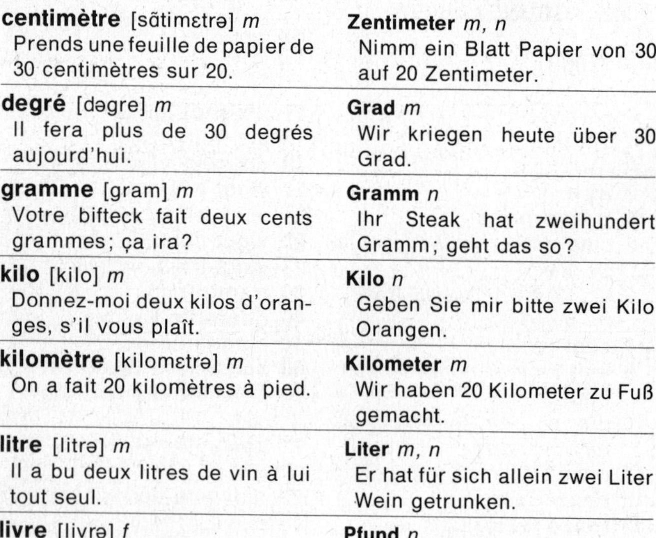

«1–2000»

centimètre [sɑ̃timɛtrə] *m* Prends une feuille de papier de 30 centimètres sur 20.	**Zentimeter** *m, n* Nimm ein Blatt Papier von 30 auf 20 Zentimeter.
degré [dəgre] *m* Il fera plus de 30 degrés aujourd'hui.	**Grad** *m* Wir kriegen heute über 30 Grad.
gramme [gram] *m* Votre bifteck fait deux cents grammes; ça ira?	**Gramm** *n* Ihr Steak hat zweihundert Gramm; geht das so?
kilo [kilo] *m* Donnez-moi deux kilos d'oranges, s'il vous plaît.	**Kilo** *n* Geben Sie mir bitte zwei Kilo Orangen.
kilomètre [kilomɛtrə] *m* On a fait 20 kilomètres à pied.	**Kilometer** *m* Wir haben 20 Kilometer zu Fuß gemacht.
litre [litrə] *m* Il a bu deux litres de vin à lui tout seul.	**Liter** *m, n* Er hat für sich allein zwei Liter Wein getrunken.
livre [livrə] *f* Je voudrais une livre de tomates.	**Pfund** *n* Ich möchte ein Pfund Tomaten.

mètre [mɛtrə] *m*
La plage est à 100 mètres de la maison.

Meter *m, n*
Der Strand ist 100 m vom Haus weg.

«2001–4000»

carré, -e [kare] *adj.*
Son nouvel appartement fait 90 mètres carrés.

Quadrat...
Seine neue Wohnung hat 90 Quadratmeter.

---

hectare [ɛktar] *m*
Ils exploitent une ferme de 250 hectares.

Hektar *n, m*
Sie bewirtschaften einen Hof von 250 Hektar.

---

mesure [məzyr] *f*
Avant d'acheter des rideaux, prends les mesures des fenêtres.

Maß *n*
Miß die Fenster ab, bevor du Gardinen kaufst.

---

mesurer [məzyre] *v.*
Elle mesure un mètre soixante-cinq.

messen
Sie mißt eins fünfundsechzig.

---

peser [pəze] *v.* (-è-)
Combien pèses-tu?

wiegen
Wieviel wiegst du?

---

poids [pwa] *m*
Je ne peux pas soulever un poids pareil.

Gewicht *n*
Ich kann ein solches Gewicht nicht heben.

---

tonne [tɔn] *f*
Les paysans ont jeté des tonnes de légumes sur la route.

Tonne *f*
Die Bauern warfen tonnenweise Gemüse auf die Straße.

2.4 Ordnung

2.4.1 ORDNUNG UND EINTEILUNG

«1–2000»

contraire [kõtrɛr] *m*
Au contraire, le film a eu du succès.

Gegenteil *n*
Im Gegenteil, der Film hatte Erfolg.

---

dernier, -ière [dɛrnje, -jɛr] *adj.*
J'ai pris le dernier métro pour rentrer.

letzte
Ich bin mit der letzten U-Bahn nach Hause gefahren.

détail [detaj] *m*	**Einzelheit** *f*
Raconte-moi dans le détail ce qui s'est passé.	Erzähl mir in allen Einzelheiten, was geschehen ist.
domaine [dɔmɛn] *m* (!)	**Bereich** *m*, **Gebiet** *n*
L'informatique, c'est son domaine.	Die Informatik ist sein Fach.
espèce [ɛspɛs] *f*	**Art** *f*, **Gattung** *f*
Cette espèce animale est en voie de disparition.	Diese Tierart ist im Aussterben begriffen.
Espèce d'imbécile, vous avez failli m'écraser! (F)	Sie Blödmann, Sie haben mich fast überfahren! (F)
général, -e [ʒeneral] *adj.* (*m/pl.* -aux)	**allgemein**
Sa culture générale laisse à désirer.	Seine Allgemeinbildung läßt zu wünschen übrig.
important, -ante [ɛ̃pɔrtɑ̃, -ɑ̃t] *adj.*	**wichtig**
J'ai une nouvelle importante à t'annoncer.	Ich habe dir eine wichtige Neuigkeit mitzuteilen.
morceau [mɔrso] *m* (*pl.* -x)	**Stück** *n*
De colère, il a déchiré la lettre en morceaux.	Aus Zorn hat er den Brief in Stücke gerissen.
objet [ɔbʒɛ] *m*	**Gegenstand** *m*, **Objekt** *n*
Elle collectionne des objets d'art.	Sie sammelt Kunstgegenstände.
ordinaire [ɔrdinɛr] *adj.*	**gewöhnlich**
Pour le prix, le menu était tout à fait ordinaire.	Für den Preis war das Menü ganz normal.
ordre [ɔrdrə] *m*	**Ordnung** *f*
Mets un peu d'ordre dans tes affaires!	Bring ein wenig Ordnung in deine Sachen!
part [par] *f*	**Teil** *m*, **Anteil** *m*
Partage le gâteau en sept parts égales.	Teile den Kuchen in sieben gleiche Teile.
particulier, -ière [partikylje, -jɛr] *adj.*	**besondere**
Ce livre est d'un intérêt particulier.	Dieses Buch ist von besonderem Interesse.
partie [parti] *f*	**Teil** *m*
La première partie du match était excellente.	Der erste Teil des Wettkampfs war ausgezeichnet.
Je te donne en partie raison.	Ich gebe dir teilweise recht.

pièce [pjɛs] *f* Combien coûtent les melons? – Douze francs pièce.	**Stück** *n* Wieviel kosten die Melonen? – Zwölf Franc das Stück.
prochain, -aine [prɔʃɛ̃, -ɛn] *adj.* La prochaine fois, je viendrai plus tôt.	**nächste** Das nächste Mal komme ich früher.
règle [rɛglə] *f* Je ne peux pas faire une exception à la règle.	**Regel** *f* Ich kann keine Ausnahme von der Regel machen.
reste [rɛst] *m* Le reste des élèves prendra un autre car.	**Rest** *m* Die übrigen Schüler nehmen einen anderen Bus.
seul, -e [sœl] *adj.* Il est venu seul. Il ne restait plus une seule place.	**allein; einzig** Er kam allein. Es war kein einziger Platz mehr übrig.
spécial, -e [spesjal] *adj.* (*m/pl.* -aux) Le président de la République voyage en train spécial.	**Sonder…, speziell** Der Staatspräsident reist im Sonderzug.
système [sistɛm] *m* Les Français ont adopté le système métrique en 1791.	**System** *n* Die Franzosen übernahmen 1791 das metrische System.

«2001–4000»

base [bɑz] *f* Le montant des revenus sert de base pour calculer les impôts.	**Grundlage** *f* Die Einkommenshöhe dient als Grundlage für die Steuerberechnung.
cadre [kadrə] *m* Dans le cadre des négociations, on a parlé du taux d'inflation.	**Rahmen** *m* Im Rahmen der Verhandlungen wurde über die Inflationsrate gesprochen.
se composer (de) [səkõpoze] *v.* Notre équipe de basket se compose de dix joueurs.	**bestehen, sich zusammensetzen** (aus) Unsere Basketballmannschaft besteht aus zehn Spielern.
comprendre [kõprɑ̃drə] *v.* (*irr.* 31) Son œuvre comprend des romans et des poèmes.	**umfassen** Sein Werk umfaßt Romane und Gedichte.

concerner [kõsɛrne] *v.* En ce qui me concerne, je suis d'accord.	**betreffen** Was mich betrifft, bin ich einverstanden.
contraire [kõtrɛr] *adj.* Ce médicament a eu des effets contraires.	**entgegengesetzt** Dieses Medikament hatte die gegenteilige Wirkung.
désordre [dezɔrdrə] *m* Ils ont mis du désordre dans ma cuisine.	**Unordnung** *f* Sie haben meine Küche in Unordnung gebracht.
diviser (en) [divize] *v.* Il a divisé son rapport en trois parties.	**einteilen** (in) Er teilte seinen Bericht in drei Teile ein.
essentiel, -elle [esɑ̃sjɛl] *adj.* On s'est mis d'accord sur les points essentiels.	**wesentlich** Man einigte sich über die wesentlichen Punkte.
exception [ɛksɛpsjõ] *f* L'exception confirme la règle.	**Ausnahme** *f* Die Ausnahme bestätigt die Regel.
genre [ʒɑ̃r] *m* Je n'apprécie pas des plaisanteries de ce genre.	**Art** *f* Ich schätze derartige Scherze gar nicht.
importance [ɛ̃pɔrtɑ̃s] *f* C'est sans importance.	**Wichtigkeit** *f*, **Bedeutung** *f* Das ist unwichtig (*oder* bedeutungslos).
indispensable [ɛ̃dispɑ̃sablə] *adj.* Des connaissances d'anglais sont indispensables.	**unerläßlich** Englischkenntnisse sind unerläßlich.
limite [limit] *f* Ma patience a des limites!	**Grenze** *f* Meine Geduld hat Grenzen!
normal, -e [nɔrmal] *adj.* (*m/pl.* -aux) Tu trouves ça normal qu'il se fasse toujours inviter?	**normal** Findest du das normal, daß er sich immer einladen läßt?
principal, -e [prɛ̃sipal] *adj.* (*m/pl.* -aux) Il joue le rôle principal dans ce film.	**Haupt...** Er spielt in diesem Film die Hauptrolle.
régler [regle] *v.* (-è-) Il est parti en France régler des affaires de famille.	**regeln** Er ist nach Frankreich gereist, um Familienangelegenheiten zu regeln.

régulier, -ière [regylje, -jɛr] *adj.* — **regelmäßig**
Le médecin m'a conseillé de mener une vie plus régulière. — Der Arzt riet mir, ein regelmäßigeres Leben zu führen.

sorte [sɔrt] *f* — **Art** *f*, **Sorte** *f*
Il a attrapé une sorte de grippe intestinale. — Er hat sich eine Art Darmgrippe zugezogen.

structure [stryktyr] *f* — **Struktur** *f*, **(Auf)Bau** *m*
Pour survivre, cette société devra réformer ses structures. — Um zu überleben, muß diese Gesellschaft ihre Strukturen reformieren.

suivant, -ante [sɥivɑ̃, -ɑ̃t] *adj.* — **folgend**
Regardez à la page suivante. — Schauen Sie auf der folgenden Seite.

tour [tur] *m* — **Reihe(nfolge)** *f*
C'est mon tour maintenant. — Jetzt bin ich an der Reihe.

unique [ynik] *adj.* — **einzig**
Il est très gâté: c'est un enfant unique. — Er ist sehr verwöhnt: er ist ein Einzelkind.

unité [ynite] *f* — **Einheit** *f*
Le gramme est l'unité de poids. — Das Gramm ist die Gewichtseinheit.

zone [zon] *f* — **Zone** *f*, **Gebiet** *n*
Attention, la zone militaire commence à 500 mètres! — Achtung, der militärische Bereich beginnt nach 500 Metern!

2.4.2 ORDNUNGSZAHLEN

«1–2000»

1er	**premier** [prəmje]	**erste(r)**
1re	**première** [prəmjɛr]	**erste**
2[e]	**deuxième** [døzjɛm]	**zweite**
	second, seconde [səgõ, səgõd]	**zweite**
3[e]	**troisième** [trwazjɛm]	**dritte**
4[e]	**quatrième** [katrijɛm]	**vierte**
5[e]	**cinquième** [sɛ̃kjɛm]	**fünfte**
6[e]	**sixième** [sizjɛm]	**sechste**
7[e]	**septième** [sɛtjɛm]	**sieb(en)te**
8[e]	**huitième** [ɥitjɛm]	**achte**
9[e]	**neuvième** [nœvjɛm]	**neunte**
10[e]	**dixième** [dizjɛm]	**zehnte**

«2001–4000»

11e	**onzième** [õzjɛm]	**elfte**
12e	**douzième** [duzjɛm]	**zwölfte**
20e	**vingtième** [vɛ̃tjɛm]	**zwanzigste**
21e	**vingt et unième** [vɛ̃teynjɛm]	**einundzwanzigste**
22e	**vingt-deuxième** [vɛ̃tdøzjɛm]	**zweiundzwanzigste**
30e	**trentième** [trɑ̃tjɛm]	**dreißigste**
100e	**centième** [sɑ̃tjɛm]	**hundertste**
1000e	**millième** [miljɛm]	**tausendste**
1o	**premièrement** [prəmjɛrmɑ̃]	**erstens**
2o	**deuxièmement** [døzjɛmmɑ̃]	**zweitens**
3o	**troisièmement** [trwazjɛmmɑ̃]	**drittens**

2.5 Art und Weise

2.5.1 ADVERBIEN DER ART UND WEISE

«1–2000»

ainsi [ɛ̃si]	**so**
C'est ainsi que s'est produit l'accident.	So hat sich der Unfall zugetragen.
autrement [otrəmɑ̃]	**anders; sonst**
Tu devrais t'habiller autrement.	Du solltest dich anders anziehen.
Téléphone-moi avant dix heures, autrement je ne serai plus là.	Ruf mich vor zehn an, sonst bin ich nicht mehr da.
comme ça [kɔmsa]	**so**
Ne me regarde pas comme ça!	Sieh mich nicht so an!
comment? [kɔmɑ̃]	**wie?**
Je ne sais pas comment faire.	Ich weiß nicht, wie ich es machen soll.
Quel est votre nom? – Houel. – Comment?	Wie heißen Sie? – Houel. – Wie bitte?
ensemble [ɑ̃sɑ̃blə]	**zusammen**
Ils vont bien ensemble.	Sie passen gut zusammen.
d'une façon ... [dynfasõ]	**auf ... Art** (*oder* **Weise**)
Il m'a expliqué ça d'une façon différente.	Er hat mir das auf andere Art erklärt.

au fond [ofõ] — **im Grunde (genommen)**
Au fond, tu as raison. — Im Grunde genommen hast du recht.

en général [ɑ̃ʒeneral] — **im allgemeinen**
En général, je sors du bureau à 6 heures. — Im allgemeinen komme ich um 6 Uhr aus dem Büro.

de cette manière [dəsɛtmanjɛr] — **auf diese Art** (*oder* **Weise**)
Tu n'apprendras jamais à conduire de cette manière. — Auf diese Weise lernst du nie Autofahren.

même [mɛm] — **sogar, selbst**
Il est réservé et même timide. — Er ist zurückhaltend, ja sogar schüchtern.
Il n'a même pas dit bonjour. — Er hat nicht einmal guten Tag gesagt.

ne ... que [nə ... kə] — **nur**
Mademoiselle Dupont ne travaille chez nous que le matin. — Fräulein Dupont arbeitet nur morgens bei uns.

à peu près [apøprɛ] — **etwa, ungefähr**
Nous sommes à peu près du même âge. — Wir sind etwa gleich alt.

quand même [kɑ̃mɛm] — **trotzdem, immerhin**
Tu aurais quand même pu m'envoyer une carte postale! — Du hättest mir immerhin eine Postkarte schicken können!
Elle a mauvais caractère, il l'aime bien quand même. — Sie hat einen schwierigen Charakter, trotzdem liebt er sie sehr.

seulement [sœlmɑ̃] — **nur**
Vous étiez nombreux? – Non, cinq seulement. — Wart ihr zahlreich? – Nein, nur fünf.

surtout [syrtu] — **vor allem**
Il faut surtout que vous arrêtiez de fumer. — Sie müssen vor allem mit Rauchen aufhören.
Ne lui dis surtout pas ça! — Sag ihm das ja nicht!

«2001–4000»

absolument [apsɔlymɑ̃] — **unbedingt, absolut**
Je dois absolument le rencontrer. — Ich muß ihn unbedingt treffen.

environ [ɑ̃virɔ̃] — **ungefähr, etwa**
Ce livre a environ 500 pages. — Dieses Buch hat etwa 500 Seiten.

forcément [fɔrsemɑ̃] — **zwangsläufig, notwendigerweise**
Au début, vous aurez forcément des problèmes. — Am Anfang haben Sie zwangsläufig Probleme.

d'habitude [dabityd] — **gewöhnlich**
D'habitude, il me passe un coup de fil le lundi. — Gewöhnlich ruft er mich montags an.

en particulier [ɑ̃partikylje] — **besonders, insbesondere**
Les loyers ont augmenté, en particulier à Paris. — Die Mieten sind gestiegen, besonders in Paris.

en plus [ɑ̃plys] — **außerdem, obendrein**
Je n'ai pas envie de sortir, en plus il pleut. — Ich habe keine Lust auszugehen, außerdem regnet es.

pourtant [purtɑ̃] — **dennoch**
Elle habite à côté, et pourtant on se voit très peu. — Sie wohnt nebenan, und dennoch sieht man sich sehr wenig.

que ...! [kə] — **wie...!**
Qu'il fait beau aujourd'hui! — Wie schön es heute ist!

avant tout [avɑ̃tu] — **vor allem**
Il faut avant tout obtenir son accord. — Man muß vor allem seine Zustimmung erhalten.

toutefois [tutfwa] — **jedoch**
Je n'ai plus son adresse, je connais toutefois celle de ses parents. — Ich habe seine Adresse nicht mehr, ich kenne jedoch die seiner Eltern.

2.5.2 ADVERBIEN DES GRADES

«1–2000»

beaucoup [boku] — **sehr** (*beim Verb*)
Je fais du judo: ça me plaît beaucoup. — Ich treibe Judo: das gefällt mir sehr.

bien [bjɛ̃] — **sehr, recht**
Je suis bien content du résultat. — Ich bin mit dem Ergebnis recht zufrieden.

ne ... pas [nə ... pɑ] — **nicht**
Elle ne travaille pas cette semaine. — Sie arbeitet diese Woche nicht.

pas [pɑ] Qui m'a pris mon journal? – Pas moi.	**nicht** Wer hat meine Zeitung genommen? – Ich nicht.
pas du tout [pɑdytu] Le dentiste t'a fait mal? – Non, pas du tout.	**überhaupt nicht** Hat dir der Zahnarzt weh getan? – Nein, überhaupt nicht.
à peine [apɛn] Je le connais à peine.	**kaum** Ich kenne ihn kaum.
presque [prɛskə] Ma grand-mère est presque sourde.	**fast, beinahe** Meine Großmutter ist fast taub.
si [si] Ne va pas si vite!	**so** Geh nicht so schnell!
tellement [tɛlmɑ̃] Il a tellement changé! Il est tellement rapide que je ne peux pas le suivre.	**so (sehr)** Er hat sich so sehr verändert! Er ist so flink, daß ich ihm nicht folgen kann.
tout [tu] Elle était toute triste.	**ganz** Sie war ganz traurig.
tout à fait [tutafɛ] Je suis tout à fait de votre avis.	**ganz (und gar), vollkommen** Ich bin ganz Ihrer Meinung.
très [trɛ] Elle était très fatiguée. Le concert était très bien. J'ai très faim.	**sehr** (*mit adj. und adv.*) Sie war sehr müde. Das Konzert war sehr gut. Ich bin sehr hungrig.
trop [tro] Il m'a trop menti: je ne le crois plus. Elle est trop jeune pour se marier.	**zu (sehr)** Er hat mich zu sehr angelogen: ich glaube ihm nicht mehr. Sie ist zu jung, um zu heiraten.

«2001–4000»

assez [ase] Le film était assez intéressant.	**ziemlich** Der Film war ziemlich interessant.
complètement [kõplɛtmɑ̃] Vous vous trompez complètement.	**völlig, vollständig** Sie irren sich völlig.
drôlement [drolmɑ̃] (F) Je trouve qu'il a drôlement changé.	**ungeheuer** (F) Ich finde, er hat sich ungeheuer verändert.

un peu [ɛ̃pø] 500 francs, c'est un peu cher.	**ein wenig, etwas** 500 Franc ist etwas teuer.
particulièrement [partikyljɛrmɑ̃] Je n'aime pas particulièrement ton cousin.	**besonders** Ich mag deinen Vetter nicht besonders.
tant [tɑ̃] Elle souffre tant qu'elle se fait faire des piqûres.	**so sehr** Sie leidet so sehr, daß sie sich Spritzen geben läßt.

2.5.3 VERGLEICH

«1–2000»

aussi [osi] *adv.* J'aime beaucoup cet auteur. – Moi aussi.	**auch** Ich mag diesen Autor sehr. – Ich auch.
aussi (... que) [osi] *adv.* Je suis aussi déçu que toi.	**(eben)so** (... wie) Ich bin (eben)so enttäuscht wie du.
autant (... que) [otɑ̃] *adv.* Elle a fait autant de fautes que moi. Je ne gagne pas autant que lui.	**ebensosehr, ebensoviel, ebenso viele** (... wie) Sie hat so viele Fehler gemacht wie ich. Ich verdiene nicht so viel wie er.
comme [kɔm] *conj.* Il est médecin comme son père. Comme toujours, tu es arrivé en retard.	**wie** Er ist Arzt wie sein Vater. Du bist wie immer zu spät gekommen.
différence [diferɑ̃s] *f* Ils se sont mariés malgré la grande différence d'âge.	**Unterschied** *m* Sie haben trotz des großen Altersunterschiedes geheiratet.
différent, -ente [diferɑ̃, -ɑ̃t] *adj.* J'ai une opinion différente sur cette question.	**verschieden, anders** Ich hab eine andere Meinung über diese Frage.
égal, -e [egal] *adj.* (*m/pl.* -aux) Les concurrents ont des chances égales.	**gleich** Die Konkurrenten haben gleiche Chancen.

pareil, -le [parɛj] *adj.* Ils sont tous pareils: ils ne parlent que de foot.	**gleich, ähnlich** Sie sind alle gleich: sie sprechen nur vom Fußball.
plus ... (que) [ply] *adv.* Il nage plus vite que moi. J'ai trouvé son dernier film plus intéressant.	*mit Komparativ zu übersetzen* Er schwimmt schneller als ich. Ich fand seinen letzten Film interessanter.
le plus ... [ləply] *adv.* C'est le plus jeune fils qui est le plus doué.	*mit Superlativ zu übersetzen* Der jüngste Sohn ist am begabtesten.
plutôt [plyto] *adv.* Il est plutôt bête que méchant. Ne prenez pas de pêches, mais plutôt du raisin.	**eher, lieber** Er ist eher dumm als böse. Nehmen Sie keine Pfirsiche, sondern lieber Trauben.
que [kə] *conj.* Je suis aussi sportive que toi. Il est plus âgé que moi.	**wie; als** Ich bin so sportlich wie du. Er ist älter als ich.

«2001–4000»

comparaison [kõparɛzõ] *f* Si vous faites la comparaison, ces livres-ci sont moins chers.	**Vergleich** *m* Wenn Sie einen Vergleich ziehen, so sind diese Bücher billiger.
comparer [kõpare] *v.* J'ai comparé les prix de ces deux écoles de langues.	**vergleichen** Ich habe die Preise dieser beiden Sprachschulen verglichen.
de [də] *conj.* Nous sommes rentrés en moins de deux heures.	**als** (*vor Zahlen*) Wir sind in weniger als zwei Stunden zurückgefahren.
distinguer [distɛ̃ge] *v.* C'est à la voix que j'arrive à distinguer les jumeaux.	**unterscheiden** An der Stimme kann ich die Zwillinge unterscheiden.
également [egalmɑ̃] *adv.* Vous pouvez également me téléphoner sous ce numéro.	**ebenfalls, gleichfalls** Sie können mich auch unter dieser Nummer anrufen.
égalité [egalite] *f* L'égalité devant la loi est garantie par la constitution.	**Gleichheit** *f* Die Gleichheit vor dem Gesetz wird von der Verfassung garantiert.

moins ... (que) [mwɛ̃] *adv.* Il est moins grand que toi. Son dernier roman est moins bien écrit que les autres.	**weniger ...** (als) Er ist kleiner als du. Sein letzter Roman ist weniger gut geschrieben als die anderen.
non plus [nõply] *adv.* Je n'aime pas me lever tôt. – Moi non plus.	**auch nicht** Ich stehe nicht gern früh auf. – Ich auch nicht.
par rapport à [parrapɔra] *prép.* Par rapport au tien, mon logement est beaucoup plus cher.	**im Vergleich zu** Im Vergleich zu deiner ist meine Wohnung viel teurer.
semblable [sɑ̃blablə] *adj.* Que faire dans un cas semblable?	**ähnlich, solch** Was soll man in so einem Fall tun?

2.6 Farben

«1–2000»

blanc, blanche [blɑ̃, blɑ̃ʃ] *adj.* À 50 ans, il avait déjà des cheveux blancs.	**weiß** Mit 50 Jahren hatte er schon weiße Haare.
bleu, -e [blø] *adj.* Ma cousine est une petite blonde aux yeux bleus.	**blau** Meine Cousine ist eine kleine Blondine mit blauen Augen.
blond, blonde [blõ, blõd] *adj.* Quand j'étais enfant, j'étais blond.	**blond** Als Kind war ich blond.
brun, brune [brɛ̃, bryn] *adj.* Elle a de beaux cheveux bruns.	**braun** Sie hat schöne braune Haare.
clair, -e [klɛr] *adj.* Tu devrais porter des couleurs claires.	**hell** Du solltest helle Farben tragen.
couleur [kulœr] *f* Ils viennent de s'acheter une télévision en couleurs.	**Farbe** *f* Sie haben sich einen Farbfernseher gekauft.
gris, grise [gri, griz] *adj.* Le ciel est gris aujourd'hui.	**grau** Der Himmel ist heute grau.

jaune [ʒon] *adj.* Elle a repeint sa salle de bains en jaune.	**gelb** Sie hat ihr Badezimmer wieder gelb gestrichen.
marron [marõ] *adj.* (*unveränderlich*) Je voudrais une paire de chaussures marron.	**braun** Ich möchte ein Paar braune Schuhe.
noir, -e [nwar] *adj.* Je n'ai pas de costume noir pour l'enterrement.	**schwarz** Ich habe keinen schwarzen Anzug für die Beerdigung.
rouge [ruʒ] *adj.* Le rouge ne te va pas du tout.	**rot** Rot steht dir überhaupt nicht.
vert, verte [vɛr, vɛrt] *adj.* Les bananes sont encore vertes.	**grün** Die Bananen sind noch grün.

«2001–4000»

clarté [klarte] *f* Cette pièce est en plein sud, d'où sa clarté agréable.	**Helligkeit** *f* Dieses Zimmer liegt genau nach Süden, daher seine angenehme Helligkeit.
foncé, -e [fõse] *adj.* Elle pense que les couleurs foncées l'amincissent.	**dunkel** Sie meint, daß sie dunkle Farben schlanker machen.
orange [ɔrɑ̃ʒ] *adj.* (*unveränderlich*) Elle avait une robe orange. Le feu passe à l'orange.	**orange(farben)** Sie hatte ein orangefarbenes Kleid an. Die Ampel wird gelb.
pâle [pɑl] *adj.* Je trouve ce bleu trop pâle pour toi.	**blaß** Ich finde dieses Blau zu blaß für dich.
rose [roz] *adj.* Elle m'a offert un pull rose vif.	**rosa** Sie schenkte mir einen Pulli von einem lebhaften Rosa.
rougir [ruʒir] *v.* Tes compliments l'ont fait rougir.	**rot werden, erröten** Deine Komplimente haben sie erröten lassen.

2.7 Formen

«1–2000»

carré, -e [kare] *adj.*	**viereckig, quadratisch**
La cour de notre école était carrée.	Unser Schulhof war viereckig.
cercle [sɛrklə] *m*	**Kreis** *m*
Les passants formaient un cercle autour du musicien.	Die Passanten bildeten einen Kreis um den Musikanten.
coin [kwɛ̃] *m*	**Ecke** *f*
Le bureau de tabac est juste au coin de la rue.	Der Tabakladen ist gleich an der Straßenecke.
croix [krwa] *f*	**Kreuz** *n*
Une vieille croix de pierre était à l'entrée du village.	Ein altes Steinkreuz stand am Dorfeingang.
forme [fɔrm] *f*	**Form** *f*, **Gestalt** *f*
Ce peintre s'est servi souvent de formes géométriques.	Dieser Maler hat oft geometrische Formen verwendet.
pointe [pwɛ̃t] *f*	**Spitze** *f*
On apercevait au loin la pointe du clocher.	Man erblickte in der Ferne die Kirchturmspitze.
rond, ronde [rõ, rõd] *adj.*	**rund**
Sur cette photo, elle a des bras bien ronds.	Auf diesem Foto hat sie ganz runde Arme.

«2001–4000»

bloc [blɔk] *m*	**Block** *m*
Un gros bloc de pierre barrait la route.	Ein großer Steinblock versperrte die Straße.
boule [bul] *f*	**Kugel** *f*
On a fait une partie de boules de neige.	Wir haben eine Schneeballschlacht gemacht.
carré [kare] *m*	**Viereck** *n*, **Quadrat** *n*
Les bâtiments sont disposés en carré.	Die Gebäude sind im Viereck angeordnet.
cube [kyb] *m*	**Würfel** *m*
J'ai offert un jeu de cubes à mon petit neveu.	Ich habe meinem kleinen Neffen Bauklötze geschenkt.
former [fɔrme] *v.*	**bilden, formen, gestalten**
La côte forme une pointe qui s'avance dans la mer.	Die Küste bildet eine Spitze, die ins Meer vorspringt.

plat, plate [pla, plat] *adj.* — **flach**
La Beauce est un pays plat. — Die Beauce ist eine flache Gegend.

---

pointu, -e [pwɛ̃ty] *adj.* — **spitz**
Fais attention, ces ciseaux sont très pointus! — Paß auf, diese Schere ist sehr spitz!

---

triangle [trijɑ̃glə] *m* — **Dreieck** *n*
Dessinez le triangle ABC. — Zeichne das Dreieck ABC.

2.8 Ursache und Wirkung

«1–2000»

cause [koz] *f* — **Ursache** *f*, **Grund** *m*
Le ministre a expliqué la cause de sa démission. — Der Minister erläuterte den Grund für seinen Rücktritt.

à cause de [akozdə] *prép.* — **wegen**
Il ne peut plus jouer au foot à cause de son genou. — Wegen seines Knies kann er nicht mehr Fußball spielen.

---

condition [kõdisjõ] *f* — **Bedingung** *f*
Les conditions de travail se sont améliorées. — Die Arbeitsbedingungen haben sich gebessert.

---

conséquence [kõsekɑ̃s] *f* — **Folge** *f*
Il n'avait pas réfléchi aux conséquences. — Er hatte nicht über die Folgen nachgedacht.

---

par conséquent [parkõsekɑ̃] *adv.* — **folglich**
Elle connaît bien ton cas, par conséquent elle pourra t'aider. — Sie kennt deinen Fall gut, folglich kann sie dir helfen.

---

effet [efɛ] *m* — **Wirkung** *f*
Ce médicament ne m'a fait aucun effet. — Dieses Medikament hat bei mir keinerlei Wirkung gehabt.

---

parce que [parskə] *conj.* — **weil**
Je ne sortirai pas parce que j'attends de la visite. — Ich gehe nicht aus, weil ich Besuch erwarte.

---

pour [pur] *prép.* — **für**
Il faut te faire vacciner; c'est indispensable pour ce voyage. — Du mußt dich impfen lassen; das ist unerläßlich für diese Reise.

---

pour [pur] *conj.* (*mit Infinitiv*) — **um zu**
Je dois lui téléphoner pour avoir ce renseignement. — Ich muß ihn anrufen, um diese Auskunft zu bekommen.

pour que [purkə] *conj.* (*mit Subjonctif*)	**damit**
Donne-moi ton adresse pour que je puisse t'écrire.	Gib mir deine Adresse, damit ich dir schreiben kann.
pourquoi? [purkwa] *adv.*	**warum?**
Je ne sais pas pourquoi il ne me dit plus bonjour.	Ich weiß nicht, warum er mir nicht mehr guten Tag sagt.
c'est pourquoi [sɛpurkwa] *adv.*	**deshalb, daher**
Il est sourd, c'est pourquoi il n'a pas réagi.	Er ist taub, deshalb hat er nicht reagiert.
puisque [pɥiskə] *conj.*	**da (ja)**
Puisque tu as promis de l'aider, il faut le faire.	Da du versprochen hast, ihm zu helfen, mußt du es tun.
raison [rɛzõ] *f*	**Grund** *m*, **Ursache** *f*
Pour quelle raison vous intéressez-vous à la géologie?	Aus welchem Grund interessieren Sie sich für Geologie?
résultat [rezylta] *m*	**Ergebnis** *n*
La semaine prochaine, elle aura les résultats de son examen.	Nächste Woche bekommt sie ihre Prüfungsergebnisse.

«2001–4000»

afin que [afɛ̃kə] *conj.* (*mit Subjonctif*)	**damit**
Je vous rappellerai afin que vous me confirmiez votre venue.	Ich rufe zurück, damit Sie mir Ihr Kommen bestätigen.
afin de [afɛ̃də] *conj.* (*mit Infinitiv*)	**um zu**
Il s'entraîne tous les matins afin de rester en forme.	Er trainiert jeden Morgen, um in Form zu bleiben.
à quoi bon? [akwabõ] *adv.*	**wozu?**
À quoi bon lui demander? Il ne sait jamais rien.	Wozu ihn fragen? Er weiß nie etwas.
but [by(t)] *m*	**Ziel** *n*, **Zweck** *m*
Son seul but est de gagner beaucoup d'argent.	Sein einziges Ziel ist es, viel Geld zu verdienen.
Le but de cette association est d'aider les handicapés.	Der Zweck dieser Vereinigung ist es, den Behinderten zu helfen.

car [kar] *conj.*
Il ne peut pas chanter, car il a une angine.

denn
Er kann nicht singen, denn er hat Angina.

---

causer [koze] *v.*
L'accident a été causé par un excès de vitesse.

verursachen
Der Unfall wurde durch überhöhte Geschwindigkeit verursacht.

---

comme [kɔm] *conj.*
Comme il n'écrit jamais, je lui téléphone une fois par mois.

da, weil
Da er nie schreibt, rufe ich ihn einmal im Monat an.

---

dépendre (de) [depɑ̃drə] *v.*
Tu vas accepter ce poste? – Ça dépendra du salaire.

abhängen (von)
Nimmst du diese Stelle an? – Das hängt vom Gehalt ab.

---

donc [dɔ̃k] *adv.*
Ils n'arrêtaient pas de se disputer, ils se sont donc séparés.

also, folglich
Sie hörten nicht auf zu streiten, also haben sie sich getrennt.

---

efficace [efikas] *adj.*
Le sport est un moyen efficace pour rester en bonne santé.

wirksam
Der Sport ist ein wirksames Mittel, um gesund zu bleiben.

---

grâce à [grɑsa] *prép.*
C'est grâce à son aide que j'ai pu finir ce travail.

dank, auf Grund
Dank seiner Hilfe konnte ich diese Arbeit fertigmachen.

---

moyen [mwajɛ̃] *m*
La fin ne justifie pas toujours les moyens.

Mittel *n*
Der Zweck heiligt nicht immer die Mittel.

---

origine [ɔriʒin] *f*
Ses parents sont d'origine polonaise.

Herkunft *f*, **Ursprung** *m*
Seine Eltern sind polnischer Abstammung.

---

provoquer [prɔvɔke] *v.*
Cette décision a provoqué de vives protestations.

hervorrufen
Dieser Beschluß hat lebhafte Proteste hervorgerufen.

---

réaction [reaksjɔ̃] *f*
Cet incident a déclenché une réaction en chaîne.

Reaktion *f*
Dieser Zwischenfall hat eine Kettenreaktion ausgelöst.

---

servir (à) [sɛrvir] *v.* (*irr.* 35)
Arrête de te lamenter: cela ne sert à rien!

dienen (zu), **nützen**
Hör auf zu jammern: das nützt nichts!

---

venir (de) [vənir] *v.* (*irr.* 40, être)
Cela vient de son éducation.

(her)kommen (von)
Das kommt von seiner Erziehung.

2.9 Zustand und Veränderung

«1–2000»

augmenter [ogmɑ̃te] *v.*	**zunehmen, sich erhöhen**
Les prix ont augmenté de dix pour cent.	Die Preise sind um zehn Prozent gestiegen.
baisser [bɛse] *v.*	**sinken, fallen**
Le cours du franc a encore baissé.	Der Kurs des Franc ist wieder gesunken.
(se) casser [(sə)kase] *v.*	**zerbrechen, kaputtgehen**
Le cristal (se) casse facilement.	Kristallglas zerbricht leicht.
Mon réveil est cassé.	Mein Wecker ist kaputt.
changement [ʃɑ̃ʒmɑ̃] *m*	**(Ver)Änderung** *f*, **Wechsel** *m*
Prière de faire suivre en cas de changement d'adresse.	Im Falle einer Adressenänderung bitte nachsenden!
changer [ʃɑ̃ʒe] *v.* (-ge-)	**sich ändern, wechseln**
Le temps va changer.	Das Wetter wird sich ändern.
devenir [dəvnir] *v.* (*irr.* 40, être)	**werden**
Il aurait aimé devenir médecin.	Er wäre gern Arzt geworden.
Elle est devenue toute rouge.	Sie ist ganz rot geworden.
diminuer [diminɥe] *v.*	**abnehmen, sich verringern**
Les réserves de pétrole ont diminué.	Die Erdölvorräte haben abgenommen.
état [eta] *m*	**Zustand** *m*
Son état de santé l'a obligé à cesser toute activité.	Sein Gesundheitszustand zwang ihn, jede Tätigkeit einzustellen.
être [ɛtrə] *v.* (*irr.* 17)	**sein**
Je suis professeur d'histoire.	Ich bin Geschichtslehrer.
Ces fruits ne sont pas encore mûrs.	Diese Früchte sind noch nicht reif.
il y a [ilja]	**es gibt, es ist** (*oder* **sind**)
Qu'est-ce qu'il y a?	Was gibt es? (*oder* Was ist los?)
Il y a beaucoup d'artisans dans ce vieux quartier.	Es gibt viele Handwerker in diesem alten Viertel.
manquer [mɑ̃ke] *v.*	**fehlen**
Il manquait plusieurs timbres dans son album.	Es fehlten mehrere Briefmarken in seinem Album.

monter [mõte] *v.* (être)	**steigen**
Le baromètre monte.	Das Barometer steigt.
À partir de l'église, le chemin monte.	Ab der Kirche steigt der Weg an.
mouvement [muvmɑ̃] *m*	**Bewegung** *f*
On enregistre un mouvement de baisse du dollar.	Es ist eine rückläufige Bewegung des Dollars zu verzeichnen.
se passer [səpase] *v.*	**sich ereignen, geschehen**
Comment s'est passé votre voyage?	Wie ist Ihre Reise verlaufen?
progrès [prɔgrɛ] *m*	**Fortschritt** *m*
L'électronique a fait d'énormes progrès.	Die Elektronik hat ungeheure Fortschritte gemacht.
rester [rɛste] *v.* (être)	**bleiben**
Ton père est resté jeune de caractère.	Dein Vater ist in seinem Wesen jung geblieben.
situation [sitɥasjõ] *f*	**Lage** *f*, **Situation** *f*
Il se trouve dans une situation difficile.	Er befindet sich in einer schwierigen Lage.
se trouver [sətruve] *v.*	**sich befinden**
Le château se trouve à la sortie du village.	Das Schloß liegt am Dorfausgang.

«2001–4000»

aller [ale] *v.* (*irr.* 1, être)	**gehen**
Demande donc à quelqu'un où va cette rue.	Frag doch jemand, wo diese Straße hingeht (*oder* hinführt).
s'améliorer [sameljɔre] *v.*	**sich bessern, besser werden**
Le temps ne s'est pas amélioré; il pleut toujours.	Das Wetter ist nicht besser geworden; es regnet immer noch.
apparaître [aparɛtrə] *v.* (*irr.* 7, être)	**erscheinen**
Son vrai caractère est vite apparu.	Sein wahrer Charakter kam schnell zum Vorschein.
atteindre [atɛ̃drə] *v.* (*irr.* 27)	**erreichen**
Il a atteint son but: il est devenu ministre.	Er hat sein Ziel erreicht: er ist Minister geworden.

augmentation [ogmɑ̃tasjɔ̃] *f* — **Zunahme** *f*, **Erhöhung** *f*
On déplore une augmentation des accidents mortels. — Es ist eine Zunahme der tödlichen Unfälle zu beklagen.

baisse [bɛs] *f* — **Sinken** *n*, **Fallen** *n*
La baisse du taux de natalité s'est accentuée cette année. — Der Rückgang der Geburtenziffer hat sich dieses Jahr verstärkt.

brûler [bryle] *v.* — **(ver)brennen**
La vieille baraque en bois a brûlé rapidement. — Die alte Holzbaracke ist schnell abgebrannt.

circonstance [sirkɔ̃stɑ̃s] *f* — **Umstand** *m*
Dans les circonstances actuelles, je ne peux pas venir. — Unter den gegenwärtigen Umständen kann ich nicht kommen.

couler [kule] *v.* — **fließen**
La bouteille était mal fermée: l'huile a coulé dans mon sac. — Die Flasche war schlecht verschlossen: das Öl ist in meine Tasche gelaufen.

descendre [desɑ̃drə] *v.* (être) — **(ab)fallen, (ab)sinken**
Demain, les températures descendront au-dessous de zéro. — Morgen werden die Temperaturen unter Null absinken.

développement [devlɔpmɑ̃] *m* — **Entwicklung** *f*
Les pays en voie de développement ont besoin d'aide économique. — Die Entwicklungsländer brauchen Wirtschaftshilfe.

se développer [sədevlɔpe] *v.* — **sich entwickeln**
Le commerce entre les deux pays s'est bien développé. — Der Handel zwischen den beiden Ländern hat sich gut entwickelt.

diminution [diminysjɔ̃] *f* — **Abnahme** *f*, **Verringerung** *f*
L'entreprise a annoncé une diminution des heures de travail. — Der Betrieb hat eine Arbeitszeitverkürzung angekündigt.

disparaître [disparɛtrə] *v.* (*irr.* 7) — **verschwinden**
Mes lunettes ont disparu. — Meine Brille ist verschwunden.

éclater [eklate] *v.* — **platzen**
Tout à coup, un pneu a éclaté. — Plötzlich platzte ein Reifen.

exister [ɛgziste] *v.* — **bestehen, existieren**
Cette coutume existe encore en Afrique. — Dieser Brauch existiert noch in Afrika.

flotter [flɔte] *v.* — **schwimmen, treiben**
Un cadavre flottait dans la rivière. — Eine Leiche trieb im Fluß.

avoir lieu [avwarljø]
Le congrès du parti n'aura pas lieu comme prévu.

stattfinden
Der Parteitag findet nicht wie vorgesehen statt.

paraître [parɛtrə] *v.* (*irr.* 7)
Sa réaction me paraît exagérée.
Son livre sur l'Algérie paraîtra l'année prochaine.

erscheinen
Seine Reaktion (er)scheint mir übertrieben.
Sein Buch über Algerien erscheint nächstes Jahr.

partir [partir] *v.* (*irr.* 26, être)
La tache ne part pas.
Il prétend que le coup est parti tout seul.

weggehen, losgehen
Der Fleck geht nicht weg.
Er behauptet, der Schuß wäre von allein losgegangen.

pendre [pɑ̃drə] *v.*
Les fils électriques pendaient du plafond.

hängen
Die elektrischen Leitungen hingen von der Decke.

réalité [realite] *f*
Il ne connaît pas la réalité.

Wirklichkeit *f*
Er kennt die Wirklichkeit nicht.

tomber [tõbe] *v.* (être)
Le journal vient de tomber par terre.

fallen
Die Zeitung ist auf den Boden gefallen.

venir [vənir] *v.* (*irr.* 40, être)
Le moment est venu de prendre une décision.

kommen
Der Augenblick ist gekommen, eine Entscheidung zu treffen.

3 STRUKTURWÖRTER

3.1 Artikel

«1–2000»

le, la, l' [lə, la, l] *bestimmter Artikel im Singular*
J'ai oublié d'acheter le journal.
Il m'a recommandé l'hôtel en face de la gare.

der (den); die, das (*Nom. und Akk.*)
Ich habe vergessen, die Zeitung zu kaufen.
Er hat mir das Hotel gegenüber dem Bahnhof empfohlen.

les [le] *bestimmter Artikel pl.*
Les joueurs de football s'entraînent trois fois par semaine.

die (*Nom. und Akk.*)
Die Fußballspieler trainieren dreimal in der Woche.

du [dy]
C'est la voiture du docteur.

des, der (*Genitiv Singular*)
Das ist der Wagen des Arztes.

des [de]	**der** (*Genitiv pl.*)
Ils ont dû vendre la maison des grands-parents.	Sie mußten das Haus der Großeltern verkaufen.
au [o]	**dem, der** (*Dat. Singular*)
Il a écrit une lettre de protestation au journal.	Er hat der Zeitung einen Protestbrief geschrieben.
aux [o]	**den** (*Dat. pl.*)
N'achète pas autant de bonbons aux enfants!	Kauf den Kindern nicht so viele Bonbons!
un, une [ɛ̃, yn] *unbestimmter Artikel im Singular*	**ein(en); eine, ein** (*Nom. und Akk.*)
Il y a un nouvel élève dans ma classe.	In meiner Klasse ist ein neuer Schüler.
des [de] *unbestimmter Artikel pl.*	*unübersetzt*
J'ai encore des timbres à coller dans mon album.	Ich muß noch Briefmarken in mein Album kleben.
du, de la, de l', des [dy, dəla, dəl, de] *Teilungsartikel*	*unübersetzt*
J'ai mangé du bon pain chez eux.	Ich habe bei ihnen gutes Brot gegessen.
Tu as acheté de la bière?	Hast du Bier gekauft?
Il ne boit que de l'eau minérale.	Er trinkt nur Mineralwasser.
Ils ont des frais de transport élevés.	Sie haben hohe Fahrtkosten.
de [də] *Teilungsartikel nach Mengenbegriffen*	*unübersetzt*
Tu as bu trop de vin.	Du hast zuviel Wein getrunken.
J'ai acheté deux kilos de pommes.	Ich habe zwei Kilo Äpfel gekauft.

3.2 Pronomen

3.2.1 PERSONALPRONOMEN

«1–2000»

Mit dem Verb verbunden:

je, j' [ʒə, ʒ]	**ich**
Je pars à Paris lundi prochain.	Ich fahre nächsten Montag nach Paris.

me, m' [mə, m]	**mir**
Il m'a donné son vieux vélo.	Er gab mir sein altes Fahrrad.
me, m' [mə, m]	**mich**
Je m'intéresse à la musique classique.	Ich interessiere mich für klassische Musik.
moi [mwa] (*nach dem Imperativ*)	**mir, mich**
Donne-moi les clés de la voiture, s'il te plaît.	Gib mir bitte die Autoschlüssel.
tu [ty]	**du**
Tu pourrais me prêter ta voiture samedi?	Könntest du mir am Samstag deinen Wagen leihen?
te, t' [tə, t]	**dir**
Je te l'avais dit.	Ich hatte es dir gesagt.
te, t' [tə, t]	**dich**
Je te préviens.	Ich warne dich.
toi [twa] (*nach dem Imperativ*)	**dir, dich**
Regarde-toi dans la glace!	Sieh dich im Spiegel an!
il [il]	**er**
Il est venu me chercher.	Er hat mich abgeholt.
Ne prends pas ce bus! Il ne va pas à l'aéroport.	Nimm diesen Bus nicht! Er fährt nicht zum Flughafen.
lui [lɥi]	**ihm**
Je lui ai donné ton adresse.	Ich gab ihm deine Adresse.
le, l' [lə, l]	**ihn**
J'ai fini de lire ce roman; tu le veux?	Ich habe den Roman ausgelesen; willst du ihn?
elle [ɛl]	**sie** (*Nom.*)
Elle fait des études de médecine.	Sie studiert Medizin.
Voilà ta clé; elle était dans le tiroir.	Hier ist dein Schlüssel; er war in der Schublade.
lui [lɥi]	**ihr**
Voilà Jeanne; pense à lui souhaiter son anniversaire.	Da ist Jeanne; denk daran, ihr zum Geburtstag zu gratulieren.
la, l' [la, l]	**sie** (*Akk.*)
Cette actrice, je la trouve très bonne dans ce rôle.	Ich finde diese Schauspielerin sehr gut in dieser Rolle.
il [il]	**es** (*Nom.*)
Depuis notre arrivée, il fait beau.	Seit unserer Ankunft ist es schön.
le, l' [lə, l]	**es** (*Akk.*)
Moi, je le sais.	Ich weiß es.

nous [nu]	**wir**
Cette année, nous irons en vacances en Italie.	Dieses Jahr fahren wir nach Italien in die Ferien.
nous [nu]	**uns** (*Dat. und Akk.*)
Tu nous avais donné une mauvaise adresse.	Du hattest uns eine falsche Adresse gegeben.
Il nous a prévenu trop tard.	Er hat uns zu spät benachrichtigt.
on [õ] (F)	**wir**
On est allé la voir à l'hôpital.	Wir haben sie im Krankenhaus besucht.
vous [vu]	**ihr**
Pourquoi vous n'obéissez pas à votre maman?	Warum folgt ihr eurer Mutti nicht?
vous [vu]	**euch** (*Dat. und Akk.*)
Chers amis, je vous remercie d'être venus.	Liebe Freunde, ich danke euch, daß ihr gekommen seid.
vous [vu]	**Sie** (*Nom. und Akk.*)
Mademoiselle Benoît, pouvez-vous m'apporter le dossier?	Fräulein Benoît, können Sie mir die Akten bringen?
Il me semble que je vous connais.	Mir scheint, ich kenne Sie.
vous [vu]	**Ihnen**
Il faut que je vous raconte ce qui m'est arrivé ce matin.	Ich muß Ihnen erzählen, was mir heute morgen passiert ist.
vous [vu]	**sich**
Vous vous intéressez à notre offre?	Interessieren Sie sich für unser Angebot?
ils [il] (*m*)	**sie** (*Nom.*)
Tu as invité les Martin? – Oui, ils viennent dîner.	Hast du Martins eingeladen? – Ja, sie kommen zum Abendessen.
elles [ɛl] (*f*)	**sie** (*Nom.*)
Tu aimes les voitures japonaises? – Oui, elles sont très économiques.	Magst du japanische Autos? – Ja, sie sind sehr wirtschaftlich.
leur [lœr]	**ihnen**
Je leur ai dit de venir ce soir.	Ich habe ihnen gesagt, sie sollen heute abend kommen.
les [le]	**sie** (*Akk.*)
Les enfants arrivent: je les entends dans les escaliers.	Die Kinder kommen: ich höre sie auf der Treppe.

se [sə] *Reflexivpronomen*	**sich**
Elle s'intéresse beaucoup au sport.	Sie interessiert sich sehr für Sport.
Ils se sont rencontrés dans le métro.	Sie haben sich in der U-Bahn getroffen.
en [ɑ̃] *Pronominaladverb*	**davon, daran** *usw.*
A-t-il parlé de son voyage? – Oui, il en a parlé.	Hat er von seiner Reise erzählt? – Ja, er hat davon erzählt.
y [i] *Pronominaladverb*	**daran, darauf** *usw.*
Tu penses aux cadeaux? – Oui, j'y pense.	Denkst du an die Geschenke? – Ja, ich denke daran.

Alleinstehend bzw. betont bzw. mit Präpositionen verbunden:

moi [mwa]	**ich, mir, mich**
Qui est là? – C'est moi, Jacques.	Wer ist da? – Ich (bin es), Jacques.
Moi, je sais qui a écrit ce livre.	Ich weiß, wer dieses Buch geschrieben hat.
Viens donc avec moi au cinéma.	Komm doch mit mir ins Kino.
C'est pour moi, ces fleurs?	Sind diese Blumen für mich?
toi [twa]	**du, dir, dich**
lui [lɥi]	**er, ihm, ihn, sich**
Il gardera ça pour lui.	Er wird das für sich behalten.
elle [ɛl]	**sie** (*Nom. und Akk.*), **ihr, sich**
nous [nu]	**wir, uns** (*Dat. und Akk.*)
Nous, on a fait la Scandinavie en stop.	Wir sind per Anhalter durch Skandinavien gefahren.
vous [vu]	**ihr, euch** (*Dat. und Akk.*)
vous [vu]	**Sie** (*Nom. und Akk.*), **Ihnen, sich**
eux [ø] (*m*)	**sie** (*Nom. und Akk.*), **ihnen, sich**
elles [ɛl] (*f*)	**sie** (*Nom. und Akk.*), **ihnen, sich**
soi [swa] *Reflexivpronomen*	**sich**
Son principe est: chacun pour soi.	Sein Grundsatz ist: jeder für sich.

3.2.2 POSSESSIVPRONOMEN

«1–2000»

Adjektivisch gebraucht:

mon, ma, mes [mõ, ma, me]	**mein(e)**
J'ai laissé mon journal au bureau.	Ich habe meine Zeitung im Büro gelassen.
On m'a volé ma valise.	Man hat mir meinen Koffer gestohlen.
J'ai rencontré mes amis à la piscine.	Ich habe im Schwimmbad meine Freunde getroffen.
J'ai acheté mon armoire aux puces.	Ich habe meinen Schrank auf dem Flohmarkt gekauft.
ton, ta, tes [tõ, ta, te]	**dein(e)**
son, sa, ses [sõ, sa, se]	**sein(e)**
son, sa, ses [sõ, sa, se]	**ihr(e)**
notre, nos [nɔtrə, no]	**unser(e)**
votre, vos [vɔtrə, vo]	**euer, eure**
votre, vos [vɔtrə, vo]	**Ihr(e)**
leur(s) [lœr]	**ihr(e)**

Substantivisch gebraucht:

le mien, la mienne [mjɛ̃, mjɛn]	**meiner, -e, -es**
Tu as tes clés? J'ai oublié les miennes.	Hast du deine Schlüssel? Ich habe meine vergessen.
Comment trouves-tu mon pull? – Il est plus joli que le mien.	Wie findest du meinen Pulli? – Er ist hübscher als meiner.
le tien, la tienne [tjɛ̃, tjɛn]	**deiner, -e, -es**
le sien, la sienne [sjɛ̃, sjɛn]	**seiner, -e, -es**
le sien, la sienne [sjɛ̃, sjɛn]	**ihrer, -e, -es**
le, la nôtre [notrə]	**unserer, -e, -es**
le, la vôtre [votrə]	**eurer, -e, -es**
le, la vôtre [votrə]	**Ihrer, -e, -es**
le, la leur [lœr]	**ihrer, -e, -es**

3.2.3 DEMONSTRATIVPRONOMEN

«1–2000»

Adjektivisch gebraucht:

ce, cet, cette, ces [sə, sɛt, sɛt, se]	**dieser, -e, -es; der, die, das**
Cet hôtel est complet.	Dieses Hotel ist voll belegt.
Ce matin, j'ai pris la voiture.	Heute morgen habe ich den Wagen genommen.
ce ...-ci [sə ...si]	**dieser ... (hier); der ... (hier)**
Cette fois-ci, il viendra.	Dieses Mal wird er kommen.
ce ...-là [sə ...la]	**dieser ... (da); der ... (da)**
Ces voitures-là consomment trop d'essence.	Diese Wagen verbrauchen zuviel Benzin.

Substantivisch gebraucht:

celui-ci, celle-ci, ceux-ci, celles-ci [səlɥisi, sɛlsi, søsi, sɛlsi]	**dieser, -e, -es (hier); der, die, das (hier)**
Choisissez un parfum; celui-ci est très léger.	Suchen Sie ein Parfüm aus; dieses hier ist sehr leicht.
celui-là, celle-là, ceux-là, celles-là [səlɥila, sɛlla, søla, sɛlla]	**dieser, -e, -es (da); der, die, das (da); jener, -e, -es**
Quelles cartes postales prends-tu? – Celles-là.	Welche Postkarten nimmst du? – Die da.
celui, celle, ceux, celles [səlɥi, sɛl, sø, sɛl]	**der(jenige), die(jenige), das(jenige), die(jenigen)**
Celui qui arrivera le premier prendra les billets.	Der, der zuerst da ist, kauft die Fahrkarten.
J'ai raté mon bus! – Prends celui d'après.	Ich habe meinen Bus verpaßt! – Nimm den danach.

ce, c' [sə, s]	**das, es**
C'est le seul moyen de résoudre ce problème.	Das ist das einzige Mittel, um dieses Problem zu lösen.
ceci [səsi]	**dies (hier)**
Retenez bien ceci: ...	Merken Sie sich folgendes: ...
cela [səla]	**das**
J'espère que cela ne vous dérangera pas.	Ich hoffe, daß Sie das nicht stört.
ça [sa] (F)	**das**
Ça fait cinquante francs.	Das macht fünfzig Franc.

3.2.4 FRAGEPRONOMEN

«1–2000»

Adjektivisch gebraucht:

quel, quelle, quels, quelles? [kɛl]	**welcher, -e, -es?**
Quelle est votre actrice préférée?	Welches ist Ihre Lieblingsschauspielerin?
Quels pays font partie du Marché Commun?	Welche Länder gehören zum Gemeinsamen Markt?

Substantivisch gebraucht:

qui? [ki]	**wer?**
Qui a réparé ta voiture?	Wer hat deinen Wagen repariert?
À qui as-tu envoyé une invitation?	Wem hast du eine Einladung geschickt?
qui? [ki]	**wen?**
Devine qui j'ai rencontré!	Rat mal, wen ich getroffen habe!
qui est-ce qui? [kiɛski]	**wer?**
Qui est-ce qui va faire les courses aujourd'hui?	Wer geht heute einkaufen?
qui est-ce que? [kiɛskə]	**wen?**
Qui est-ce que tu connais dans cette agence de publicité?	Wen kennst du in dieser Werbeagentur?
que? [kə]	**was?**
Que fais-tu ce soir?	Was machst du heute abend?
quoi? [kwa]	**was?**
À quoi penses-tu?	Woran denkst du?
Je ne sais pas quoi faire.	Ich weiß nicht, was ich tun soll.
qu'est-ce qui? [kɛski]	**was?** (*Nom.*)
Qu'est-ce qui te ferait plaisir?	Was würde dir Spaß machen?
qu'est-ce que? [kɛskə]	**was?** (*Akk.*)
Qu'est-ce que tu lis?	Was liest du?
ce qui [səki]	**was** (*Nom.*)
Dis-moi ce qui te gêne.	Sag mir, was dich stört.
ce que [səkə]	**was** (*Akk.*)
Dis-moi ce que tu penses.	Sag mir, was du denkst.
lequel, laquelle, lesquels, lesquelles? [ləkɛl, lakɛl, lekɛl, lekɛl]	**welcher, -e, -es?**
Ces deux disques me plaisent; je ne sais pas lequel prendre.	Beide Platten gefallen mir; ich weiß nicht, welche ich nehmen soll.

3.2.5 RELATIVPRONOMEN

«1–2000»

qui [ki] — **der, die, das** (*Nom.*)
Gisèle est l'amie qui me comprend le mieux. — Gisèle ist die Freundin, die mich am besten versteht.
Le monsieur à qui tu t'es adressé est le chef. — Der Herr, an den du dich gewandt hast, ist der Chef.

que [kə] — **den, die, das** (*Akk.*)
Tu pourrais me rendre le livre que je t'ai prêté? — Könntest du mir das Buch zurückgeben, das ich dir geliehen habe?

---

dont [dõ] — **dessen, deren; von dem, von der, von denen**
Je n'ai pas vu le film dont tu me parles. — Ich habe den Film, von dem du mir erzählst, nicht gesehen.

---

où [u] — **wo(rin); in dem, in der**
Il n'est jamais retourné dans la ville où il est né. — Er ist nie in die Stadt zurückgekehrt, in der er geboren wurde.
L'époque où nous vivons est riche en événements. — Die Zeit, in der wir leben, ist ereignisreich.

---

lequel, laquelle, lesquels, lesquelles [ləkɛl, lakɛl, lekɛl, lekɛl] — **welcher, -e, -es**
On n'a pas retrouvé l'arme avec laquelle il s'est suicidé. — Man hat die Waffe, womit er Selbstmord beging, nicht wiedergefunden.

---

ce qui [səki] — **(das,) was** (*Nom.*)
Rien de ce qui me plaît ne l'intéresse. — Nichts, was mir gefällt, interessiert ihn.

ce que [səkə] — **(das,) was** (*Akk.*)
Il a résumé ce que le professeur nous avait dit. — Er faßte zusammen, was uns der Lehrer gesagt hatte.

3.2.6 UNBESTIMMTE PRONOMEN

«1–2000»

aucun, aucune (ne ...) [okɛ̃, okyn] — **kein(e); keiner, -e, -es**
Il n'a aucun scrupule. — Er hat überhaupt keine Skrupel.
Combien de fautes as-tu faites? – Aucune! — Wieviel Fehler hast du gemacht? – Keinen!

autre [otrə]	**anderer, -e, -es**
Je me suis abonné à un autre journal.	Ich habe eine andere Zeitung abonniert.
Certains sont pour, d'autres sont contre.	Manche sind dafür, andere sind dagegen.
chacun, chacune [ʃakɛ̃, ʃakyn]	**jeder, -e, -es** (*substantivisch*)
Chacun a reçu un petit‿cadeau.	Jeder erhielt ein kleines Geschenk.
chaque [ʃak]	**jeder, -e, -es** (*adjektivisch*)
Les douaniers ont fouillé chaque voiture.	Die Zollbeamten durchsuchten jedes Auto.
chose [ʃoz] *f*	**Sache** *f*, **Ding** *n*
Comment s'appelle cette chose?	Wie heißt dieses Ding?
autre chose [otrəʃoz]	**etwas anderes**
Parlons d'autre chose.	Sprechen wir von etwas anderem.
la même chose [lamɛmʃoz]	**dasselbe**
Je trouve que ce n'est pas la même chose.	Ich finde, das ist nicht dasselbe.
quelque chose [kɛlkəʃoz]	**etwas**
Tu as besoin de quelque chose?	Brauchst du etwas?
Il s'est passé quelque chose de grave.	Es ist etwas Schlimmes passiert.
le, la même [mɛm]	**der-, die-, dasselbe; der, die, das gleiche**
On n'a pas les mêmes idées politiques.	Wir haben nicht dieselben politischen Vorstellungen.
Il est resté le même.	Er ist derselbe geblieben.
moi-même, toi-même, *etc.* [mwamɛm, twamɛm]	**(ich, du** *usw.***) selbst**
Elle l'a dit elle-même.	Sie hat es selbst gesagt.
on [õ]	**man**
On ne sait jamais!	Man kann nie wissen!
personne (ne ...) [pɛrsɔn]	**niemand**
Qui as-tu rencontré? – Personne.	Wen hast du getroffen? – Niemand(en).
Personne ne savait où il était.	Niemand wußte, wo er war.
plusieurs [plyzjœr]	**mehrere**
J'ai de la fièvre depuis plusieurs jours.	Ich habe seit mehreren Tagen Fieber.

quelque [kɛlkə] — **einiger, -e, -es**
Il lui a fallu quelque temps pour se remettre. — Er brauchte einige Zeit, um sich zu erholen.
J'ai cueilli quelques fleurs. — Ich habe ein paar Blumen gepflückt.

quelques-uns, quelques-unes [kɛlkəzɛ̃, kɛlkəzyn] — **einige**
Tu as vu les films de Buñuel? – Quelques-uns, mais pas tous. — Hast du die Filme von Buñuel gesehen? – Einige, aber nicht alle.

quelqu'un [kɛlkɛ̃] — **jemand**
On devrait demander le chemin à quelqu'un. — Man sollte jemand(en) nach dem Weg fragen.

---

rien (ne ...) [rjɛ̃] — **nichts**
Qu'est-ce que tu as? – Rien, je suis un peu fatigué. — Was hast du? – Nichts, ich bin etwas müde.
Tu n'as encore rien compris. — Du hast noch nichts verstanden.
À l'exposition, je n'ai rien vu d'intéressant. — Auf der Ausstellung habe ich nichts Interessantes gesehen.
Il est parti sans rien dire. — Er ging, ohne etwas zu sagen.

---

tous, toutes [tus, tut] — **alle** (*substantivisch*)
Ils sont tous venus. — Sie sind alle gekommen.

tout [tu] — **alles**
Je lui ai tout raconté. — Ich habe ihm alles erzählt.

tout, toute, tous, toutes [tu, tut, tu, tut] — **ganz; alle** (*adjektivisch*)
Toute la ville en parle. — Die ganze Stadt spricht davon.
Tous nos amis étaient là. — Alle unsere Freunde waren da.

tout, toute [tu, tut] — **jeder, -e, -es** (*adjektivisch*)
On fait des bêtises à tout âge. — Man macht in jedem Alter Dummheiten.

tout le monde [tulmɔ̃d] — **jeder(mann)**
Tout le monde n'a pas ta patience. — Nicht jeder hat deine Geduld.

«2001–4000»

certain, -aine [sɛrtɛ̃, -ɛn] — **gewisser, -e, -es; mancher, -e, -es**
Dans certains cas, il vaut mieux se taire. — In gewissen Fällen ist es besser zu schweigen.
Ça fait un certain temps que je voulais t'écrire. — Ich wollte dir schon seit einiger Zeit schreiben.
Certains ont préféré ne pas donner leur avis. — Manche haben es vorgezogen, keine Stellung zu nehmen.

divers, diverses [divɛr, divɛrs]	**verschiedene** *(pl.)*
J'ai encore diverses courses à faire.	Ich habe noch verschiedene Besorgungen zu machen.
machin [maʃɛ̃] *m* (F)	**Ding(s)** *n*, **Dingsda** *n*
Tiens, Machin – je ne sais plus son nom – a téléphoné.	Hör mal, der Dingsda – ich weiß seinen Namen nicht mehr – hat angerufen.
n'importe ... [nɛ̃pɔrt]	**irgend ...**
Je ne veux pas donner les clés à n'importe qui.	Ich will die Schlüssel nicht irgendwem geben.
Il raconte n'importe quoi pour se défendre.	Er erzählt irgend etwas, um sich zu verteidigen.
tel, telle [tɛl]	**solcher, -e, -es; so ein(e)**
Le scandale prend de telles proportions que la presse en parle.	Der Skandal nimmt solche Ausmaße an, daß die Presse davon spricht.
truc [tryk] *m* (F)	**Ding(s)** *n*, **Dingsda** *n*
Montre-moi le truc que tu t'es acheté aux puces.	Zeig mir das Dings, das du dir auf dem Flohmarkt gekauft hast.
un, une [ɛ̃, yn]	**einer, -e, -es**
Les uns ne savent rien, les autres ne veulent rien dire.	Die einen wissen nichts, die andern wollen nichts sagen.
Un de mes amis travaille à la poste.	Einer meiner Freunde arbeitet bei der Post.
l'un l'autre [lɛ̃lotrə]	**einander**
Elles sont arrivées les unes après les autres.	Sie sind nacheinander eingetroffen.

3.3 Partikeln

3.3.1 PRÄPOSITIONEN

(Siehe auch ZEIT 2.1.6.5, RÄUMLICHE BEGRIFFE 2.2.4, URSACHE UND WIRKUNG 2.8)

«1–2000»

à [a]	**zu**
Tu as commandé quelque chose à boire?	Hast du etwas zu trinken bestellt?
Notre équipe a gagné par trois buts à un.	Unsere Mannschaft hat mit drei zu eins Toren gewonnen.

à [a]	*mit Dativ zu übersetzen*
Tu as écrit à ta mère?	Hast du deiner Mutter geschrieben?
avec [avɛk]	**mit**
Je pars avec Dominique faire du ski en Autriche.	Ich fahre mit Dominique zum Skilaufen nach Österreich.
contre [kõtrə]	**gegen**
Qu'est-ce que tu as contre le nouveau professeur?	Was hast du gegen den neuen Lehrer?
de [də]	**von**; *oft mit Genitiv zu übersetzen oder unübersetzt*
Vous avez déjà visité la cathédrale de Chartres?	Haben Sie schon die Kathedrale von Chartres besichtigt?
Le vélo de mon frère est complètement rouillé.	Das Fahrrad meines Bruders ist völlig verrostet.
Je prends juste une tasse de café.	Ich trinke nur eine Tasse Kaffee.
en [ɑ̃]	**in**
Comment dit-on «Fahrkarte» en français?	Wie sagt man für „Fahrkarte" im Französischen (*oder* auf französisch)?
Ils ont acheté une télévision en couleurs.	Sie haben einen Farbfernseher gekauft.
au lieu de [oljødə]	**statt, an Stelle von**
Tu pourrais m'aider au lieu de lire le journal.	Du könntest mir helfen, statt die Zeitung zu lesen.
malgré [malgre]	**trotz**
Malgré sa grippe, il a fait sa conférence.	Trotz seiner Grippe hat er seinen Vortrag gehalten.
par [par]	**durch**
Le musée a été détruit par le feu.	Das Museum wurde durch Feuer vernichtet.
par [par]	**pro**
Il faut compter 200 grammes de viande par personne.	Man muß 200 Gramm Fleisch pro Person rechnen.
pour [pur]	**für**
J'ai trouvé un cadeau pour dix francs.	Ich habe ein Geschenk für zehn Franc gefunden.
Il est déjà grand pour son âge.	Er ist schon groß für sein Alter.
quant à [kɑ̃ta]	**was ... betrifft**
Quant à moi, je suis d'accord.	Was mich betrifft, bin ich einverstanden.

sans [sɑ̃] — **ohne**
Si tu ne veux pas venir, j'irai sans toi au cinéma. — Wenn du nicht kommen willst, gehe ich ohne dich ins Kino.

sauf [sof] — **außer**
Personne n'était au courant de sa maladie sauf sa mère. — Niemand wußte über seine Krankheit Bescheid außer seiner Mutter.

sur [syr] — **über**
Je cherche un livre sur l'histoire de Paris. — Ich suche ein Buch über die Geschichte von Paris.

«2001–4000»

à l'aide de [alɛddə] — **mit Hilfe von**
J'ai fait ma traduction à l'aide d'un dictionnaire. — Ich habe meine Übersetzung mit Hilfe eines Wörterbuchs gemacht.

d'après [daprɛ] — **nach, gemäß**
D'après la météo, il neigera demain. — Nach der Wettervorhersage schneit es morgen.

en dehors de [ɑ̃dəɔrdə] — **außer**
En dehors de ça, il ne manque plus rien. — Bis auf das fehlt nichts mehr.

parmi [parmi] — **unter**
Nous sommes très heureux de vous avoir parmi nous. — Wir sind sehr glücklich, Sie unter uns zu haben.

à propos de [aprɔpodə] — **was ... betrifft, wegen**
Alors, il y a du nouveau à propos de ton procès? — Nun, gibt es etwas Neues deinen Prozeß betreffend?

selon [səlõ] — **nach, gemäß**
Il a agi selon les conseils de ses parents. — Er hat dem Rat seiner Eltern entsprechend gehandelt.

3.3.2 KONJUNKTIONEN

(*Siehe auch ZEIT 2.1.6.6, URSACHE UND WIRKUNG 2.8*)

«1–2000»

et [e] Je lui ai écrit et j'attends sa réponse.	**und** Ich habe ihm geschrieben, und ich erwarte seine Antwort.
etc. (= et cetera) [etsetera] Il a apporté ses outils: marteau, scie, etc.	**usw.** (= und so weiter) Er hat seine Werkzeuge mitgebracht: Hammer, Säge usw.
mais [mɛ] J'arriverai lundi, mais je dois repartir mardi.	**aber** Ich treffe Montag ein, muß aber Dienstag wieder abfahren.
mais [mɛ] Ce n'est pas un tableau du XVIIIe siècle mais du XIXe.	**sondern** Das ist kein Bild aus dem 18. Jahrhundert, sondern aus dem 19.
ou [u] Tu prends du thé ou du café?	**oder** Nimmst du Tee oder Kaffee?
que [kə] Je suis content que tu te sois décidé à rester.	**daß** Ich freue mich, daß du dich zum Bleiben entschlossen hast.
si [si] Si tu vas à la gare, prends-moi un journal.	**wenn, falls** Wenn du zum Bahnhof gehst, kauf eine Zeitung für mich.
si [si] Je ne sais pas si tu te rends compte de la gravité de la situation.	**ob** Ich weiß nicht, ob du dir über den Ernst der Lage im klaren bist.

«2001–4000»

alors que [alɔrkə] Il refuse de sortir alors qu'il fait si beau dehors.	**während, wo(hin)gegen** Er weigert sich auszugehen, wo es doch draußen so schön ist.
bien que [bjɛ̃kə] (*mit Subjonctif*) Il est allé travailler bien qu'il soit malade.	**obwohl, obgleich** Er ging zur Arbeit, obwohl er krank ist.

au cas où [okau]	**falls; im Falle, daß**
Au cas où il ne serait pas là, sonne chez le voisin.	Falls er nicht da sein sollte, läute beim Nachbarn.
cependant [səpɑ̃dɑ̃]	**(je)doch**
Elle parle bien, cependant elle fait des fautes de grammaire.	Sie spricht gut, doch macht sie Grammatikfehler.
comme si [kɔmsi]	**als ob**
Elle regardait comme si elle voulait dire quelque chose.	Sie schaute, als ob sie etwas sagen wollte.
ni ... ni ... (ne ...) [ni ... ni]	**weder ... noch**
Il n'aime ni les voyages ni la musique.	Er mag weder Reisen noch Musik.
d'une part ... d'autre part [dynpar ... dotrəpar]	**einerseits ... andererseits**
D'une part ce travail me plaît, d'autre part je suis moins libre.	Einerseits gefällt mir diese Arbeit, andererseits bin ich weniger frei.
sans que [sɑ̃kə] (*mit Subjonctif*)	**ohne daß**
Il est parti sans que je puisse lui dire au revoir.	Er ging, ohne daß ich ihm auf Wiedersehen sagen konnte.
sinon [sinõ]	**sonst**
Dépêchez-vous, sinon on va rater le train.	Beeilt euch, sonst verpassen wir den Zug.
tandis que [tɑ̃dikə]	**während, wo(hin)gegen**
Il est généreux tandis que son frère est avare.	Er ist großzügig, während sein Bruder geizig ist.

3.3.3 SONSTIGE PARTIKELN

«1–2000»

c'est [sɛ]	**das ist, es ist**
Qui est-ce? – C'est mon ami.	Wer ist das? – Das ist mein Freund.
Qui est là? – C'est moi, ouvre!	Wer ist da? – Ich bin es, mach auf!
c'est ... qui [sɛ ... ki], **c'est ... que** [sɛ ... kə]	*zur Hervorhebung, meist unübersetzt*
D'habitude, c'est moi qui conduis la nuit.	Gewöhnlich fahre ich bei Nacht.
C'est de lui que je parle.	Ich spreche von ihm.

est-ce que? [ɛskə]	*Fragepartikel, durch Inversion wiederzugeben*
Où est-ce que tu as été en vacances?	Wo warst du in den Ferien?
voici [vwasi]	**hier ist, hier sind**
Voici Pierre qui arrive.	Hier kommt Pierre.
voilà [vwala]	**da ist, da sind**
Voilà une lettre pour toi! Ah, te voilà!	Da ist ein Brief für dich! Ach, da bist du ja!

3.4 Hilfs- und Modalverben

«1–2000»

aller [ale] (*irr.* 1)	*nahe Zukunft*
Je vais téléphoner demain à l'agence de voyages. Il allait prendre un bain quand le téléphone a sonné.	Ich rufe morgen beim Reisebüro an. Er wollte gerade ein Bad nehmen, als das Telefon läutete.
avoir [avwar] (*irr.* 3)	**haben**
Tu as bien dormi?	Hast du gut geschlafen?
avoir [avwar] (*irr.* 3)	**sein**
J'ai couru pour attraper le bus.	Ich bin gerannt, um den Bus zu kriegen.
avoir à [avwara] (*irr.* 3)	**müssen; haben zu**
Tu as deux minutes? J'ai à te parler.	Hast du zwei Minuten Zeit? Ich muß mit dir sprechen.
devoir [dəvwar] (*irr.* 12)	**müssen**
Je dois partir demain.	Morgen muß ich gehen.
être [ɛtrə] (*irr.* 17)	**sein**
Elle est arrivée hier soir.	Sie ist gestern abend angekommen.
être [ɛtrə] (*irr.* 17)	**werden**
Il a été blessé à la tête.	Er ist am Kopf verletzt worden.
être [ɛtrə] (*irr.* 17)	**haben**
Ils se sont donné la main. Elle s'est lavée à l'eau froide.	Sie haben sich die Hand gegeben. Sie hat sich mit kaltem Wasser gewaschen.

faire [fɛr] (*irr.* 18) — **(veran)lassen**

On a dû faire venir le docteur. — Man mußte den Arzt kommen lassen.

Il a fait disparaître des documents. — Er hat Dokumente verschwinden lassen.

---

falloir [falwar] (*irr.* 19) — **müssen, nötig sein; brauchen**

il faut [ilfo] — **man muß, es ist nötig**

Avec ce brouillard, il faut conduire prudemment. — Bei diesem Nebel muß man vorsichtig fahren.

il me faut [ilməfo] — **ich muß**

Il te faut rentrer avant la nuit. — Du mußt zurückkommen, bevor es Nacht wird.

il faut que ... [ilfokə] (*mit Subjonctif*) — **es ist nötig, daß ...**

Il faut que tu viennes à mon premier concert. — Du mußt zu meinem ersten Konzert kommen.

Il ne faut pas que tu arrives trop tard. — Du darfst nicht zu spät kommen.

il faut (qch.) [ilfo] — **man braucht** (etwas)

Il faut deux jours pour y aller en train. — Man braucht zwei Tage, um mit dem Zug dorthin zu kommen.

il me faut (qch.) [ilməfo] — **ich brauche** (etwas)

Il lui faut quelqu'un pour garder les enfants. — Sie braucht jemand, um die Kinder zu hüten.

---

laisser [lɛse] — **(zu)lassen**

Le magasin ferme: ne laissez plus entrer de clients. — Das Geschäft schließt: lassen Sie keine Kunden mehr herein.

---

pouvoir [puvwar] (*irr.* 30) — **können**

Je trouve qu'il pourrait l'aider à faire la vaisselle. — Ich finde, er könnte ihr beim Geschirrspülen helfen.

---

rendre [rɑ̃drə] (*mit Adjektiv*) — **machen**

Il a rendu sa femme heureuse. — Er hat seine Frau glücklich gemacht.

---

venir de (faire qch.) [vənirdə] (*irr.* 40) — **gerade, (so)eben** (etwas getan haben)

Monsieur Gaume vient de partir. — Herr Gaume ist eben weggegangen.

---

vouloir [vulwar] (*irr.* 43) — **wollen**

Je voulais lui demander son avis. — Ich wollte ihn nach seiner Meinung fragen.

3.5 Unregelmäßige Verbformen

3.5.1 DIE WICHTIGSTEN UNREGELMÄSSIGEN VERBEN

Es bedeuten:

Prés. = *présent de l'indicatif*
P./c. = *passé composé* — *Impf.* = *imparfait*
Fut. = *futur simple* — *P./s.* = *passé simple*
Imp. = *impératif*
Subj. = *subjonctif présent*
P./pr. = *participe présent*

---

(1) aller

Prés.: je **vais** [vɛ], tu **vas** [va], il **va,** nous **allons,** ils **vont** [võ]
P./c.: je suis **allé(e)** — *Impf.:* j'**allais**
Fut.: j'**irai** [ire] — *P./s.:* j'**allai**
Imp.: **va!,** *aber* **vas-y!**
Subj.: que j'**aille** [aj], que nous **allions**, qu'ils **aillent**

---

(2) s'asseoir

Prés.: je m'**assieds** [asje], il s'**assied**,
nous nous **asseyons** [asɛjõ], ils s'**asseyent** [asɛj]
oder: je m'**ass(e)ois** [aswa], il s'**ass(e)oit**
nous nous **assoyons** [aswajõ], ils s'**ass(e)oient**
P./c.: je me suis **assis(e)** — *Impf.:* je m'**asseyais** *oder:* je m'**assoyais**
Fut.: je m'**assiérai** — *P./s.:* je m'**assis**
oder: je m'**ass(e)oirai**
Subj.: que je m'**asseye**
oder: que je m'**assoie**

---

(3) avoir

Prés.: j'**ai** [e], tu **as** [a], il **a**, nous **avons**, ils **ont** [ilzõ]
P./c.: j'ai **eu** [y] — *Impf.:* j'**avais**
Fut.: j'**aurai** [ɔre] — *P./s.:* j'**eus** [y]
Imp.: **aie!** [ɛ], **ayons!** [ɛjõ], **ayez!** [ɛje]
Subj.: que j'**aie** [ɛ], qu'il **ait** [ɛ],
que nous **ayons** [ɛjõ], qu'ils **aient** [ɛ]
P./pr.: **ayant** [ɛjɑ̃]

---

(4) battre

Prés.: je **bats** [ba], il **bat**, nous **battons**
P./c.: j'ai **battu** — *Impf.:* je **battais**
Fut.: je **battrai** — *P./s.:* je **battis**
Subj.: que je **batte**

(5) boire

Prés.: je **bois**, il **boit**, nous **buvons** [byvõ], ils **boivent**
P./c.: j'ai **bu** — *Impf.:* je **buvais**
Fut.: je **boirai** — *P./s.:* je **bus**
Subj.: que je **boive**, que nous **buvions**, qu'ils **boivent**

(6) conduire

Prés.: je **conduis**, il **conduit**, nous **conduisons**
P./c.: j'ai **conduit** — *Impf.:* je **conduisais**
Fut.: je **conduirai** — *P./s.:* je **conduisis**
Subj.: que je **conduise**

(7) connaître

Prés.: je **connais**, il **connaît**, nous **connaissons**
P./c.: j'ai **connu** — *Impf.:* je **connaissais**
Fut.: je **connaîtrai** — *P./s.:* je **connus**
Subj.: que je **connaisse**

(8) coudre

Prés.: je **couds** [ku], il **coud**, nous **cousons**
P./c.: j'ai **cousu** — *Impf.:* je **cousais**
Fut.: je **coudrai** — *P./s.:* je **cousis**
Subj.: que je **couse**

(9) courir

Prés.: je **cours** [kur], il **court**, nous **courons**
P./c.: j'ai **couru** — *Impf.:* je **courais**
Fut.: je **courrai** [kurre] — *P./s.:* je **courus**
Subj.: que je **coure**

(10) croire

Prés.: je **crois**, il **croit**, nous **croyons**, ils **croient**

P./c.: j'ai **cru** — *Impf.:* je **croyais**
Fut.: je **croirai** — *P./s.:* je **crus**
Subj.: que je **croie**, que nous **croyions**, qu'ils **croient**

(11) cueillir

Prés.: je **cueille** [kœj], tu **cueilles**, il **cueille**, nous **cueillons** [kœjõ]
P./c.: j'ai **cueilli** [kœji] — *Impf.:* je **cueillais**
Fut.: je **cueillerai** [kœjre] — *P./s.:* je **cueillis**
Imp.: **cueille!**
Subj.: que je **cueille**

(12) devoir

Prés.: je **dois**, il **doit**, nous **devons**, ils **doivent**
P./c.: j'ai **dû** (*aber* **due**) — *Impf.:* je **devais**
Fut.: je **devrai** [dəvre] — *P./s.:* je **dus**
Subj.: que je **doive**, que nous **devions**, qu'ils **doivent**

(13) dire

Prés.:	je **dis**, il **dit**, nous **disons**, vous **dites** [dit], ils **disent**		
P./c.:	j'ai **dit**	*Impf.:*	je **disais**
Fut.:	je **dirai**	*P./s.:*	je **dis**
Subj.:	que je **dise**		

(14) dormir

Prés.:	je **dors** [dɔr], il **dort**, nous **dormons**		
P./c.:	j'ai **dormi**	*Impf.:*	je **dormais**
Fut.:	je **dormirai**	*P./s.:*	je **dormis**
Subj.:	que je **dorme**		

(15) écrire

Prés.:	j'**écris**, il **écrit**, nous **écrivons**		
P./c.:	j'ai **écrit**	*Impf.:*	j'**écrivais**
Fut.:	j'**écrirai**	*P./s.:*	j'**écrivis**
Subj.:	que j'**écrive**		

(16) envoyer

Fut.: j'**enverrai** [ɑ̃vɛre]

Die übrigen unregelmäßigen Formen siehe 3.5.2 (-oi-)

(17) être

Prés.:	je **suis** [sɥi], tu **es** [ɛ], il **est** [ɛ] nous **sommes** [sɔm], vous **êtes** [vuzɛt], ils **sont** [sõ]		
P./c.:	j'ai **été** [ete]	*Impf.:*	j'**étais** [etɛ]
Fut.:	je **serai** [sre]	*P./s.:*	je **fus** [fy]
Imp.:	**sois!** [swa], **soyons!** [swajõ], **soyez!** [swaje]		
Subj.:	que je **sois**, qu'il **soit**, que nous **soyons**, qu'ils **soient**		
P./pr.:	**étant**		

(18) faire

Prés.:	je **fais** [fɛ], il **fait**, nous **faisons** [fəzõ], vous **faites** [fɛt], ils **font** [fõ]		
P./c.:	j'ai **fait** [fɛ]	*Impf.:*	je **faisais** [fəzɛ]
Fut.:	je **ferai** [fre]	*P./s.:*	je **fis**
Subj.:	que je **fasse**, que nous **fassions**		

(19) falloir

Prés.:	il **faut** [fo]		
P./c.:	il a **fallu**	*Impf.:*	il **fallait**
Fut.:	il **faudra** [fodra]	*P./s.:*	il **fallut**
Subj.:	qu'il **faille** [faj]		

(20) interrompre

Prés.:	j'**interromps** [ɛ̃tɛrõ], il **interrompt**, nous **interrompons**		
P./c.:	j'ai **interrompu**	*Impf.:*	j'**interrompais**
Fut.:	j'**interromprai**	*P./s.:*	j'**interrompis**
Subj.:	que j'**interrompe**		

(21) lire

Prés.:	je **lis**, il **lit**, nous **lisons**		
P./c.:	j'ai **lu**	*Impf.:*	je **lisais**
Fut.:	je **lirai**	*P./s.:*	je **lus**
Subj.:	que je **lise**		

(22) mettre

Prés.:	je **mets** [mɛ], il **met**, nous **mettons**		
P./c.:	j'ai **mis**	*Impf.:*	je **mettais**
Fut.:	je **mettrai**	*P./s.:*	je **mis**
Subj.:	que je **mette**		

(23) mourir

Prés.:	je **meurs** [mœr], il **meurt**, nous **mourons**, ils **meurent**		
P./c.:	je suis **mort(e)**	*Impf.:*	je **mourais**
Fut.:	je **mourrai** [murre]	*P./s.:*	je **mourus**
Subj.:	que je **meure**, que nous **mourions**, qu'ils **meurent**		

(24) naître

Prés.:	je **nais**, il **naît**, nous **naissons**		
P./c.:	je suis **né(e)**	*Impf.:*	je **naissais**
Fut.:	je **naîtrai**	*P./s.:*	je **naquis**
Subj.:	que je **naisse**		

(25) ouvrir

Prés.:	j'**ouvre**, tu **ouvres**, il **ouvre**, nous **ouvrons**		
P./c.:	j'ai **ouvert**	*Impf.:*	j'**ouvrais**
Fut.:	j'**ouvrirai**	*P./s.:*	j'**ouvris**
Imp.:	**ouvre!**		
Subj.:	que j'**ouvre**		

(26) partir

Prés.:	je **pars** [par], il **part**, nous **partons**		
P./c.:	je suis **parti(e)**	*Impf.:*	je **partais**
Fut.:	je **partirai**	*P./s.:*	je **partis**
Subj.:	que je **parte**		

(27) peindre

Prés.:	je **peins** [pɛ̃], il **peint**, nous **peignons** [pɛɲõ]		
P./c.:	j'ai **peint**	*Impf.:*	je **peignais**
Fut.:	je **peindrai**	*P./s.:*	je **peignis**
Subj.:	que je **peigne**		

(28) plaire

Prés.:	je **plais**, il **plaît**, nous **plaisons** [plɛzõ]		
P./c.:	j'ai **plu**	*Impf.:*	je **plaisais**
Fut.:	je **plairai**	*P./s.:*	je **plus**
Subj.:	que je **plaise**		

(29) pleuvoir

Prés.:	il **pleut** [plø]		
P./c.:	il a **plu**	*Impf.:*	il **pleuvait**
Fut.:	il **pleuvra**	*P./s.:*	il **plut**
Subj.:	qu'il **pleuve** [plœv]		

(30) pouvoir

Prés.:	je **peux** [pø], il **peut**, nous **pouvons**, ils **peuvent** [pœv]		
P./c.:	j'ai **pu**	*Impf.:*	je **pouvais**
Fut.:	je **pourrai** [pure]	*P./s.:*	je **pus**
Subj.:	que je **puisse** [pɥis], que nous **puissions**		

(31) prendre

Prés.:	je **prends** [prɑ̃], il **prend**, nous **prenons** [prənɔ̃], ils **prennent** [prɛn]		
P./c.:	j'ai **pris**	*Impf.:*	je **prenais**
Fut.:	je **prendrai**	*P./s.:*	je **pris**
Subj.:	que je **prenne**, que nous **prenions**, qu'ils **prennent**		

(32) recevoir

Prés.:	je **reçois**, il **reçoit**, nous **recevons**, ils **reçoivent**		
P./c.:	j'ai **reçu**	*Impf.:*	je **recevais**
Fut.:	je **recevrai**	*P./s.:*	je **reçus**
Subj.:	que je **reçoive**, que nous **recevions**, qu'ils **reçoivent**		

(33) rire

Prés.:	je **ris**, il **rit**, nous **rions** [rijɔ̃]		
P./c.:	j'ai **ri**	*Impf.:*	je **riais**
Fut.:	je **rirai**	*P./s.:*	je **ris**
Subj.:	que je **rie**		

(34) savoir

Prés.:	je **sais** [sɛ], il **sait**, nous **savons**		
P./c.:	j'ai **su**	*Impf.:*	je **savais**
Fut.:	je **saurai** [sɔre]	*P./s.:*	je **sus**
Imp.:	**sache!** [saʃ], **sachons!**, **sachez!**		
Subj.:	que je **sache**, que nous **sachions**		
P./pr.:	**sachant**		

(35) servir

Prés.:	je **sers** [sɛr], il **sert**, nous **servons**		
P./c.:	j'ai **servi**	*Impf.:*	je **servais**
Fut.:	je **servirai**	*P./s.:*	je **servis**
Subj.:	que je **serve**		

(36) suffire

Prés.:	je **suffis**, il **suffit**, nous **suffisons**		
P./c.:	j'ai **suffi**	*Impf.:*	je **suffisais**
Fut.:	je **suffirai**	*P./s.:*	je **suffis**
Subj.:	que je **suffise**		

(37) suivre

Prés.:	je **suis** [sɥi], il **suit**, nous **suivons**		
P./c.:	j'ai **suivi**	*Impf.:*	je **suivais**
Fut.:	je **suivrai**	*P./s.:*	je **suivis**
Subj.:	que je **suive**		

(38) vaincre

Prés.:	je **vaincs** [vɛ̃], il **vainc**, nous **vainquons** [vɛ̃kõ]		
P./c.:	j'ai **vaincu**	*Imp.:*	je **vainquais**
Fut.:	je **vaincrai**	*P./s.:*	je **vainquis**
Subj.:	que je **vainque**		

(39) valoir

Prés.:	je **vaux** [vo], il **vaut**, nous **valons**		
P./c.:	j'ai **valu**	*Impf.:*	je **valais**
Fut.:	je **vaudrai** [vodre]	*P./s.:*	je **valus**
Subj.:	que je **vaille** [vaj], que nous **valions**, qu'ils **vaillent**		

(40) venir

Prés.:	je **viens** [vjɛ̃], il **vient**, nous **venons**, ils **viennent** [vjɛn]		
P./c.:	je suis **venu(e)**	*Impf.:*	je **venais**
Fut.:	je **viendrai** [vjɛ̃dre]	*P./s.:*	je **vins** [vɛ̃], nous **vînmes** [vɛ̃m]
Subj.:	que je **vienne**, que nous **venions**, qu'ils **viennent**		

(41) vivre

Prés.:	je **vis**, il **vit**, nous **vivons**		
P./c.:	j'ai **vécu**	*Impf.:*	je **vivais**
Fut.:	je **vivrai**	*P./s.:*	je **vécus**
Subj.:	que je **vive**		

(42) voir

Prés.:	je **vois**, il **voit**, nous **voyons**, ils **voient**		
P./c.:	j'ai **vu**	*Impf.:*	je **voyais**
Fut.:	je **verrai** [vɛre]	*P./s.:*	je **vis**
Subj.:	que je **voie**, que nous **voyions**, qu'ils **voient**		

(43) vouloir

Prés.:	je **veux** [vø], il **veut**, nous **voulons**, ils **veulent** [vœl]		
P./c.:	j'ai **voulu**	*Impf.:*	je **voulais**
Fut.:	je **voudrai** [vudre]	*P./s.:*	je **voulus**
Imp.:	**veuille!** [vœj], **veuillez!** [vœje]		
Subj.:	que je **veuille**, que nous **voulions**, qu'ils **veuillent**		

3.5.2 BESONDERHEITEN DER VERBEN AUF -er

(-è-) acheter, céder

j'**achète**, tu **achètes**, il **achète**, ils **achètent**; **achète**!
j'**achèterai(s)** *usw.*
je **cède**, tu **cèdes**, il **cède**, ils **cèdent**; **cède**!
je **céderai(s)** [sɛdrɛ] *oder* **cèderai(s)** *usw.*

(-ll-) appeler

j'**appelle**, tu **appelles**, il **appelle**, ils **appellent**; **appelle**!
j'**appellerai(s)** *usw.*

(-tt-) jeter

je **jette**, tu **jettes**, il **jette**, ils **jettent**; **jette**!
je **jetterai(s)** *usw.*

(-ge-) manger

nous **mangeons**; je **mangeais** *usw.*; je **mangeai** *usw.*; **mangeant**

(-ç-) avancer

nous **avançons**; j'**avançais** *usw.*; j'**avançai** *usw.*; **avançant**

(-oi-) employer

j'**emploie**, tu **emploies**, il **emploie**, ils **emploient**; **emploie**!
j'**emploierai(s)** *usw.*

(-ui-) appuyer

j'**appuie**, tu **appuies**, il **appuie**, ils **appuient**; **appuie**!
j'**appuierai(s)** *usw.*

(-ay- *oder* -ai-) payer

je **paye** [pɛj] *oder* **paie** [pɛ], tu **payes** *oder* **paies**, il **paye** *oder* **paie**, ils **payent** *oder* **paient**; **paye**! *oder* **paie**!
je **payerai(s)** *oder* **paierai(s)** *usw.*

Register

Hinter den französischen Wörtern steht die Seitenzahl.
Nicht in das Register aufgenommen wurden die Zahlwörter.

D

S

U

V

Dictionnaire Scolaire du Français

Von Diethard Lübke

Dieses einsprachige Grundwörterbuch des Französischen, das eigens für deutschsprachige Schüler konzipiert wurde, ist die ideale Ergänzung zu *Langenscheidts Grundwortschatz Französisch*. Es enthält etwa 7500 sorgfältig ausgewählte Stichwörter, die besonders in den ersten Jahren des Französischunterrichts von besonderer Wichtigkeit sind.

Dieses Wörterbuch wird dem Schüler besonders bei der Bearbeitung von Textaufgaben gute Dienste leisten. Aus diesem Grunde stehen die zahlreichen Anwendungsbeispiele in Form kurzer anschaulicher Sätze oder geläufiger Kollokationen im Mittelpunkt der Wortartikel. Gleichzeitig findet der Benutzer darin nützliche idiomatische Wendungen. Jedes Stichwort wird zusätzlich durch grammatische Hilfen ergänzt.

Besonderen Wert gewinnt das Wörterbuch durch die mit dem Zeichen ⚠ markierten Abschnitte. Ausgehend von «typischen» Fehlern, wie sie der Verfasser in den Arbeiten der Schüler immer wieder beobachten konnte, weist dieses auf Schwierigkeiten und Fehlerquellen hin, die sich durch den muttersprachlichen Gebrauch des Deutschen ergeben können – z. B. naheliegende Genusfehler (*la* date, *un* axe), grammatische Interferenzen (il *a* décollé), lexikalische oder orthographische «faux amis» wie im Falle von *blouse* bzw. *rythme*.

Die Stichwörter werden durch kurze Erklärungen in einfachem Französisch semantisiert, in manchen Fällen auch durch eine Illustration (das Wörterbuch enthält 551 Illustrationen). Wo immer es nützlich ist, werden Synonyme und Antonyme aufgeführt. Zusätzliche Hinweise zur Sprachgebrauchsebene, wie *mot littéraire, mot familier* oder *langue administrative*, präzisieren weiter den Anwendungsbereich eines Stichwortes.

316 Seiten, Format 14 × 20,5 cm, gebunden.

Langenscheidt ... weil Sprachen verbinden